El mapa de la ansiedad

Rubén Casado

El mapa de la ansiedad

Una guía para entenderla
y aprender a gestionarla

Papel certificado por el Forest Stewardship Council®

MIXTO
Papel procedente de
fuentes responsables
FSC® C117695

Penguin
Random House
Grupo Editorial

Primera edición: febrero de 2023

© 2023, Rubén Casado
© 2023, Penguin Random House Grupo Editorial, S. A. U.,
Travessera de Gràcia, 47-49. 08021 Barcelona
© por la imagen de la página 59, Pepermpron / Shutterstock

Printed in Spain — Impreso en España

ISBN: 978-84-666-7451-5
Depósito legal: B-22.335-2022

Compuesto en Comptex & Ass., S.L.

Impreso en Rodesa
Villatuerta (Navarra)

BS 7 4 5 1 5

A mis pacientes, quienes han sido mis maestros;
a mis maestros, por haber sido pacientes.
A Olga y a Vega.
A mis padres y a mi hermana.
A todo el equipo de AMADAG.

Índice

Introducción

Nadie sabe realmente qué es la ansiedad hasta que la experimenta. Quien se adentra en su territorio se asemeja a Alicia, que, persiguiendo al Conejo Blanco, termina atrapada en un mundo con sus propias normas que al principio no puede entender bien. De pronto, se encuentra vagando por un territorio que le resulta ajeno y extraño, y sin embargo se termina transformando en un terreno horriblemente familiar, porque debido a sus características y orografía es un mundo cíclico, en el que vuelve una y otra vez por los mismos caminos a los mismos lugares. Las personas con trastornos de ansiedad están atrapadas en un mundo del que no saben cómo salir.

Quizá el lector se encuentre ansioso por empezar este libro, o quizá empiece estas páginas con cierto escepticismo. La mayoría de los casos que observo en consulta no son de personas que acaban de tener un primer ataque de pánico, o que han empezado a descubrir la ansiedad (esto facilitaría enormemente nuestro trabajo), sino que son individuos que han desarrollado un estilo de vida en torno a esta, lo que se traduce en que ya han tenido experiencias terapéuticas antes, con mejor o peor resultado. Han leído mucho sobre la ansiedad, han consultado muchos métodos y consejos de gurús que tuvieron un ataque de ansiedad y dicen haber encontrado el método definitivo. Han hecho yoga, *reiki*, han tomado todos los remedios de los herbolarios, han podido pasar o no por medicación; son auténticos veteranos de una guerra contra sí mismos.

Antes que psicólogo fui paciente; mi encuentro con la ansiedad apareció en mi juventud, hace algo más de veinticinco años. El impacto fue tal que marcó un antes y un después en mi vida, afirmación que he escuchado en numerosas ocasiones en boca de mis pacientes. Pasé años tratando de entender lo que me pasaba, encajando las piezas de un puzle improvisado, dibujando un mapa de un territorio que asaltaba toda la lógica conocida, y más tarde definió mi futuro profesional. Así que, sin riesgo de exagerar, puedo decir que la ansiedad ha sido la maestra más importante de mi vida.

Haber experimentado los mismos síntomas, pensamientos o emociones que las personas que tengo frente a mí en consulta me ha permitido, en efecto, tener una visión particular con respecto a la ansiedad, y seguramente motivó el amor a una profesión y la admiración hacia mis pacientes. Sin embargo, creo que es la práctica y experiencia profesional las que deberían tomar voz en este libro.

Después de veinticinco años viendo casos de ansiedad a diario, quizá podríamos ahorrarnos tiempo empezando con una buena y una mala noticia: la mala es que no existe una cura de la ansiedad; la buena es que es muy posible que, si el lector acaba este libro e interioriza sus contenidos, entienda que no hay necesidad de curarse, sino de entenderse.

El miedo surge por desconocimiento, por una visión parcial que nos lleva a creencias y conclusiones distorsionadas y erróneas. En cierta ocasión, un director de cine me habló sobre una película en ciernes que unos estudios de Hollywood le habían confiado para dirigir. En el guion aparecía la típica casa en venta adquirida por una familia por un precio mucho más reducido debido a una misteriosa razón: nunca debían abrir la puerta del sótano. Un día vino con cierto disgusto, ya que el estudio le obligaba a abrir la puerta en los primeros veinte minutos. Pero, una vez abierta la puerta..., ¿qué podía mostrar que no fuese decepcionante? Todos nuestros terrores se fabrican en las sombras; la luz del día nos muestra un perchero al que habíamos vestido de fantasma.

No hay que buscar indicios de alarma. Nadie está afirmando que la ansiedad sea algo crónico, como no son crónicas nuestras creencias o nuestras concepciones. Este particular país de los horrores es un mundo en el que la persona está atrapada, como un satélite que orbita alrededor de un planeta. Como cualquier otro sentimiento, la ansiedad no puede ni debe ser eliminada, sino que lo problemático es cuando giramos a su alrededor.

La experiencia indica que no es la ansiedad la que nos impide avanzar, sino las ideas, los hábitos, el condicionamiento y los constructos que podemos tener en torno a esta.

No busquemos curaciones ingenuas

Puede ser fácil llegar a la conclusión de que salir de la ansiedad es algo parecido a extirpar un cáncer, y que necesitamos encontrar las claves para eliminarla de nuestra vida. Algo así como una mancha o un mal recuerdo del que me quiero librar.

Pero nadie se cura por olvido, no hay que desaprender nada, porque no podemos hacerlo. Más bien debemos incluir nuevos aprendizajes que nos permitan entender y gestionar las experiencias nuevas que estamos viviendo. La ansiedad no se cura, como hemos hablado; más bien se coloca en un lugar en el que no nos hace daño, en el que no entramos en conflicto con ella y podemos escuchar lo que nos dice sin asustarnos. Como observaremos más adelante, son precisamente los intentos de mitigarla, controlarla o evitarla los que terminan generando el sufrimiento entre quienes la padecen.

Quizá pensamos que hemos terminado cayendo en un agujero casi por accidente e intentamos volver al punto de partida; nuestros esfuerzos se dirigen entonces a tratar de eliminar esa sensación nueva, a volver a una situación inicial. Pero, pensándolo bien, ¿quién quiere volver a ser el de antes? Si lo pensamos bien..., ¿no fue el de antes el que nos trajo hasta aquí? El que cayó en el agujero era ese al que tanto idealizamos.

No podemos salir por el mismo lugar por el que entramos; no es así de fácil.

Quizá a estas alturas uno pueda encontrarse muy enfadado, resignado, deprimido, y esas emociones también las trataremos, pero aconsejaría no perder el tiempo en planteamientos ingenuos y dogmáticos; no nos engañemos más.

Salir de la ansiedad no es sencillo; si así lo fuese no estaríamos leyendo este libro. Alguien habría inventado un método universal, un programa de tres o cinco pasos infalibles. Mi labor durante muchos años ha sido asistir a personas que, pese a ser muy diferentes, han llegado a los mismos pasajes del infierno. Cada una ha llegado por razones diferentes, pero los cuadros, sintomatologías y comportamientos son muy similares.

Una sencilla investigación en Amazon incluyendo «libros sobre ansiedad» en la barra de búsqueda, arroja más de diez mil resultados. Muchas de estas obras ni siquiera están escritas por profesionales de la salud mental. Se ofrecen numerosos testimonios de personas que cuentan su historia de superación, pero están contando lo que les sirvió a ellas. Nadie ha encontrado una formula única y exacta, ya que son multitud los factores que están involucrados. Hay a quien le sirvió el yoga, superar la procrastinación, el pensamiento positivo, el *mindfulness* o hablar a su niño interior. Seguro que les fue útil, pero fue la experiencia de un individuo, y un factor no puede abarcar la complejidad a la que se enfrenta alguien que está padeciendo un trastorno de esta categoría.

Nuestra labor en consulta no es tanto dar una solución a las personas como proporcionar una guía adecuada con la que puedan realizar un mapa que, a su vez, las ayude a conseguir sus objetivos. Se trata de cuestionar viejas ideas, ofrecer otras maneras alternativas de pensar, hacerse las preguntas adecuadas, y exponer cuáles son los procedimientos que están basados en una evidencia científica.

Puede que no comprendamos, o no queramos aceptar, la lógica de la ansiedad, pero debemos entender que sigue unas reglas que, si aprendemos a descubrir, podrán ahorrarnos mucho trabajo y esfuerzos dando vueltas y vueltas a las mismas ideas.

El principio de *Anna Karenina* nos dice que «Todas las familias felices se parecen unas a otras, pero cada familia infeliz lo es a su manera». Sin embargo, podríamos apuntar que más bien los individuos infelices creen ser infelices de manera propia y original, pero no son conscientes de que el sufrimiento humano tiene mecanismos comunes que guardan una gran semejanza entre los diferentes individuos. Los profesionales de la salud mental llevamos mucho tiempo buscando patrones, al igual que una mente con ansiedad busca patrones amenazantes.

Hacernos con un buen mapa

Al no podernos curar por amnesia, debemos atender a una realidad. La ansiedad no aprende, ya que usa las mismas fórmulas una y otra vez. Aunque la persona cambie de síntoma o de trastorno, en realidad está usando mecanismos parecidos. Sin embargo, nosotros tenemos la capacidad de aprender.

Dante comienza la *Divina comedia* con este verso:

> *Del camino a mitad de nuestra vida*
> *encontréme por una selva oscura,*
> *que de derecha senda era perdida.*

Para encontrar a su amada, Dante tiene que realizar un viaje por los diferentes círculos del infierno. Por fortuna, cuenta con un guía, Virgilio, alguien que conoce los caminos por los que Dante está a punto de internarse. El objetivo en este libro es hacer de Virgilio y realizar ese acompañamiento.

No somos, ni seremos, los primeros habitantes en la tierra de la ansiedad. Esta tierra recibió a muchos otros antes. En las sesiones de terapia, los psicólogos escuchamos las historias de muchos de estos viajeros y tenemos el privilegio de acompañarlos. Si el lector elige continuar, podremos hacer este viaje juntos.

Afortunadamente, cada vez sabemos más gracias a todos los relatos que hemos encontrado en las consultas. Todas esas descripciones nos permitieron dibujar mapas, y esos mapas contienen caminos de entrada y de salida. Una parte importante del contenido de este libro es el de mostrar esos caminos, para que entendamos por dónde entramos y qué salidas podemos hallar.

Tener un buen mapa nos ayuda a no dar vueltas constantes en círculo, a establecer una dirección, realizar hipótesis de trabajo adecuadas, priorizar las metas importantes... No podemos ser cándidos, sino conscientes de que, si queremos realizar un buen trabajo, deberemos abordar diferentes áreas.

El mapa no incluye solo el diagnóstico; es incluso más importante la función que la ansiedad tiene para cada individuo, entender las razones por las que continúa aferrado a esa tierra, al igual que el contexto en el que se desenvuelve la persona. En las siguientes páginas trataremos de dibujar ese lienzo e identificar los componentes principales para que podamos comprender su mecanismo, y tener las cosas lo más claras posibles.

En el capítulo 1 trataremos de definir conceptos básicos de la ansiedad. Todo mapa se escribe sobre un papel, una base en la escribimos símbolos inteligibles donde vamos a plasmar ese mapa. Hablaremos de términos y aclararemos elementos que nos van a resultar muy útiles en nuestro peregrinaje. ¿Es lo mismo la ansiedad que el estrés? ¿Qué es una amenaza, y por qué la evaluamos como tal? ¿Cómo se produce esa respuesta a nivel interno, y qué mecanismos se hallan implicados? ¿Cuáles son los mitos más importantes con respecto a la ansiedad que nos impiden avanzar?

En el capítulo 2 hablaremos de los síntomas y estilos de pensamiento, que nos introducen y mantienen atrapados dentro del plano de la ansiedad. Cualquier territorio tiene su orografía, sus accidentes geográficos: cuevas, cordilleras, ríos, lagos. Conocer la composición de estos nos ayudará a planear mejor el camino. Existen cadenas montañosas que es mejor atravesarlas; en cambio, otras pueden ser rodeadas, o podemos encontrar pasos que las atraviesen. No todos los mares tienen el mismo oleaje, ni todos los bosques son igual de tupidos. Conocer la mecánica y el porqué de estos síntomas y estilos de pensamiento nos permite obtener una libertad para decidir nuestro destino. ¿Cuándo pasamos de ser un cuerpo a tener un cuerpo? ¿Cuáles son los síntomas más temidos y por qué razón se temen?

Las personas suelen recorrer caminos parecidos cuando aterrizan en esta tierra, y son esos mismos caminos los que, si no los conocemos, nos pueden hacer volver sobre nuestros pasos una y otra vez. De esto trataremos en el capítulo 3. El conocimiento de un mapa no solamente nos ayuda a entender qué caminos nos han hecho llegar hasta aquí, sino también cuáles nos hacen permanecer en el mismo lugar. ¿Existen condicionantes ambientales o la ansiedad es cuestión de aprendizaje? ¿Pueden llegar a ser las soluciones que utilizamos para liberarnos de la ansiedad precisamente los causantes de esta?

En el capítulo 4 conoceremos la topografía de los diferentes territorios. No es lo mismo el mapa de una persona con TOC que el de alguien que padece una ansiedad generalizada o ataques de ansiedad cuando va a coger el transporte público. Los síntomas podrían ser similares, pero hay desigualdades muy sutiles que pueden marcar la diferencia. Entender los mecanismos profundos que alimentan las distintas caras de los trastornos de ansiedad nos permitirá saber cómo operan los mecanismos que la producen. ¿Nos ayuda tener una clasificación diagnóstica? ¿Cómo podemos clasificar los diferentes trastornos de ansiedad? ¿Qué podemos aprender del mecanismo que esconde cada uno de estos «países»?

En la última parte, para definir ese mapa hablaremos de los diferentes contextos ambientales que dificultan o facilitan nuestra búsqueda. ¿Cómo es mi entorno social? ¿Hasta qué punto está comprometido mi entorno laboral? ¿Existe orden o estabilidad, o estoy constantemente resolviendo problemas que no me corresponden? ¿Tengo un espacio propio? El contexto es algo parecido a las condiciones meteorológicas: muchas veces no tenemos el control sobre dichas condiciones, pero podemos estar mejor o peor preparados. Este será el contenido del capítulo 5.

Si no conocemos bien estas sinergias que se dan entre los diferentes elementos de este mapa, si no hemos definido bien estos elementos, no podremos realizar acciones efectivas, y es muy posible que nuestro progreso se convierta en una espiral que nos lleve una y otra vez a un estado de desesperanza.

¿Qué han tenido en común los procesos que han tenido éxito a lo largo de mi carrera? La cuestión de por qué unas personas han seguido adelante o no ha dependido de varios factores. Por supuesto, no podemos anticipar una fórmula segura, de nuevo no consiste en la aplicación de cinco pasos. Pero si hay algo que puede definirlos a todos es que lograron ser muy conscientes de cuál era su situación; tenían un mapa bien definido con el que podían economizar esfuerzos y dedicarse a aquello que era realmente importante.

Por otro lado, ¿qué habilidades y aprendizajes fueron los más necesarios durante la terapia?, ya que, una vez definido el mapa, es indispensable fabricar las herramientas que permitirán viajar por él y sortear los diferentes obstáculos. Dichas herramientas son imprescindibles para manejarnos adecuadamente.

Lo primero que podemos aprender es que la ansiedad en sí no existe si no se la mira. La atención y la capacidad de focalizarla no solo ha sido objeto de interés de la psicología, sino de muchas otras disciplinas. Sin embargo, resulta de especial interés entender cómo podemos tener, con el entrenamiento adecuado, la capacidad de no identificarnos con nuestros pensamientos y emociones, y a la vez proporcionar herramientas que ayuden a desactivar la ansiedad. La intervención en trastornos de ansiedad a menudo contempla una batería de técnicas como la respiración, la relajación y la defusión cognitiva. Todo ello lo aprenderemos en el capítulo 6.

No somos conscientes de que la mayoría de nuestros estados de ánimo y emociones provienen de los mensajes que nos dirigimos a nosotros mismos. La relación con la realidad está mediada continuamente por el lenguaje que utilizamos para describirla. Aprender a entender esta poderosa herramienta tiene un efecto directo sobre nuestra percepción acerca del mundo, pues supone entender las reglas verbales que sostienen el miedo y la ansiedad. Profundizaremos sobre el efecto directo del lenguaje en la ansiedad en el capítulo 7.

En el capítulo 8 trataremos sobre cómo podemos aprender a manejar las emociones que acompañan a la ansiedad, y que, si no se conocen adecuadamente, pueden entorpecer nuestro objetivo. La vergüenza, la culpa, el enfado o la indefensión pueden ser escollos en nuestro recorrido que, si no aprendemos a manejar, pueden ser los planetas sobre los que orbitemos.

El capítulo 9 rescata la importancia de la terapia de conducta, y trata de profundizar en los mecanismos de aprendizaje para entender cómo el tratamiento de la ansiedad debe tener en cuenta la enorme contribución de las reglas del condicionamiento clásico y operante.

Por último, en el capítulo 10 reflexionaremos sobre cómo hay que dejar de tener una mentalidad de supervivencia para tratar de ir más allá. La ansiedad no es una cadena que nos mantiene estancados, sino que giramos en torno a ella, como planetas atrapados en una órbita atraídos por la fuerza de la gravedad.

El dominio y la profundización de estas cinco herramientas nos permitirán llevar a cabo nuestro propósito de colocar la ansiedad en el lugar que le corresponde.

Cómo complementar el libro

El planteamiento de este libro es que, únicamente con la información que se recoge en sus páginas, podamos cumplir los objetivos propuestos. No obstante, AMADAG, el centro que fundé hace años, ha tenido como misión principal la divulgación de los trastornos de ansiedad, por lo que hemos creado una gran cantidad de material audiovisual que permitiría complementar y aclarar muchos de los conceptos de los que hablamos en este libro.

Todo este material está recopilado en una app llamada *La teoría de la mente*, que se puede descargar en iOS o Android fácilmente. Tan solo hay que escribir «La teoría de la mente» en el buscador de aplicaciones y se podrá tener acceso a gran cantidad de contenido actualizado.

Sin embargo, para facilitar el seguimiento y complementar cada capítulo con ejercicios y poder profundizar en conceptos, se ha creado una web en la que el lector podrá ampliar la información que encontrará en estas páginas.

En cierta ocasión, un paciente comentó: «Ya sé de qué va esto, va de hacer cosas imposibles». Y no le faltaba razón en su perspectiva, porque, de algún modo, su formulación había cambiado las reglas del juego. Había aprendido que las cosas eran imposibles en su cabeza, en sus creencias, pero que su cabeza no era la voz de Dios, solo un intento de ordenar la realidad.

Me gustaría saber que han quedado claras las pretensiones de este libro. No pretende dar respuestas categóricas, sino tratar de que el lector se formule las preguntas adecuadas. Las buenas preguntas resultan ser las mejores guías, y además siempre llevan un trabajo detrás que implica el sabor de un buen viaje. Decía Marie Curie que en la vida nada hay que temer, que solo hay que comprender. El conocimiento nos libera, nos ayuda a poner luz donde antes había sombras. Pero que nadie se lleve a engaños: no existe ninguna técnica ni conocimiento efectivo que no salga realmente de nosotros. Quizá consista no solo en aprender, que es «adquirir un conocimiento», sino en aprehender, es decir, «coger, asir, captar por los cinco sentidos». Implica crecer, desprenderse, arriesgarse, aceptar lo que hay, asumir, y, sobre todo, querer ir más allá. Dicen que la ignorancia se solventa viajando, y podríamos añadir que los verdaderos viajes son aquellos en los que el que partió no es el mismo que el que regresa.

Mi deseo para el lector es precisamente ese, que viaje y evolucione, que este libro le ayude a hacerse las preguntes adecuadas y a tomar decisiones.

... Nos vemos a la vuelta.

RUBÉN CASADO

1

De la ansiedad al miedo al miedo.
Dibujando el lienzo

Los mapas ejercen una especial fascinación entre nosotros. ¿Qué es lo primero que busca una persona en un mapa? Su pueblo, su ciudad, su país, claro. Buscan aquello que la vincula a esa representación del mundo. Luego, se hacen cálculos intentando descubrir la distancia que existe con respecto a otros puntos, se bordean sus límites, se especula sobre lo que habrá más allá.

El primer mapa conocido se remonta a unas tablillas cuneiformes babilónicas, datadas en el siglo VI a. C., y está enmarcado dentro de dos círculos concéntricos. En el centro, por supuesto, está Babilonia, cincelada sobre una piedra. En un mapa hay mucho más de lo que el autor quiere hacer constar, porque las preguntas más importantes nos las hacemos intentando entender los espacios vacíos que quedan entre los nombres y los símbolos contenidos en él.

La mayoría de las personas creen saber lo que es la ansiedad hasta que la padece. Después, se parece más a atravesar una dimensión desconocida, donde el comportamiento de los objetos y las interacciones con el mundo no siguen las reglas esperadas. Conocer este mundo es fundamental para lograr movernos por él. Aprender su naturaleza nos permitirá saber cómo podemos realizar acciones efectivas en este nuevo plano de existencia que se nos ha abierto.

Todo mapa necesita un lienzo donde dibujarse; y ese lienzo debe tener una serie de símbolos que puedan ser comprendidos; necesitamos un marco común, en una palabra, que nos permita entender el contenido de lo que vendrá después.

Una respuesta al cambio

Las serendipias son hallazgos accidentales que realizamos mientras estamos intentando encontrar una cosa distinta. La historia de la ciencia está plagada de estos desvíos providenciales con los que la naturaleza nos muestra sus secretos. El hallazgo de la penicilina, por Alexander Fleming, es un ejemplo de ello. El descubrimiento de América por Colón, que buscaba las Indias orientales, o la síntesis del LSD por Hoffman mientras experimentaba con el cornezuelo de centeno nos hacen ver que, en ocasiones, la actitud de búsqueda puede ser más importante que el objeto de la búsqueda en sí.

Una de las serendipias más reveladoras en el campo de la salud mental se la debemos a la poca destreza manual de un investigador que, a pesar de ello, supo ver más allá de sus expectativas.

El doctor Hans Hugo Bruno Selye presentó en 1936 su teoría del síndrome general de adaptación, en el que se reconoció el estrés por primera vez.

Selye utilizaba ratas como sujetos experimentales, a las que inyectaba fragmentos de placenta y ovarios, con el fin de comprobar los efectos nocivos que ciertas hormonas podían tener en el organismo. Observó cambios en la corteza suprarrenal, aparición de úlceras estomacales y alteraciones en el sistema inmunitario en las ratas a las que había administrado el compuesto. Selye pensó que estaba ante el hallazgo de una nueva hormona. Dispuesto a profundizar en su descubrimiento, administró otra composición diferente en los roedores, incluyendo esta vez restos de placenta e hipófisis; pero tras realizar las autopsias comprobó con estupefacción que mostraban los mismos cambios que con el anterior compuesto. Luego, probó otro con idénticos resultados; al final siempre se repetían. Selye se encontraba muy extrañado dado que, en las diferentes pruebas con elementos diversos, las ratas adolecían de los mismos problemas. Incluso cuando administraba sustancias inocuas, que se suponían eran inofensivas para los roedores, seguían produciendo hipertrofia de la corteza adrenal. La conclusión a la que acabó llegando fue que esa hormona nueva no existía.

Podemos imaginar el desánimo del investigador al comprobar que llevaba tiempo tras una quimera. Además, el pobre Selye tenía muchos problemas para manipular los animales, ya que solían escaparse y podía pasar horas hasta que volvía a recuperar los ejemplares perdidos por el laboratorio. La labor de un científico puede ser muy frustrante y, a menudo, puede pasar por periodos de confusión y sequía creativa. Pero entonces... se dio cuenta de algo que se le había pasado por alto.

Selye se dio cuenta de que los cambios en el organismo de sus ratas eran mayores que en los ejemplares de otros compañeros de laboratorio más diestros. Es decir, los roedores de sus colegas no se habían visto sometidos a tantos vaivenes, ni habían sido acosados continuamente por el cepillo para que saliesen de sus escondites cuando estos caían de las manos del investigador. Esto le llevó a la conclusión de que lo que estaba alterando el organismo no era ninguna sustancia externa, sino que podían ser reacciones internas las que produjesen esos cambios. ¿Y si se trataba de una reacción común frente a la amenaza externa, cuando esta amenaza se sostenía en el tiempo?

Recordó entonces que, años atrás, mientras ejercía en Praga, realizó anotaciones muy interesantes trabajando con enfermos que describían una sintomatología común, independientemente de la patología subyacente que pudiesen estar sufriendo. Los pacientes describían síntomas generales como fiebre, pérdida de peso, cefaleas, tensión en el abdomen y en la zona torácica, dolor en las articulaciones, sensaciones de ahogo...; quizá nos resulten familiares. Reagrupó esta serie de síntomas en el llamado «síndrome general de adaptación», y este aparecía como una respuesta del organismo cuando este rompía su homeostasis con el propósito de devolverlo a un estado de equilibrio.

La homeostasis es la tendencia que tienen los seres vivos a mantenerse dentro de unos parámetros óptimos para su supervivencia, mediante una serie de fenómenos de autorregulación. Por ejemplo, si estamos en verano, el cuerpo propicia la aparición del sudor para mantener la temperatura corporal; y si nos encontramos en invierno, la vasoconstricción de los capilares evitará la pérdida del calor corporal. El milagro de la vida precisa de un delicado y sutil equilibrio que debe protegernos de un entorno en continuo cambio.

La ruptura de la homeostasis, en cambio, necesita un retorno al equilibrio. Selye comprendió que las ratas y sus pacientes respondían del mismo modo ante la percepción de la amenaza. En 1950, publicó una de las obras más impactantes de la psicología, donde empezó a definir el término que nos ocupa: «estrés».

Stress, en inglés, puede traducirse como «presión o tensión», y se da ante la aparición de agentes que el cuerpo categoriza como nocivos, es decir, los llamados estresores. Debido a ellos, los seres vivos deben realizar un ajuste a las nuevas circunstancias. Así, cuanto mayor es el cambio, mayor es el ajuste que debe realizar el organismo.

Como vemos, el mecanismo está diseñado para amenazas transitorias y es una repuesta en la que están implicadas una enorme cantidad de sistemas, una suerte de superpoderes con los que podemos saltar más alto, correr más rápido o percibir con más eficacia un peligro. Visto así..., ¿quién no querría tener superpoderes? Vamos a realizar un repaso por los cambios que experimenta nuestro organismo:

- El latido del corazón aumentará de frecuencia. El corazón es una bomba (no solo eso, como veremos más adelante) que necesita distribuir la sangre para lograr un mayor aporte de oxígeno y glucosa.
- La respiración se vuelve más agitada por las mismas razones que el corazón necesita subir su ritmo. El oxígeno se vuelve un material muy preciado porque, a partir de este, se crea la energía necesaria para que nuestro cuerpo responda. Sin embargo, si mantenemos esta situación durante más tiempo, se producirá una reacción paradójica, ya que el oxígeno se concentrará en los pulmones, como veremos cuando hablemos de la hiperventilación.

- Cuando mantenemos la respiración agitada durante un tiempo, puede existir la sensación de dolor en el pecho, por el sobreesfuerzo de los músculos intercostales. Mucha gente interpreta esto como un infarto.

- A veces, la gente percibe la sensación de entumecimiento o como si se durmieran las extremidades, y esto es así porque el oxígeno no llega bien a esas zonas, ya que la sangre se concentra en los órganos vitales. Además, la hemoglobina (los glóbulos rojos encargados de llevar el oxígeno a las diferentes partes del cuerpo) se vuelve pegajosa y le cuesta soltar el oxígeno en ciertas zonas.

- Aumenta la sudoración. Esto permite activar nuestro sistema de refrigeración. Si estamos corriendo en medio de la sabana, con un león detrás, durante bastante rato, necesitaremos algún tipo de aire acondicionado si no queremos que haya una sobrecarga. Además, en caso de que algún depredador quisiera asirnos con sus garras, esto nos haría mucho más resbaladizos, y difíciles de atrapar.

- Los colores se ven más brillantes y se es más sensible a los sonidos, ya que la percepción es mucho más fina. Al cabo de cierto tiempo, si se mantiene esta forma de ver el mundo, puede ser algo molesto para las personas. Esto puede hacer que perciban como algo irreal lo que las rodea, y sentirse extrañas. De ello hablaremos más tarde, cuando comentemos las sensaciones de desrealización y despersonalización.

- Se activa la visión periférica. Es como si viésemos una antigua película en cinemascope. Mucha gente siente que ve lo que le rodea como si fuese una película. Esto es así porque este tipo de visión nos puede ayudar a sobrevivir en situaciones de peligro, ya que permite ver mejor lateralmente. Sería estupenda para encontrar mejores salidas para escapar en situaciones de riesgo real o para percibir enemigos que se acercan por los lados.

- También uno puede sentirse un poco fuera de la situación, como si no fuese el mismo, y a veces puede notarse ajeno a su cuerpo. Esto es algo que puede causar mucho temor, sobre todo a las personas que tienen miedo a la locura, pero tan solo se trata de otro de los mecanismos de protección, llamado disociación. Percibirnos ajenos a la situación puede ayudarnos a encontrar una solución con mayor facilidad que si estamos emocionalmente imbuidos en ella. El problema radica en que algunas personas se sienten muy asustadas con esa percepción porque creen que se van a descontrolar. Muchas víctimas que han sufrido catástrofes, tales como accidentes, tiroteos, etc., han manifestado que vivían esas situaciones como si la cosa no fuese con ellas.

- La atención queda capturada por el objeto o situación que despierta nuestra ansiedad. La capacidad de cambiar la atención consciente a voluntad por parte del lóbulo frontal queda claramente disminuida. Por eso la gente dice que se bloquea y no puede pensar más que en la salida. El lóbulo frontal es la parte del cerebro que se encarga de dirigir la conducta hacia un fin, y comprende acciones como la planificación, la organización o la orientación.

- El sistema digestivo disminuye de forma muy notable su actividad, ya que en situaciones de peligro se da prioridad a los sistemas que van a permitir nuestra supervivencia, como el respiratorio o el circulatorio. No se va a producir más saliva, pues necesitaríamos esa agua para otras funciones. Por este motivo, las personas describen sequedad de boca y, por lo tanto, dificultades para tragar. Por otro lado, existe una urgente necesidad de ir al baño, y se interrumpe o se acelera la digestión. Esto es así porque, en el caso de una huida, necesitamos soltar lastre para correr más ligeros.

Como vemos, es un sistema de respuesta para situaciones de emergencia, una suerte de superpoderes que nos permiten afinar nuestros sentidos, conseguir más energía, saltar más alto, golpear más fuerte o correr más deprisa. De pronto, podemos convertirnos en superhéroes por cinco minutos. Tener superpoderes en ese breve espacio de tiempo puede salvarnos la vida, pero... ¿puede uno imaginarse con esos poderes dentro de una jornada normal? Imaginemos un oído amplificado, una visión mucho más brillante y con colores enormemente contrastados. Tratemos de imaginarnos cómo sería un «sentido arácnido» analizando a enorme velocidad cada uno de los estímulos que componen nuestra realidad, avisándonos de cada matiz, de cada gesto. Contraigamos nuestros músculos, aceleremos nuestro corazón, agitemos nuestra respiración... Hagamos todo esto, aumentemos su intensidad y empezaremos a tener una idea de qué es lo que experimenta alguien cuando afirma que está sufriendo un ataque de ansiedad. Aunque, para ser exhaustivos, sentir algo no es el problema, sino que debe acompañarnos una percepción de amenaza.

¿Qué es una amenaza?

El cerebro evalúa las amenazas externas y las internas para tratar de restaurar el estado de homeostasis, como hemos comentado antes. No obstante, sería interesante que nos detuviésemos en un punto importante. ¿Qué es una amenaza? Si algo hemos aprendido hasta ahora es que, si pudiésemos concretar un común denominador que englobase a todos los agentes estresores, podríamos resumirlo en una palabra: cambio.

Uno podría pensar que los cambios pueden suceder para bien, y resultar beneficiosos para el individuo. Sin embargo, a efectos prácticos, tenemos la constatación de que, aquí y ahora, en este momento, estamos vivos, aunque no nos guste demasiado la experiencia en el presente. Un cambio es una amenaza porque no nos asegura esto mismo. El cerebro es conservador e intenta mantener las certezas de las que dispone, procura establecerse dentro de los márgenes de lo previsible, intenta anticiparse para poder estar preparado frente a una futura amenaza. Claro que no podemos ignorar que existe, además, una apetencia hacia lo nuevo, y hacia la exploración que también ha sido seleccionada genéticamente. El ser humano ha escalado las montañas más altas, ha recorrido los mares y las cuevas más profundas. Y esta inclinación ha resultado ser beneficiosa para nuestra especie, pero esto se incentiva siempre que nos encontremos dentro de un entorno en el que no están previstas amenazas potenciales inmediatas. Es decir, si elegimos la amenaza, no existe tanto problema como si esta nos escoge a nosotros.

Los investigadores Caroline Chawke y Ryota Kanai, de la Universidad de Sussex, publicaron en la revista *Frontiers in Human Neuroscience* un estudio muy interesante que argumentaba que, cuando se producía la activación de un área del cerebro llamada corteza prefrontal dorsolateral, se condicionaba las decisiones políticas del cerebro. Dicha área se activa ante situaciones de incertidumbre. En pocas palabras, a mayor percepción del conflicto, mayor era la posibilidad de optar por decisiones de corte político más conservador, debido a la necesidad del cerebro de reducir la incertidumbre cuando se halla en una disyuntiva.

Thomas Holmes y Richard Rae, con el objeto de estudiar si los sucesos estresantes podían estar relacionados con el desarrollo de ciertos trastornos, decidieron realizar un estudio. Para ello pidieron a más de cinco mil sujetos que elaboraran una lista de aquellas situaciones que más les habían causado estrés en los últimos años y las ordenasen. A continuación, los participantes en la encuesta debían añadir una estimación subjetiva, otorgando una puntuación en función de lo estresante que pensaban podía considerarse la vivencia. Denominaron a esta puntuación Unidades de Cambio Vital (UCV). Para saber si podemos estar sometidos a una mayor incidencia del estrés en nuestro organismo comparado con la media de la población, podemos hacer balance del último año, y si hemos pasado por un divorcio, un cambio de trabajo u otro evento estresante que se encuentra en la lista, podemos sumar las diferentes unidades de cambio vital. Si el resultado es más de 150, estaríamos rozando los límites de lo preocupante, ya que los autores correlacionaron estas puntuaciones con una mayor probabilidad de padecer un trastorno físico o emocional. A partir de 300, el riesgo es bastante alto. Aclaremos que no estamos hablando de trastornos permanentes, sino más bien de los síntomas y las consecuencias más conocidos que produce el estrés permanente y/o crónico, como dolor de cabeza, migrañas, diabetes, hipertensión, obesidad y problemas cardiovasculares. La clasificación contenía algunos de los eventos que se suponen estresores universales, por ejemplo:

- Muerte del cónyuge: 100.
- Divorcio: 73.
- Separación matrimonial: 65.
- Encarcelamiento: 63.
- Muerte de un familiar cercano: 63.
- Lesión o enfermedad personal: 53.
- Matrimonio: 50.
- Despido del trabajo y paro: 47.
- Reconciliación matrimonial: 45.
- Jubilación: 45.
- Drogadicción o alcoholismo: 44.
- Embarazo: 40.
- Dificultades o problemas sexuales: 39.
- Incorporación de un nuevo miembro a la familia: 39.
- Hijo o hija que deja el hogar: 29.
- Comienzo o fin de la escolaridad: 26.
- Cambio de colegio: 20.
- Cambio de actividades de ocio: 19.
- Cambio de hábitos alimentarios: 15.
- Vacaciones: 13.
- Navidades: 12.

A pesar de que se ha acusado a estos autores de plasmar solo una parte de la población mundial, se ha replicado este estudio en otras culturas, y muchos de los ítems son consistentes entre los diferentes países. Esto no excluye que podamos encontrar diferencias, como la adaptación española de la escala realizada por J. L. González de Rivera y Revuelta, y Armando Morera, donde se muestra cómo las prioridades pueden ser modeladas por el entorno cultural. Algunas conclusiones que podríamos sacar a raíz del estudio de esta lista serían:

- La valoración subjetiva de la importancia de cada evento no puede ser pasada por alto. La interpretación personal puede modular completamente el valor real del evento. Cómo nos afecta la muerte de un familiar cercano depende de cómo ha sido la relación que se haya tenido con él.
- Los cambios se perciben como una fuente de activación potencial. Existe una relación casi reactiva y automática entre el cambio y la aparición de estresores. Podemos ver como algunos de los ítems que proporciona la lista son deseables o vivenciados como positivos. Por ejemplo, una reconciliación matrimonial puntúa bastante alto, concretamente 45 UCV, o un logro personal notable, 28 UCV.
- Estos hallazgos nos demuestran hasta qué punto somos animales sociales. Las puntuaciones más altas se producen al unir entorno afectivo con la posibilidad de ganancia o pérdida. Que entren o salgan personas de nuestra vida es lo que más nos preocupa con mucha diferencia.
- Las personas con un nivel socioeconómico menor suelen tener que soportar contextos que implican una mayor carga de acontecimientos estresores, dado que su entorno es más inestable, y sufren más cambios. El lugar donde uno ha nacido y su entorno pueden marcar diferencias significativas.
- Ingresar en prisión es menos estresante que un divorcio. Además, divorciarse y reconciliarse el mismo año, hacerlo en periodo vacacional, y, peor aún, en Navidades, suele salir bastante caro en UCV.

Las amenazas percibidas no solo son sucesos externos. Nuestro propio organismo puede ser una fuente de conflictos, como recordó Selye de su estancia en Praga. Sus pacientes mostraban esos síntomas comunes no solamente por la propia patología subyacente a sus enfermedades, sino que estar enfermos era en sí una fuente de estrés.

Los estados internos como el hambre o la sed resultan ser grandes estresores. Todos conocemos ejemplos de primera mano (podríamos ser nosotros mismos) de personas que, mientras sienten hambre, se vuelven irascibles e inquietas. Otras deprivaciones como el frío, el calor o el hacinamiento producen efectos similares.

El calor, por ejemplo, es especialmente temido entre aquellos que sufren fobias, ya que las altas temperaturas producen una hiperactivación de nuestro metabolismo. Como explicaremos más adelante, las personas con perfil fóbico, y quienes cursan con ansiedad generalizada, suelen mantener un patrón de hipervigilancia, que es especialmente sensible a las variaciones del metabolismo. Existen, a su vez, numerosos estudios que vinculan la aparición de manifestaciones ansiosas relacionadas con el hacinamiento y la falta de espacio. Cuando en marzo de 2020 se inició la crisis sanitaria por la COVID-19, muchas personas pudieron comprobar esto de primera mano.

La manera en que las personas viven su propia respuesta de ansiedad termina siendo, al final, uno de los principales problemas con los que los clínicos nos encontramos en la consulta, ya que esta produce síntomas que, a su vez, desembocan en interpretaciones catastróficas. El miedo al miedo, como coloquialmente denominamos en clínica, está en la base de muchos de los trastornos de ansiedad escritos en la quinta edición del *Manual diagnóstico y estadístico de los trastornos mentales* (*DSM*, por sus siglas en inglés).

A efectos prácticos

Aunque la escala no es perfecta, y existen una gran cantidad de diferencias individuales con respecto a la tolerancia a la ansiedad, puede ser una buena idea realizar el test. Muchas veces no somos conscientes de la carga de estrés que estamos soportando hasta que no padecemos los síntomas que indican que paremos. También puede servirnos para regularnos: quizá no sea una buena idea empezar una mudanza, o un cambio de residencia, después de haber experimentado una pérdida importante. Someterse a niveles de estrés elevados puede tener unas consecuencias no deseadas que podríamos haber evitado. Podría ser una buena idea hacer balance del año, y ver si se quiere o no cargar más eventos estresantes en la mochila. Huelga decir que, a veces, la vida no nos deja muchas más opciones, y no es bueno que contemos UCV como si se tratase de un recuento de calorías.

Una respuesta que no está actualizada

Se suele asociar el estrés y la ansiedad a circunstancias externas, a una especie de sobrecarga de nuestra pobre circuitería neuronal, al encontrarse desbordada por las pretensiones de un mundo cada vez más exigente con el individuo. La realidad que compartimos en la actualidad dista muchísimo de aquella para la que esta respuesta fue diseñada en origen. Comparativamente vivimos en un entorno mucho más seguro: por mucho que existan siempre voces que desahucian nuestra realidad, la esperanza de vida es mayor, y la amenaza de peligros potencialmente mortales ha disminuido. Ahora nos permitimos hablar de alimentación saludable porque tenemos mucha más posibilidad de elegir entre diferentes alimentos y calidades. Es cierto que todo va muy rápido, que cada vez hay una mayor idealización de quienes debemos ser. Nuestra identidad digital y la presencia de las redes sociales nos deja inmersos ya no en ideales de belleza, sino en ideales de estilos de vida. Además, nunca hemos tenido tantas posibilidades para compararnos con nuestros semejantes como hasta ahora.

El doctor Mark Rego, psiquiatra de la Universidad de Yale, ha publicado un libro titulado *La fatiga frontal*, en el que afirma que el cerebro del sujeto del siglo XXI hace un uso abrumador de su córtex frontal. Esta es la parte del cerebro destinada a realizar juicios, tomar decisiones, realizar abstracciones y expresar la personalidad de una manera compleja. Demasiados estímulos, demasiadas posibilidades, demasiadas decisiones.

Sin embargo, eso es solo una parte del problema.

El cerebro, desengañémonos, nunca se fabricó para la búsqueda de la felicidad, sino que está diseñado para sobrevivir. La verdad no está regida por nuestras convicciones, sino por los hechos, y no podemos escapar a la evidencia de que todos los organismos vivos se encuentran moldeados por las manos incuestionables de la evolución.

No estamos dotados de emociones para sentirlas, sino porque evolutivamente han favorecido la supervivencia de los organismos que las tienen. La tristeza, por ejemplo, nos ayuda a parar, a asimilar las pérdidas y a recibir ayuda de nuestros semejantes. El miedo es un mecanismo enormemente efectivo para enfrentar las amenazas de nuestro entorno.

Sin embargo, nuestro mundo, el mundo en el que se viven actualmente los trastornos de ansiedad, dista mucho del entorno para el que fue creada esta respuesta originalmente. Nuestros problemas se han complejizado en gran medida, y han adquirido una sofisticación tal que la respuesta de ansiedad, diseñada en principio para evitar peligros potencialmente mortales, resulta demasiado simple y carente de los matices necesarios para ajustarse a la artificialidad de nuestra cotidianidad.

¿Verdad que no es lo mismo sufrir el ataque de un oso que sufrir un episodio de acoso laboral, o enfrentarse a una tribu enemiga que ser difamado por Twitter? Y sin embargo nos sudan las manos, nos golpea el corazón en el pecho, nuestros músculos se tensan, nuestro cerebro se concentra en buscar salidas... La respuesta es siempre la misma. Su intensidad depende de cuál es nuestra percepción de la amenaza. No nos asustamos tanto de lo que son las cosas, sino de las creencias y condicionamientos que tenemos acerca de ellas.

Del estrés a la ansiedad

Cuando el joven Darwin embarcó a bordo del Beagle a finales de 1831, no sabía que los siguientes tres años marcarían el comienzo de uno de los hallazgos más importantes del ámbito científico. Si Copérnico nos mostró que no éramos el centro del universo, el naturalista nos hizo entender que tampoco éramos el centro de la vida. Y eso, como todos los golpes que nos proporciona el ego si sabemos encajarlo de manera adecuada, nos proporcionó una forma de entender quiénes éramos, sin idealizaciones.

El capitán del Beagle, James Fizt-Roy, un convencido creyente, necesitaba la compañía de un caballero ilustrado con el que compartir impresiones durante sus viajes de exploración. Dicen que la gran nariz de nuestro célebre científico hizo dudar al capitán de su elección, ya que Fizt-Roy era un apasionado de la fisonomista, y creía que una gran nariz indicaba una personalidad débil. Finalmente, Darwin fue contratado como naturalista de la expedición.

El veinteañero Charles Darwin llevó una vida llena de viajes y exploraciones, no libre de molestias, aunque fueron transitorias y no incapacitantes, y consistieron sobre todo en lo que él mismo denominó «ataques de fatiga», con síntomas como parestesias en las manos y erupciones en la piel y los labios. Estas últimas solían aparecer en condiciones de tensión emocional, lo que al tímido Darwin atormentaba bastante.

Los problemas de salud del científico fueron un verdadero enigma para los más de veinte diferentes médicos que lo atendieron a lo largo de su vida, incluyendo a su propio padre. Existe una tendencia a creer que sus ideas evolucionistas y ateas en contraposición a las de su muy devota esposa, Emma, y el temor a las repercusiones que estas ideas pudieran tener en la Inglaterra victoriana de su tiempo, le provocaron el conflicto interno que influyó de lleno en su salud. También se baraja el intenso estrés que pudo vivir en esta última etapa, en la que cuidaba de su hijo enfermo, que fallecería posteriormente, en convivencia con sus propios síntomas y la premura que experimentó por sacar su teoría a la luz antes que otro naturalista, Alfred Russel Wallace, quien le envió en 1858 una carta desde el archipiélago malayo con unas ideas parecidas.

El estudio realizado por los científicos del Colegio de Medicina de la Universidad de Iowa Thomas Barloon y Russell Noyes especificaba que, si valoramos los síntomas individualmente, podemos encontrar una gran variedad de afecciones, pero que en conjunto apuntan a que Darwin experimentó trastorno de pánico con agorafobia.

Søren Kierkegaard, padre del existencialismo, es también conocido por sus grandes aportaciones al concepto de la angustia. Para este filósofo, la angustia no era solo un pasaje oscuro de la vida, sino que empezó a entenderla como un principio de búsqueda personal. Y ahora sabemos que Kierkegaard sabía muy bien de lo que estaba hablando, porque la ansiedad y la angustia formaban parte de su vida. Decían de él que era enormemente tímido y lleno de dudas, y le aterraban las fiestas y los eventos sociales, lo que indicaba una ansiedad social elevada. Sin embargo, tampoco le gustaba quedarse solo, pues experimentaba crisis de ansiedad con relativa frecuencia. Era muy indeciso, y temía verse atrapado en alguna elección sin salida. Rompió el compromiso con el amor de su vida, Regina Olsen, de la que llevaba enamorado años, por sus dudas con respecto a sí mismo, por su miedo a su propio carácter. Cuando Regina se comprometió con otro hombre, se mostró arrepentido de su decisión hasta el día de su muerte.

Darwin y Kierkegaard nos enseñan que la ansiedad es algo diferente del estrés. Aquí no solo estamos hablando de una reacción al entorno, sino que establecemos una representación de la realidad, apareciendo creencias y sentimientos complejos. A diferencia del estrés, aquí entran en juego capacidades mucho más elaboradas, como la posibilidad de proyectarse en un futuro, la capacidad de imaginar o de realizar metacogniciones, resultando en esencia mucho más humana, más cognitiva. La ansiedad la pensamos; el estrés nos hace reaccionar... ¿Cómo podríamos resumir las diferencias más importantes entre el estrés y la ansiedad?

1. Su origen

La ansiedad aparece por factores internos, como son los pensamientos catastróficos y las sensaciones angustiosas, independientemente de lo que haya en el entorno.

El estrés, en cambio, surge a partir de factores externos, hechos o situaciones específicos.

El origen de la ansiedad es, por lo tanto, algo más difuso, ya que se encuentra en el miedo, la preocupación y la intranquilidad por el futuro imaginado; mientras que cuando estamos estresados somos capaces de identificar más fácilmente cuál es la causa.

Observamos que no poder ponerle nombre a lo que nos pasa incrementa enormemente la sensación de incertidumbre. El lenguaje nos ayuda en gran medida a reducir la incertidumbre, y de esta manera reducimos la intensidad del miedo. Poner nombre a nuestras emociones y sensaciones nos permite delimitar, contener, mensurar.

2. Las emociones predominantes

Otro de los elementos que diferencian el estrés de la ansiedad son las emociones o sensaciones protagonistas. En el estrés predominan la preocupación en torno a la situación desencadenante, el nerviosismo y la frustración. Podemos encontrarnos irritables y tristes.

En la ansiedad predomina el miedo, una sensación de peligro inminente que se torna invasiva y tiende a crecer como una bola de nieve, extendiéndose y generando un enorme malestar. En casos graves conduce a los ataques de pánico y al bloqueo o la parálisis.

3. El momento temporal percibido

Vamos a hacer una simplificación para facilitar una comprensión más esquemática. Cuando estamos estresados experimentamos un presente eterno; cuando estamos ansiosos tenemos puesta la mirada en el futuro. Como dice Mark Twain, «En la vida he tenido miles de problemas, la mayoría de los cuales nunca sucedieron».

Cuando estamos estresados nos parece que la situación que vivimos no va a terminar nunca. Es como si estuviéramos atascados en el presente. Aunque el estímulo estresante se prolongue en el tiempo, no encontramos la manera de afrontarlo de otra manera y el estrés se cronifica. Para quien está estresado, el presente es infinitivo.

En la ansiedad aparece el miedo por algo que podría pasar, pero que no ha ocurrido. Muchas veces ni siquiera sabemos de qué se trata exactamente, y anticipamos todo lo negativo o catastrófico que podría suceder. La ansiedad nos produce un exceso de futuro.

4. Su duración

El estrés suele finalizar cuando termina la demanda, es decir, cuando desaparece el estresor que lo causa, siendo habitual que volvamos a nuestro estado habitual o se reduzca la activación fisiológica.

La ansiedad, al estar causada por factores de índole más interna, puede aparecer y quedarse sin un final aparente, en cualquier momento.

Tanto el estrés como la ansiedad provocan síntomas muy similares: aumento de la tasa cardiaca, de la frecuencia respiratoria y de la tensión muscular, segregación de adrenalina y otros neurotransmisores, etc. Ambos son respuestas adaptativas que originalmente tenían la función de modificar la conducta para encontrar la mejor manera de evadir o afrontar un peligro, como podría ser huir de un depredador, y que hoy en día se han generalizado a otras situaciones en las que no solo realizan una función beneficiosa, sino que, si se prolongan en el tiempo, pueden terminar siendo perjudiciales para el organismo.

A efectos prácticos

Diferenciar entre el estrés y la ansiedad puede tener, además, una connotación práctica sumamente útil, ya que nos puede ayudar a establecer una estrategia más efectiva para gestionar lo que nos ocurre. Aunque no podemos olvidar que muchas veces van a aparecer ambos a la vez, y que a menudo se retroalimentan, la manera de abordar el estrés y la ansiedad tiene que hacer hincapié en dos aspectos diferentes. Mientras que para gestionar el primero debemos entender que es muy importante trabajar sobre el contexto y la gestión de las contingencias externas e internas, en la ansiedad se trata de trabajar sobre cómo se están gestionando precisamente esas contingencias, y tendremos que hacer hincapié en las creencias.

Por ejemplo, una persona que está padeciendo estrés laboral quizá se esté enfrentando a una sobrecarga de trabajo por no saber delegar o no diferenciar prioridades. Puede que le resulte difícil definir límites en un entorno en el que los trabajadores están sometidos a una gran presión. Cambiar de entorno de trabajo, aumentar la asertividad, o un entrenamiento en resolución de problemas o habilidades sociales serían estrategias adecuadas en este caso, porque es un problema que va «de fuera hacia dentro». Sin embargo, en el caso de que la persona tenga una gran ansiedad por su excesivo perfeccionismo, el problema podría estar en las creencias que esta mantiene acerca de cómo deberían ser sus resultados, la incapacidad para reconocer sus propios límites o la necesidad continua de reconocimiento. El problema va en este caso de «dentro hacia fuera».

Casi nunca es fácil esta perspectiva porque muy a menudo ambos conceptos se entremezclan. Imaginemos a alguien con una relación de pareja conflictiva. Esto, evidentemente, va a ser una fuente de estrés. A su vez, la enorme activación que le supone esta situación puede disparar en esta persona una serie de miedos aprensivos, ya que es probable que mantener ese estrés mucho tiempo provoque que esté más vigilante a sus propias sensaciones internas. Puede que termine muy preocupada por ese mismo estado de estrés, y que se diga a sí misma que es una persona enormemente conflictiva o con baja autoestima, por lo que no es apta como pareja. Quizá genere creencias en las que se diga que una persona que se crea tantas preocupaciones tiene más posibilidades de deprimirse. Por último, esta dificultad a la hora de manejar las emociones y creencias también supondrá una mayor probabilidad de incrementar el conflicto con la pareja.

Aun así, es muy útil esta separación, ya que las puertas de entrada y salida son diferentes en el caso del estrés y en el de la ansiedad, como iremos viendo a lo largo del libro.

«Dios, concédeme la serenidad para aceptar las cosas que no puedo cambiar, el valor para cambiar las cosas que sí puedo, y la sabiduría para reconocer la diferencia». A Epicteto, a san Francisco de Asís, a san Agustín, a Reinhold Niebuhr...

esta afirmación ha sido atribuida a multitud de filósofos y hombres de fe, y finalmente fue acuñada para empezar las reuniones de Alcohólicos Anónimos. En esencia, esta frase nos proporciona una clave muy importante para trabajar con el estrés y la ansiedad. Acepta lo que pasa y mira qué está en tu mano y qué no, pero esa sabiduría es la más difícil de conseguir. Todos los procesos contienen parte de aceptación y parte de cambio contextual, y parte del éxito de un proceso terapéutico consiste en aprender a manejar ambas realidades y distinguirlas.

Cómo responde nuestro cuerpo ante el estrés

Vamos a iniciar un viaje extraordinario al interior de nuestro organismo, en el que trataremos de visualizar los complejos cambios que se desencadenan en el interior del cuerpo humano cuando se produce la respuesta del estrés. Espero no utilizar términos demasiado complicados, y tampoco es imprescindible que retengamos muchas ideas, ya que no son necesarias para entender el resto del libro. Sin embargo, quizá nos sirva para entender una respuesta dentro de un contexto físico, que es nuestro propio organismo. Deberíamos aclarar la idea de que el estrés no es el resultado del cuerpo dañándose a sí mismo, sino más bien el intento de este para ayudarnos a sobrevivir, para poder adaptarnos al cambio y a la incertidumbre.

Nuestros distraídos lóbulos frontales no pueden ni imaginar (y mucho menos abarcar) la cantidad de operaciones que nuestro cuerpo hace en un minuto. Si la distopia de *Matrix* llega a cumplirse algún día, y las máquinas deciden utilizarlos como pilas fotovoltaicas, sepan que su cerebro es un supercomputador que en algunos aspectos aún no ha sido superado por muchos de sus homólogos artificiales. Nuestro cerebro, a 2015, resultaba ser treinta veces más potente que el ordenador más capacitado, y alquilar sus servicios podría llegar a costar hasta 170.000 dólares la hora. Quién sabe si podremos llegar a un buen acuerdo.

Cuando el organismo clasifica una situación como peligrosa, entra en marcha el sistema nervioso autónomo (SNA), que es un sistema que se activa de manera automática y sin la acción del procedimiento consciente. Así se despliega una doble respuesta:

- **Una respuesta rápida.** Donde la médula suprarrenal va a segregar adrenalina y noradrenalina, también llamadas epinefrina y norepinefrina. (Si el lector pasó sus tardes de domingo sacándose la carrera de Medicina a distancia, a costa del visionado de series como *Urgencias* o *House*, ya sabe que el paciente suele acabar siendo salvado, en el último momento, por un miligramo de epinefrina). ¿Cómo afectan la adrenalina y la noradrenalina?
  - Aumentan la frecuencia y la intensidad del latido cardiaco para distribuir más oxígeno y otras sustancias a los músculos.
  - Dilata las pupilas para ver mejor en condiciones de oscuridad y facilitar la visión lateral.
  - Aumenta la frecuencia respiratoria.
  - Se produce un aumento de la energía a nivel general.
  - Agudiza los sentidos, aumentando la intensidad y calidad de las conexiones entre estos y el cerebro.
  - Estimula la formación de recuerdos a largo plazo con el fin de que se consoliden los condicionamientos que nos van a poder avisar de potenciales peligros.
  - Aumenta el consumo de oxígeno en el miocardio, produciéndose taquicardias o arritmias.
  - Se libera la glucosa a la sangre.
- **Una respuesta lenta.** Aquí entra en marcha otra hormona, el cortisol, que es el responsable de los efectos a largo plazo del estrés. Sin embargo, no nos confundamos, no es una hormona «mala», ya que en sí tiene un montón de beneficios inmediatos:
  - Nos mantiene activos y alertas.
  - Nos ayuda a enfocarnos mentalmente en la fuente del conflicto.

- Tiene efectos antiinflamatorios.
- Regula los niveles de glucosa al mantenerlos constantes.
- Contribuye al buen funcionamiento del sistema inmune.

El hipotálamo es una zona en nuestro cerebro encargado de emitir las señales a nuestro sistema nervioso cuando estamos frente a un peligro, y este, a su vez, se conecta con nuestras glándulas suprarrenales. Como nota curiosa, cabe decir que el presidente de la Segunda República española en el exilio, Juan Negrín, fue científico antes que político, y dedicó sus primeros trabajos precisamente al efecto de las glándulas suprarrenales y su relación con el sistema nervioso.

El cortisol es la sustancia que las glándulas adrenales liberan en momentos de estrés. Sin embargo, cuando el estrés se hace una constante, el cortisol aumenta, lo que puede producir efectos negativos. Esta presencia continuada del cortisol está relacionada con los siguientes efectos:

- Aumento de peso, de la circunferencia abdominal e inflamación por la retención de líquidos y redistribución de la grasa corporal. Esto también podría explicarse por un estilo de vida sedentario, sobre todo si hay un componente evitativo muy elevado en la persona.
- Estimula la actividad del cíngulo anterior, que es una parte del cerebro destinada a registrar los eventos sociales. En pocas palabras, nos sentimos mucho más sensibles a la crítica y al rechazo. Esto, a su vez, provoca un aumento de la ansiedad, mayor irritabilidad, cambios de humor y depresión a causa de la liberación de adrenalina y su acción directa en el cerebro.
- Otras dos áreas afectadas son la corteza dorsolateral y el área ventromedial. Cuando esto sucede, nos cuesta mucho más controlar nuestros impulsos. Es por eso por lo que se tiende a fumar de manera compulsiva, a beber, a consumir drogas, a comer sin moderación, a consultar con mucha más frecuencia el móvil y a pegarnos maratones de Netflix tumbado en el sillón.

- Altera la manera en la que percibimos las cosas, pues afecta las zonas asociativas, como la unión entre los lóbulos temporales y parietales. Somos más proclives a considerar estímulos aparentemente normales como amenazas. Nos volvemos más susceptibles.
- Algunos estudios, como uno publicado en la revista *Neurology*, observan alteraciones en el tamaño de los cerebros expuestos a altas dosis de cortisol. Se observan variaciones en el tamaño y la estructura.
- Se da un mayor riesgo de diabetes y elevación de los niveles de azúcar en la sangre, al estimular la acción del hígado para producir glucosa de forma sostenida en el tiempo. Por otro lado, se pueden dar niveles de colesterol alto, al aumentar la producción de grasa por el hígado y la liberación en la circulación.
- Afecta a la memoria. Muchas personas describen problemas de memoria, y es cierto. No tanto porque exista un deterioro cognitivo real, sino porque el cortisol afecta a la capacidad de generar recuerdos que no estén basados en la ansiedad. Cuando tenemos ansiedad todo es secundario, y las situaciones ansiógenas tienen prioridad sobre las demás; por otro lado, también existe una dificultad a la hora de recuperar recuerdos porque, de nuevo, se está en un estado de preocupación constante.
- Se produce una reducción de la masa muscular y debilidad, porque disminuye la producción de proteínas y degrada las proteínas en los tejidos.
- Podemos sufrir presión alta, por causa de la retención de sodio y líquidos, y por aumentar la liberación de adrenalina en la circulación.
- Reduce las defensas del organismo, por la inhibición de la inflamación y de la inmunidad. De hecho, muchos corticoides se utilizan precisamente como inmunosupresores en algunos tratamientos.
- Aumentan los niveles de hormonas masculinas en el cuerpo,

y que en la mujer pueden causar la aparición de vello, engrosar la voz y ocasionar caída del cabello.

- Se dan alteraciones del ciclo menstrual y dificultad para quedar embarazada, por desequilibrar las hormonas femeninas.
- Se puede producir fragilidad en la piel, aumentando heridas, manchas en la piel, estrías y arrugas, por disminuir el colágeno y reducir el efecto de cicatrización del organismo.

Como podemos ver, coquetear con el cortisol no está mal, pero no podemos plantearnos una relación a largo plazo. Otro efecto curioso que podemos observar en la consulta es que muchas personas manifiestan estar más nerviosas por el día, y terminan estando más relajadas en el atardecer y anochecer. Esto coincide con el hecho de que el cortisol sigue los ciclos circadianos, es decir, los ciclos de la luz. Por la mañana segregamos cortisol a mayor ritmo que cuando está anocheciendo. Por supuesto, hay muchos otros factores en la ecuación, ya que por la mañana empiezan nuestras obligaciones y se pueden dar angustia y dudas por saber cómo vamos a poder resolver la jornada. Por otro lado, hay mucha más interacción social, una gran fuente de preocupación para muchas personas.

Puede resultar llamativo la manera como estamos siendo bombardeados por los medios acerca de lo perjudicial que es el estrés, y es razonable pensar que quizá ese estilo comunicativo agrava aún más el problema; la persona termina estresada por estar estresada. Todos estos efectos perjudiciales son reversibles porque nuestro cerebro es enormemente plástico y se adaptará siempre a la nueva situación. Se habla de la ansiedad con grandes titulares alarmistas, pero esta visión solo sirve para asustar más a la persona que los lee; la única salida que le dan es decirle que no sea ansiosa. ¿Qué pretenden que haga una persona con esa información? Esta visión termina culpabilizando a quien la sufre; casi parece que la causante de su sufrimiento es una especie de desidia o resultado de falla moral. Decirle a alguien que está pasando por una crisis de pánico que se tiene que tranquilizar no es solo no darle una alternativa, sino que añadimos una carga aún más gravosa que antes y empeoramos su situación. La persona ya sabe que es mejor estar tranquila, pero no sabe hacerlo, o no tiene los recursos necesarios en ese momento. Es mucho más interesante buscar lo que podemos hacer frente a lo que no podemos hacer.

Es famoso un estudio que se hizo con los taxistas de Londres hace ya algunos años, en el que se comprobó cómo la práctica de su profesión, en la que tenían que memorizar destinos y rutas, hacía que su hipocampo, un área del cerebro destinada a la memoria, se incrementase significativamente. El cerebro reacciona al igual que un músculo, si lo ejercitamos crece, si no, deja de hacerlo o se atrofia.

Años después, cuando todos los taxistas incorporaron el GPS a sus vehículos, se volvió a repetir el estudio. Seguro que no será una sorpresa averiguar qué pasó.

A efectos prácticos

Reducir los niveles de cortisol en nuestra vida diaria es posible si asumimos ciertas rutinas:

- **Cuidar los hábitos y la higiene del sueño.** El sueño está muy determinado por nuestros hábitos y se ha descubierto que es muy condicionable. Hay que procurar elegir un horario regular, con unas condiciones y un ambiente adecuados. Y algo muy importante, aunque se haya repetido muchas veces: evitar las pantallas al menos una hora antes de nuestro descanso posibilitará que este sea reconfortante y disminuirá la ansiedad.
- **Aprendizaje de técnicas de relajación.** Este tipo de técnicas van a ser una de las mejores estrategias para contrarrestar la ansiedad y tener una mayor sensación de calma y tranquilidad. Dedicaremos un capítulo más adelante a entender cómo el cambio de foco es una de las claves de un proceso exitoso. Por ejemplo: respiración con el diafragma, meditación, imaginación guiada, rela-

jación muscular progresiva (Jacobson), entrenamiento autógeno y *mindfulness*.

- **Mejorar nuestro diálogo interno.** Para poder gestionar este tipo de pensamientos de carácter obsesivo, alarmante y catastrofista, hay que trabajar en ser conscientes de ellos, de su irracionalidad y de su falta de veracidad, es decir, conocerlos e identificarlos. Una vez conseguido este primer objetivo, nos centraremos en la modificación, es decir, en flexibilizar o cambiar los pensamientos, sustituyéndolos por otros más realistas y funcionales y ajustados a la realidad.

- **El ejercicio va a servir para desgastar la energía sobrante.** Practicar ejercicio de forma regular hace que nuestro cerebro libere dopamina y serotonina, que son dos sustancias químicas que reducen el estrés. No hace falta hacer horas de deporte intenso; nos servirá con seguir una serie de hábitos saludables.

- **Cuidar las relaciones sociales.** Basándonos en relaciones sanas, fundamentadas en el afecto, el cariño y la asertividad. Este tipo de relaciones sociales y el afecto aumentan la liberación de oxitocina, que es la hormona que facilita la disminución del cortisol.

Una almendra con sabor amargo

Si se ha padecido un trastorno de ansiedad, la amígdala (mejor dicho, amígdalas, que son dos), ese órgano con forma de almendra, situada en el lóbulo temporal, es probablemente la estructura del cerebro que sale más a colación en las conversaciones sobre neuroanatomía informal que se mantienen en la consulta.

Pensemos en la amígdala como una suerte de sonar, ese instrumento tan típico de los submarinos y los barcos que les sirven para localizar objetos en el espacio. Este sonar está buscando constantemente patrones amenazantes. A su vez, la amígdala está relacionada con el hipocampo, que es una suerte de biblioteca de consulta, donde están almacenadas aquellas situaciones que ya hemos clasificado como peligrosas.

El miedo y el enfado son estados de alta excitabilidad, por lo que no nos sorprenderá saber que ambas emociones están estrechamente reguladas por la amígdala. Daniel Goleman acuñó el término de «secuestro emocional» cuando esta estructura toma el control de nuestras emociones y nuestra conducta en detrimento de otras más reguladoras, como nuestro amado córtex frontal. En determinados momentos, los focos se vuelven hacia esta actriz que hipnotiza a su público, sin dejarles la posibilidad de atender a nada más que lo que está ocurriendo encima del escenario.

Cabe preguntarse si, al guardar tantas estructuras en común, no resultará muy sencillo que ambas emociones se solapen con tanta facilidad. ¿Quién esconde a quién? A menudo, tras una explosión de rabia encontramos en el fondo una sensación de impotencia, que al mismo tiempo esconde el miedo a no ser capaces de desempeñar una tarea. Por otro lado, en el trabajo en la clínica podemos observar como en ocasiones la aparición del enfado nos lleva a atravesar el umbral del temor. Cuántas veces hemos observado en las persecuciones de dibujos animados como, atravesando el abismo, los dos personajes continúan corriendo enfrascados en la persecución hasta que... ¡son conscientes de que están en el aire! ¿No es entonces cuando caen?

Otra conexión que no deberíamos pasar por alto es la que se produce con la sustancia gris periacueductal (SGPA, aunque podríamos retarnos a pronunciarlo tres veces frente a un espejo). Esta área se encarga de funciones como la modulación del dolor, y recientemente se ha podido relacionar la actividad en esa zona con la sensación de frialdad y rigidez que podemos tener al experimentar un ataque de ansiedad. Además, las personas que padecen ataques de pánico de forma prolongada suelen tener una SPGA de mayor tamaño que aquellas que no los padecen.

La amígdala recibe aferencias de todos los sentidos, y a su vez tiene libre acceso a la comunicación con el resto de los sistemas.

Si detecta un patrón que ya ha sido clasificado en su biblioteca como peligroso, activa de forma inmediata el botón del pánico, desencadenándose la respuesta de la que hemos estado hablando. Es una forma curiosa de interacción el de estas dos estructuras. Algunos patrones se generalizan a partir de otros primarios. Por ejemplo, si se tiene miedo al metro, será muy fácil tener miedo al avión porque ambas situaciones guardan una gran cantidad de semejanzas (son sitios cerrados, no podemos salir cuando queremos, sino cuando nos dejan...). Otros miedos se pueden adquirir de forma vicaria, a través del lenguaje, simplemente porque nos han transmitido eso de forma verbal. Son procesos de condicionamiento que compartimos con el resto de las criaturas vivas.

Muchos se han planteado cómo sería vivir sin amígdala, y si al fin y al cabo prescindir de esa alarma no sería una buena idea. ¿Se desconectaría el miedo?, ¿desaparecería el pánico? Se han practicado operaciones en las que se han tenido que remover estas estructuras por resultar perjudiciales para los individuos, y el resultado no ha sido muy esperanzador. Resulta que, al extirparla, se reducían enormemente las respuestas emocionales, no solo la amenaza, sino que el individuo terminaba asumiendo una existencia con una afectividad plana. Parece que la amígdala proporciona una distinción entre lo que es relevante e importante y lo que no. Si no hay prioridades emocionales, la existencia se transforma en un cálculo de probabilidades tras otro.

Sabemos que hay personas que han nacido sin amígdala, y sin embargo son capaces de sentir miedo. Pero la atribución emocional, cognitiva y conductual es diferente y más leve. Entonces, podríamos concluir que no es tanto la que aprieta el botón del pánico, sino que quizá es un amplificador, una estructura que se encarga de extenderlo y propagarlo.

Recientes estudios y modelos, como el del investigador Joseph Ledoux, reconocen cómo las estructuras neocorticales, que son las encargadas de la respuesta más racional, humanamente hablando, están también implicadas en la generación de la respuesta de miedo. ¿Son antagonistas de la misma película? No es tan sencillo; sus respuestas suelen estar coordinadas en una misma dirección, solo en determinadas situaciones donde la decisión supone un coste importante, o ante miedos como los que se dan, por ejemplo, en los trastornos de ansiedad, en que se produce esa división artificial.

Sin embargo, el origen de las emociones no es tan claro ni definitivo. Por ejemplo, algunos autores, como Lisa Feldman Barret (autora de *La vida secreta del cerebro*), defienden que las emociones no son solo reflejos, sino que son construcciones, y que nosotros estamos implicados en esa construcción al darles un significado activo.

A efectos prácticos

Parece ser que tenemos un margen de maniobra mucho mayor que el que podríamos suponer en un principio. Salir de un estado de ansiedad requiere también de un componente creativo que tenemos que alimentar. Si estamos implicados en la construcción de nuestras propias emociones, podemos generar nuevos significados y atribuciones. La ansiedad no puede aprender porque, en el fondo, casi siempre se tiene miedo a variantes de lo mismo, pero sí podemos generar un crecimiento. Quizá hay cosas que antes nos daban miedo y ahora no. Las cosas siguen ahí, pero no tenemos que verlas de la misma manera.

Sería un buen ejemplo una ocasión en que acudió a la consulta una persona con miedo a la oscuridad. No podía dormir si no entraba cierta cantidad de luz, temía a los apagones, poseía en su casa una amplia provisión de velas; en su bolso siempre guardaba una caja de fósforos y una linterna. Empezamos a hacer pequeñas exposiciones para ver cómo se iba sintiendo en diferentes situaciones. Era una señora de unos sesenta años que vivía con cierta vergüenza lo que le pasaba. Hablamos mucho sobre el significado de la oscuridad en su vida, y en un momento del proceso recordó a su padre cuando era niña, y cómo este le contaba historias antes de dormir. Su padre trabajaba todo el día, era agricultor, y solo lo veía al final de la jornada. Lo describía con mucho cariño, y entendimos que a través de ese recuerdo podíamos cambiar el significado de aquello que le causaba temor. Su padre volvió a acompañarla en su oscuridad, porque también la noche significaba un lugar de encuentro con las personas y cosas que había amado.

El miedo al miedo

Muchos de los conflictos que se establecen con la ansiedad surgen a raíz de una experiencia que podríamos catalogar como traumática para las personas que la sufren. Hablamos de la aparición de un miedo intenso, acompañado frecuentemente de una sensación de peligro o catástrofe inminente y de un fuerte impulso de escapar. A todo esto, hemos de añadirle la aparición de la llamada «sintomatología física» (taquicardias, mareos, sensación de ahogo, sudoración, temblores...).

Las experiencias con la ansiedad o el pánico provocan en numerosas ocasiones que las personas orienten su vida a intentar no volver a sentir ansiedad nunca más y, en el fondo, todos, absolutamente todos los trastornos de ansiedad se sustentan a raíz de esto. Aquí os mostramos algunos ejemplos:

- La persona con agorafobia ha dejado de alejarse de casa porque tiene miedo de sentir ansiedad y no poder soportarla.
- Quien padece hipocondría no para de ir al médico porque no soporta tener miedo a morirse.
- La persona con ansiedad generalizada no puede parar de preguntarse acerca de las posibles catástrofes que puedan ocurrir; por eso, no puede dejar de buscar soluciones (sin éxito). Si no busca, siente ansiedad.

Las personas han desarrollado una especie de mantra que viene a decir: «Todo antes que contactar otra vez con la sensación de miedo». Ha dejado de ser una emoción básica y necesaria para convertirse en el enemigo a combatir, porque ahora sentir miedo da miedo.

Más peligrosa que la ignorancia es el conocimiento erróneo, porque no solo implica que no estemos acertados, sino que conlleva un coste de oportunidad. El concepto de «coste de oportunidad» es más importante de lo que podemos creer en un principio, ya que el tiempo y el esfuerzo que dedicamos a una tarea tienen su precio.

No es infrecuente que quienes padecen trastornos de ansiedad hayan pasado ya por procesos que tenían un planteamiento desacertado o basado en fundamentos con poca o nula evidencia científica. La sucesión de estos métodos no solo deja a la persona igual que estaba, sino que crea en ella una sensación de desesperanza e indefensión que perjudica los intentos posteriores de resolver la ansiedad, reforzando mitos y creencias. Repasemos a continuación los principales mitos sobre la ansiedad que confunden y dificultan.

La ansiedad no es una enfermedad, ni un virus, ni una forma de ser

Padecer ansiedad no es lo mismo que estar enfermo, pues no estamos hablando de ninguna enfermedad. La enfermedad tiene un origen orgánico, y, para ser franco, no podemos concluir con exactitud cuál es la causa; más bien hablaríamos de causas. Sabemos que hay muchos factores que pueden estar influyendo en la aparición de esos síntomas y pensamientos que nos traen de cabeza.

En cambio, esta concepción es dañina por varios motivos:

- Decirnos a nosotros mismos que estamos enfermos nos coloca en una posición de indefensión, ya que el enfermo solo puede esperar a ser curado, y eso implica resignación.
- Nos autoenviamos un mensaje de cronicidad, ya que se suele vivir esto como una especie de maldición.

Además, cuando las personas terminan concluyendo que la ansiedad es un padecimiento, lo hacen refiriéndose a ella como una «enfermedad de segunda». Se podría concluir: «No solo estoy enfermo, sino que además no debería estar padeciendo lo que tengo. Pero, si estoy viviendo algo que considero que no me debería estar pasado..., ¿por dónde empiezo?». Nadie experimenta vergüenza ante una pancreatitis, y, sin embargo, resulta difícil conocer a muchas personas que hablen abiertamente de sus trastornos de pánico o de sus obsesiones. En este punto estamos viviendo la ansiedad, además, como un fallo, un fracaso personal.

Es mucho más fácil y exacto concebir lo que estamos experimentando como un dolor. El dolor es un mecanismo que implica que estamos sufriendo algún daño.

Es relativamente sencillo concebir un dolor físico, ya que lo hemos experimentado muchas veces. Un dolor de estómago indica que algo no nos ha sentado bien, o que algún tramo del sistema digestivo no está funcionando como debería. Si nos duele una rodilla, sabemos que necesita reposo, y que quizá es mejor no ir a correr lo que queda de semana, hasta que el cuerpo recupere. El dolor en realidad es información que nos avisa de que debemos realizar algún cambio en el organismo o en el ambiente.

Al igual que existen dolores físicos, hay dolores que pertenecen al ámbito de las emociones, dolores psicológicos. Y no están ahí para amargarnos la existencia, sino que nos indican que no estamos gestionando nuestros sentimientos o pensamientos de forma adecuada, que estamos generando mecanismos que nos dañan. Hablaremos mucho de estos mecanismos a lo largo del libro.

Un dolor no debería darnos vergüenza; es solo un dolor. Es mejor que nos preguntemos cómo podríamos hacer para estar mejor que pensar en que no deberíamos tener dicho dolor.

Muchas personas viven como coches estropeados, pero es importante destacar el hecho de que tenemos que aprender a saber qué modelo de coche conducimos y actuar en consecuencia. Algunos automóviles aceleran solamente con poner el pie en el pedal, y otros tienen un mayor recorrido. No es lo mismo conducir un deportivo que un utilitario.

Hay personas que nacen sin dolor, y por un momento podría parecer tentadora es posibilidad. Pero si nos adentramos en el estudio de casos, las consecuencias son terribles. Los niños pequeños que padecen insensibilidad congénita al dolor se arrancan los dientes, se destrozan la lengua, se fracturan huesos sin ser conscientes de ello. Solo cuando son mayores y tienen cierto nivel de conciencia se les puede introducir nociones de autocuidado. Las posibilidades de supervivencia de un organismo sin esa información se reducen drásticamente porque no puede modular su comportamiento respecto a las exigencias del ambiente.

Otra concepción con la que podemos anquilosarnos es la de vivir la ansiedad como un virus. Algo que hemos contraído en algún momento y que ha cambiado nuestra vida para siempre.

Vivir la ansiedad como un virus también puede hacernos daño por varias razones:

- Nos hace vivir una ficción bélica, en la que tenemos que erradicar, aniquilar, controlar un sentimiento. Y los sentimientos no se erradican ni se aniquilan, ni se controlan (si acaso se modulan). Con esa idea preconcebida, nos hemos hecho un enemigo para toda la vida.
- Nos hace creer que la causa de nuestro malestar es ese virus de la ansiedad, y este se debe a causas externas a nosotros y no a creencias o a cómo interaccionamos dentro de un contexto. Nos hace buscar siempre en elementos que en realidad vivimos como externos: el siguiente síntoma, el próximo pensamiento intrusivo, la preocupación de la semana...

La ansiedad más bien es una gestión de nuestras emociones, pensamientos y conductas inadecuadas que termina generando una vivencia dolorosa.

Otro aspecto por tratar en esta revisión de paradigmas en torno a la experiencia ansiógena es que tenemos que entender que la ansiedad no es una forma de ser. La ansiedad es más bien una forma de estar. No somos ansiosos, más bien generamos ansiedad cuando hacemos o dejamos de hacer ciertas cosas. Si nos decimos que somos ansiosos, en realidad:

- Volvemos a enlazar con la idea del destino maldito. La creencia de que somos víctimas de una maldición milenaria.
- También entroncamos con la creencia de que es algo crónico que solo podemos solucionar con resignación y evitación.
- Nos separa del mundo y de los demás, al creer que somos raros, especiales, y que en el fondo nos lo tenemos bien merecido.

Nunca fuimos bautizados como ansiosos, más bien nos casamos con la ansiedad. La ansiedad es un proceso más ordinario de lo que pensamos. Sería deseable que en este libro fuésemos despojándolo de ese halo mágico que nos impide abordarlo de una manera equilibrada. Si somos conscientes de cómo generamos ansiedad, podemos aprender a no hacernos daño.

Vamos a cambiar algunas de estas concepciones clásicas por otras más adaptativas.

CREENCIAS PARALIZANTES	CREENCIAS ADAPTATIVAS
La ansiedad es una enfermedad.	La ansiedad es un dolor que proporciona información.
La ansiedad es un virus o un cáncer.	La ansiedad es una gestión inadecuada que termina generando una vivencia dolorosa.
La ansiedad es una forma de ser.	La ansiedad es una forma de estar.

La ansiedad no es una debilidad de carácter

Considerar que la ansiedad se debe a una fuente externa nos confunde, pero entender que esta se debe a una debilidad, a un carácter erróneo, tampoco ayuda demasiado en nuestro objetivo de comprenderla y colocarla.

No se nos pasa por alto que muchas de las personas que terminan sufriendo algún trastorno de este tipo no son precisamente vulnerables, o no lo eran hasta que apareció la ansiedad. No se trata de que no sepan desenvolverse en la vida o tengan menos recursos, sino que no saben cómo lidiar con la abrumadora sensación que están experimentando.

Confundimos la llamada ansiedad de rasgo, que es la mayor predisposición para percibir la realidad del entorno como amenazante (a lo que nos referimos cuando decimos que una persona tiene un temperamento nervioso), con la aparición de un trastorno de ansiedad, y aunque puedan correlacionar positivamente, es decir, que exista una mayor tendencia a padecer un trastorno si ya de por sí se posee una ansiedad de rasgo, no siempre tiene por qué coincidir.

Podemos conocer muchos casos de personas que parecen poseer un carácter relativamente tranquilo y que padezcan una fobia o un TOC, sin que los otros aspectos de su vida se encuentren afectados. Pueden ser personas con una gran capacidad para resolver la mayoría de las situaciones en su vida, pero cada vez que entran en un túnel, o tienen que hablar en público, ese mecanismo se dispara y captura su atención de tal modo que no saben cómo responder.

La ansiedad no es una respuesta crónica; son las creencias las que la vuelven así

Un hombre rico mandó a su criado al mercado en busca de alimentos. Pero, al poco de llegar allí, se cruzó con la muerte, que lo miró fijamente a los ojos.

El criado palideció del susto y salió corriendo, dejando tras de sí las compras y la mula. Jadeando, llegó a casa de su amo.

—¡Amo, amo! Por favor, necesito un caballo y algo de dinero para salir ahora mismo de la ciudad... Si salgo ya mismo, quizá llegue a Tamur antes del anochecer... ¡Por favor, amo, por favor!

El señor le preguntó sobre el motivo de tan urgente petición, y el criado le contó a trompicones su encuentro con la muerte.

El dueño de la casa pensó un instante y, acercándole una bolsa de monedas, le dijo:

—Está bien. Sea. Vete. Llévate el caballo negro, que es el más veloz que tengo.

—Gracias, amo —respondió el sirviente.

Y, tras besarle las manos, corrió al establo, montó en el caballo y partió velozmente hacia la ciudad de Tamur.

Cuando el sirviente se hubo perdido de vista, el acaudalado hombre caminó hacia el mercado en busca de la muerte.

—¿Por qué has asustado a mi sirviente? —le preguntó en cuanto la vio.

—¿Asustarlo yo? —dijo la muerte.

—Sí —contestó el hombre rico—. Él me ha dicho que hoy se ha cruzado contigo y lo has mirado amenazadoramente.

—Yo no lo he mirado amenazadoramente —dijo la muerte—. Lo he mirado sorprendida. No esperaba verlo aquí esta tarde, ¡porque se supone que debo recogerlo en Tamur esta noche!

Esta historia es el esquema clásico de una tragedia griega. En toda tragedia hay un héroe, o una heroína, y una maldición. Dicha maldición aparece como consecuencia de un error fatal o fallo del carácter (*harmatia*). El esquema argumental es casi siempre el mismo: el protagonista intenta zafarse de la maldición impuesta por los dioses y, a veces, casi parece que lo va a conseguir, solo que al final sucumbe a la suerte que estos han dictado para él. La tragedia culmina con la destrucción del protagonista o su locura.

La cultura que nos rodea está tan impregnada de este concepto que no resultará nada difícil buscar ejemplos: muchas de las obras de

Shakespeare, Calderón de la Barca, Arthur Miller o Lope de Vega. Y el cine: *El padrino, Seven, Shutter Island, Gladiator, Titanic...*

Se puede observar este guion de vida de forma muy clara entre muchas de las personas que acuden a la consulta. Y parte del trabajo consiste en deshacer esos guiones de vida. Sustituyen la maldición por la ansiedad y ya tienen una receta perfecta para dar vueltas alrededor de una idea.

La irrupción de la ansiedad casi parece algo religioso. Se termina temiendo al miedo y se le intenta aplacar mediante sacrificios rituales en forma de intentos de solución. Pueden ser compulsiones, evitaciones, intentos de control o comprobaciones que terminan desembocando en mayor ansiedad y agravando el problema.

Debemos procurar alentar la actitud científica y el pensamiento crítico con respecto a estos guiones ficticios de tragedias. Es importante vislumbrar más allá de nuestras tinieblas. Me gustaría introducir este concepto más adelante en capítulos como el del lenguaje o el enfoque.

Las personas terminan organizando su vida en torno a la liturgia de la ansiedad, y se dicen a sí mismas que si no fuera por esta, su vida sería completamente diferente, con lo que caen constantemente en el mismo autoengaño. Las auténticas cadenas no las ponen las sensaciones ni los pensamientos amenazantes, sino todos aquellos intentos de control, todas las soluciones que tienen la pretensión de intentar aplacarlas o eliminarlas. Al final, todo gira alrededor del control de la ansiedad, y lo que quiero que suceda tiene más importancia que lo que quiero que pase en mi vida.

2

De ser un cuerpo a tener un cuerpo

Si en el capítulo anterior hemos dibujado el lienzo sobre el que vamos a construir nuestro mapa, en este vamos a tratar de los síntomas que nos están indicando que algo no está funcionando como debería. Son las señales por las que la persona suele acudir a consulta; son los dolores, las molestias que interfieren en nuestro funcionamiento adecuado con el mundo.

Ptolomeo nos ofrece en el siglo II d. C. un intento de cartografiar el mundo siguiendo modelos geográficos y matemáticos. La forma en que los pueblos dibujaban sus mapas nos ayudaba a entender mejor quiénes eran, cómo se posicionaban, de qué modo se concebían con relación a los otros. Es importante que los mapas estén representados siguiendo un esquema contrastable con la realidad, en lugar de estar basados en creencias o supersticiones.

Este pensador griego se sirvió de los cálculos que realizó Eratóstenes para medir la superficie de la Tierra, a partir del estudio de las sombras que proyectaban los objetos. Los cálculos de este geógrafo influyeron en Toscanelli aproximadamente trece siglos después. Este sabio florentino diseñó el mapa que inspiraría a Colón para emprender su aventura de alcanzar las Indias orientales justo un año antes de su partida. Lo que ni Colón ni Toscanelli sabían es que este último había cometido un error de cálculo de mayor magnitud del esperado. Probablemente, ese error hizo creer a Colón que la tarea de alcanzar las Indias por occidente no sería tan ardua, y que, al considerar que la Tierra era más reducida de lo que realmente resultó ser, la empresa era factible.

¿Quién sabe si un error facilitó el encuentro de dos continentes? Los errores forman parte del proceso científico, ya que, al fin y al cabo, la ciencia no deja de ser humana. Una de las formas más usuales de concebir la sintomatología ansiosa es la de considerarla como un error de funcionamiento, aunque, al hacerlo, perdemos la ocasión de verlo como una oportunidad de descubrimiento.

Volviendo al símil del mapa, podríamos considerar los síntomas de la ansiedad como lo visible. Son comparables a los accidentes geográficos que se dibujan en un plano. Si nos hallamos ante una cordillera, tendremos que ver si la escalamos o buscamos algún paso que nos facilite el camino. ¿Estaremos preparados para los ríos, las cuevas, los desiertos? Sería adecuado describir no solo la composición de estos y sus elementos, sino proporcionar algunas nociones para aprender a sortear estos obstáculos.

Una realidad más compleja

Antonio Bulbena, catedrático de Psiquiatría de la Universidad Autónoma de Barcelona, ha estado detrás de muchas de las investigaciones que están marcando un cambio significativo y revolucionario en nuestra forma de entender cómo algunas personas pueden tener una especial sensibilidad a la hora de percibir las señales que les proporciona el organismo.

En su libro *Ansiedad. Neuroconectividad: la Re-evolución*, el autor comenta que han existido muchas formas de denominar este padecimiento a lo largo de la historia. Algunos de estos nombres han sido «corazón del soldado», «padecer un carácter sanguíneo», «neuropatía cerebro-cardiaca», «irritación espinal»...; son nombres que sugieren una relación profunda entre la ansiedad y el cuerpo. Sin embargo, a partir del siglo XX esta relación deja paso a otra concepción que aboga por el origen mental exclusivamente. Empiezan a conocerse como trastornos mentales, y planteamos definiciones donde el cuerpo deja de estar presente.

Bulbena lleva dos décadas investigando a pacientes que padecen hiperlaxitud articular. La hiperlaxitud articular está asociada de una manera muy estrecha con el riesgo de padecer un trastorno de ansiedad, y es que las personas con esta característica tienen veintitrés veces más posibilidades de sufrir un desorden de ansiedad que la población que no tiene este síndrome.

Hablamos de un síndrome benigno de carácter hereditario del colágeno. Sus características clínicas pueden ser articulares (lumbalgias, reumatismos de los tejidos blandos, luxaciones recurrentes...) o extraarticulares (aparición concurrente de varices y moratones, hernias, disfunciones tiroideas...).

Las personas que padecen hiperlaxitud presentan una flexibilidad mayor que se evalúa a través de las «maniobras de Beighton», formadas por cinco posiciones donde las articulaciones se llevan al límite del rango, diagnosticándose la hiperlaxitud cuando se obtienen seis o más puntos sobre los nueve totales.

Maniobras de Beighton

Tocar el suelo con las palmas de las manos al agacharse sin doblar las rodillas, actualmente o en el pasado.

Tocar en forma pasiva el antebrazo con el pulgar mientras se tiene la muñeca en flexión.

Extensión pasiva de los dedos o extensión del dedo meñique a más de 90°.

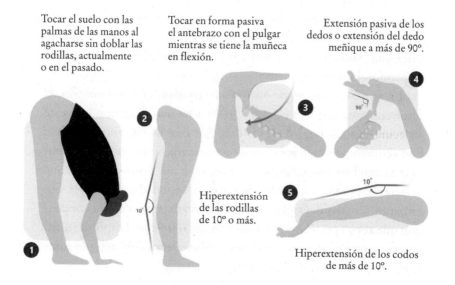

Hiperextensión de las rodillas de 10° o más.

Hiperextensión de los codos de más de 10°.

Bulbena encontró esta relación al observar que muchos pacientes aquejados de ataques de ansiedad, agorafobia y fobia social también padecían alteraciones en el tejido conectivo. Tras observar la común coexistencia de los dos desórdenes en muchos de los sujetos, pudo demostrarse tras años de estudio que no se trataba de una mera coincidencia, y que muchos de los que sufrían trastornos de ansiedad padecían hiperlaxitud.

En los últimos años, contribuciones de psiquiatras, genetistas y psicólogos, entre otros, han afianzado la idea de que la hiperlaxitud articular no es únicamente un trastorno reumatológico, sino un trastorno general del tejido conectivo que es hereditario y que tiene la peculiaridad de ir asociada con mucha frecuencia a la ansiedad. Estamos hablando de un trastorno sistémico que afecta al dolor, a la percepción corporal y, por supuesto, al tejido conectivo, proporcionando claves muy importantes sobre el origen de la ansiedad humana.

Este descubrimiento abre una serie de puertas que nos permiten entender que eso que estamos llamando ansiedad no podemos clasificarlo como un simple diagnóstico, sino que esconde una realidad mucho más compleja. No es simplemente un modo de funcionamiento erróneo, tal y como lo vemos ahora, sino que podemos entender esta condición con una riqueza de matices con los que con anterioridad no podíamos contar.

La evolución, como hemos dicho antes, esculpe la naturaleza a través del cambio. Determinadas expresiones genéticas terminan imponiéndose sobre otras. La vida es un campo de pruebas que selecciona cuáles de esos cambios merecen pasar a la posteridad, por lo que quizá algunos de estos organismos han sido dotados de una mayor sensibilidad. Esto significa que son más susceptibles a detectar los cambios y las variaciones internas y externas.

Esta mayor sensibilidad puede ser muy útil en tiempos de guerra y tribulaciones, donde pequeñas diferencias de reacción pueden marcar la diferencia entre la vida y la muerte. Así, estos «guerreros» en tiempos de conflicto poseerán una mayor reactividad, una percepción más fina. Encontrarán más rápido las salidas y se mostrarán más intuitivos. Tendrán, en esencia, mayor capacidad para anticiparse a las amenazas.

Pero ¿qué pasa cuando esa alarma sigue activa en tiempos de paz? Bulbena siempre dice que, si hay un problema real que amenace nuestra integridad, tener a alguien con estas características puede mejorar notablemente nuestras opciones de supervivencia.

La pandemia reciente resultó sumamente reveladora para los profesionales de la salud mental. Por fin, muchas de las personas que podíamos ver en consulta tenían la oportunidad de hacer uso de esa mayor sensibilidad ante las amenazas, y eso las hacía sentirse equilibradas. Para la mayoría de los pacientes del centro aquejados de agorafobia, TOC, ansiedad generalizada o hipocondría, el periodo de confinamiento fue mejor que para otras personas que no poseían etiquetas diagnósticas. Podríamos argumentar que, por fin, sus estrategias de control tenían sentido. Para ese mundo sí estaban preparados, ya que sus capacidades estaban adecuadas a la naturaleza de su entorno.

Cuando salimos del confinamiento, la situación se revirtió. Ahora volvían a enfrentarse a la incertidumbre, tenían que regresar a la cotidianidad. El índice de recaídas fue mayor que el que esperábamos. La razón es que el abuso de estrategias de control volvía a entorpecer sus vidas y relaciones. Pero esta vez no estaban tan convencidos de desarmarse de nuevo. Al fin y al cabo, ¿no es ese el verdadero dilema, cómo bajar la guardia?, ¿cómo saber cuándo se necesita un nivel de alarma u otro, cuando muchas de esas decisiones tienen que estar basadas en parámetros subjetivos? Parece que, en tiempos de paz, el guerrero corre el riesgo de dañarse con sus propias armas.

En el otro extremo del espectro de quienes poseen una mayor probabilidad para desarrollar un trastorno de ansiedad, se hayan personas con una notable desconexión con sus percepciones internas. Individuos que fuerzan la maquinaria, sin ninguna noción de las propias limitaciones físicas o mentales. Aun a riesgo de resultar poco ortodoxos, podríamos rememorar la frase del capitán Stinger cuando quiere aleccionar al joven Maverick en *Top Gun*: «Su ego extiende cheques que su bolsillo no puede pagar».

Cabe preguntarse por qué, a veces, tenemos que llegar a esos límites para darnos cuenta. No solemos prestarnos la suficiente atención hasta que las señales son tan poderosas que nos detienen, y un día aparece un ataque de ansiedad. Y es que a falta de autorregulación y después de haber forzado ciertos límites, el cuerpo se termina imponiendo y mostrando su dolor. La paradoja es que esa señal de alarma, que implica que debemos realizar un cambio en el contexto o en la gestión interna, no se toma como tal, sino que se estima como una amenaza que, esta vez, viene de dentro. Y se vuelve a producir una hipersensibilización.

Faltan palabras para describir la ansiedad y, además, no se presta mucha atención hasta que no interfiere de forma significativa. Se espera demasiado tiempo antes de entender que es necesaria una autorregulación más eficaz. La demora diagnóstica, que se calcula entre que la persona experimenta sus primeras experiencias con alguno de estos trastornos hasta que realiza una consulta a un profesional de la salud mental, en países occidentales se establece entre diez y quince años.

De «ser un cuerpo» a «tener un cuerpo»

Otro Antonio, António Damásio, un brillante neuropsicólogo portugués, escribía lo siguiente cuando publicó su libro *La sensación de lo que ocurre* en el año 2000:

> En ocasiones usamos nuestra mente no para descubrir hechos, sino para ocultarlos... Una de las cosas que la pantalla oculta con más eficacia es el cuerpo, nuestro propio cuerpo, y con ello me refiero a su interior. Como un velo echado sobre la piel para garantizar su pudor, la pantalla puede eliminar parcialmente de la mente los estados internos del cuerpo, aquellos que constituyen el flujo de la vida a medida que deambula por el viaje de cada día.

Para Damásio, esa pantalla que nos disocia de nuestro cuerpo puede actuar en nuestro favor permitiéndonos atender a los problemas del mundo exterior, pudiendo ser aparentemente más funcionales. Sin embargo, tiene un precio, suele impedirnos percibir el posible origen y naturaleza de lo que llamamos el «yo». El precio de ignorar y distorsionar los mensajes del cuerpo es ser incapaces de detectar que es realmente peligroso o dañino para nosotros o que, por el contrario, es seguro o fortalecedor. La autorregulación depende de mantener una relación cordial con nuestro cuerpo. Sin ella, tenemos que depender de la regulación exterior (medicación, drogas, relaciones de seguridad...).

El debut con la ansiedad puede romper la sensación de unicidad con el cuerpo, y la relación con este cambia de diversas maneras. Nuestro organismo pasa a ser una especie de desertor del que desconfiamos como si fuese a jugárnosla en cualquier momento. Es frecuente observar que se establece una escisión artificial entre el cuerpo y la mente, y parece que hemos pasado de «ser» un cuerpo a «tener» un cuerpo. Y tener un cuerpo es una bomba de relojería que puede explotar en cualquier momento. El cuerpo es visto como algo amenazador, con lo que nos cuesta relacionarnos, y recuperar una relación sana con nuestro cuerpo es algo que debe requerir nuestra atención.

En el trabajo clínico es interesante saber cómo las personas describen su sintomatología, debido a que nos están enseñando su puerta de entrada. Algunas corrientes de la psicología aconsejan no prestar atención a los síntomas y que nos dirijamos a las causas profundas subyacentes, y trata estos últimos como meras distracciones. Pero si nos fijamos bien, esa descripción nos está dando una información preciosa si sabemos leer entre líneas. Nos indica cómo se relaciona el individuo con su cuerpo, qué desencadena su miedo, cómo es su personalidad, con qué se enreda. ¿Por qué, de entre todos los síntomas posibles, ha elegido ese como objeto de su temor?

La lucha contra los síntomas puede ser muy ardua y fatigosa. De nuevo, esa concepción bélica de la que hablábamos en el anterior capítulo nos coloca en la posición de adversarios de nuestro corazón o nuestra piel. Lo malo de la guerra es que siempre termina generando víctimas, y ofrece una solución parcial para un conflicto, que casi siempre es complejo.

Nuestros particulares fantasmas no buscan asustarnos; solo necesitan ser escuchados. Sin embargo, no podemos ser ingenuos, no podemos hacerlo en los estados de alta activación donde nos encontramos en modo supervivencia. Necesitamos también abrir un espacio para escuchar, pero a la vez nos encontramos demasiado preocupados por tratar de controlar los síntomas que se han convertido en el centro de nuestra existencia.

El dualismo es una doctrina que ha potenciado esta separación entre cuerpo y mente, y que se encuentra profundamente arraigada en nuestros cimientos culturales. Filósofos como Platón o René Descartes nos legaron una frontera artificial que concibe el cuerpo y la mente como dos sustancias independientes que interaccionan entre sí sin mezclarse. Qué difícil es para nuestro cerebro la representación de la unidad, y qué sencillo le resulta separar la realidad en fragmentos para intentar comprenderla mejor. Corazón y cerebro, ellos y nosotros, el alma y el cuerpo...; nos encontramos ante una tendencia difícil de evitar. Sin embargo, la observación nos muestra que cuando pensamos también lo hacemos con sensaciones físicas, y cuando sentimos no podemos obviar los pensamientos que surgen a partir de las variaciones del latido cardiaco. Es algo parecido a lo que William James, uno de los padres de la psicología moderna, concluyó: «No lloramos porque estamos tristes, sino que estamos tristes porque lloramos».

Damásio nos introduce de esta manera en el concepto de «marcador somático». «Soma» viene del griego y significa «cuerpo». Si estamos tristes no solo estamos tristes cognitivamente, también estamos pesados, tenemos el pecho encogido; si estamos alegres, puede que sintamos una gran ligereza o una sucesión más rápida de los acontecimientos. El pecho se ensancha cuando sentimos afecto, y el estómago se encoge cuando tenemos miedo. La vergüenza se aloja debajo del ombligo... Los sentimientos que nos llevan a tomar decisiones están alojados en el cuerpo.

No solo pensamos las emociones, sino que son sensuales, se colocan en nuestro organismo. Las experiencias que pasamos en la vida nos dejan huellas emocionales. Y en función de esas huellas emocionales también tomamos decisiones. A la relación entre el estímulo y el estado emocional la llamamos «marcador somático». Las personas no generan simplemente una idea de la ansiedad, sino que esta se encuentra geolocalizada y mapeada en su cuerpo. Por eso es tan difícil; no porque se piense, sino porque además se siente.

Investigadores finlandeses de la Universidad de Aalto realizaron un mapa precisamente mostrando las correlaciones de las diferentes emociones como la ira o la alegría con sus correlatos corporales, y mostraban cómo estas asociaciones eran independientes de la cultura a la que el sujeto pertenecía. Así, por ejemplo, la tristeza duele en el pecho, o la alegría se expande cálidamente por el cuerpo, así como la angustia oprime el pecho y la boca del estómago. Observar ese mapa de colores y emociones es una experiencia recomendable para ver hasta qué punto los correlatos corporales de las emociones siguen un designio tan común entre personas de tan diferente procedencia.

Las decisiones que tomamos no son tan racionales como nos gustaría creer; las emociones también forman parte del proceso de toma de decisiones. Por lo tanto, nuestras experiencias, nuestras huellas, van a ser claves a la hora de realizar una acción.

Damásio concluyó que poder sentir las emociones que han marcado eventos anteriores es necesario para poder decidir sobre el plan de acción que eventualmente será más ventajoso; dejando claro que, si bien las emociones no razonan, son necesarias para razonar y decidir, por lo menos en situaciones inciertas, puesto que en muchas ocasiones no será suficiente saber, no se podrá saber, pero se tendrá que tomar una decisión.

Por lo tanto, el error de Descartes se encontraba en creer que la mente existe de forma independiente del cuerpo; una idea profundamente arraigada en la cultura occidental desde entonces. Descartes proclamó: «Pienso, luego existo», a lo que Damásio contrapuso con sus investigaciones y su libro todo tipo de argumentos que demuestran que las emociones y los sentimientos no solo tienen un papel relevante en la racionalidad humana, sino que cualquier daño en la corteza prefrontal, como demostró en su estudio del conocido caso de Phineas Cage,* puede hacer que un individuo sea incapaz de generar las emociones necesarias para tomar decisiones de forma efectiva.

Volviendo a los estudios de Bulbena, podemos encontrar cómo la manera de responder de estos pacientes con hiperlaxitud es común. La percepción corporal, que es lo que conocemos como interocepción (la capacidad de sentir el propio cuerpo) está bastante aumentada. La exterocepción, esto es, la manera de percibir el mundo exterior, la capacidad de percibir los cambios climáticos, los sonidos, olores... está también más aumentada (es curioso el dato de que en los días de poniente existen muchos más ataques de pánico). Y por otra parte tenemos la propiocepción, que es la capacidad de notar la postura y que, sin embargo, se muestra más empeorada.

Vemos que estas personas se encuentran con unas características anatómicas que les dan una mayor sensibilidad. Es muy común oír en consulta: «Es que soy muy sensible», y realmente tienen toda la razón, perciben muchas más cosas y podríamos resumir que estos sujetos reciben un bombardeo de información muy superior al que tiene otra persona.

Quizá sería apropiado comentar en este apartado el caso de los PAS o «personas con alta sensibilidad». El término no deja de guardar cierta confusión, pues, aunque se ha hablado bastante del tema, no sabemos muy bien a qué nos estamos refiriendo cuando hablamos de sensibilidad. Algunos autores hablan de un sistema nervioso más fino y desarrollado que la media de las personas. Esto hace que la información sensorial que le llega a la persona sea mayor. Este rasgo nos permite detectar diferencias sutiles en los estímulos y un procesamiento de la información sensorial más profundo que el de los individuos que no lo tienen. Sin embargo, otras teorías apuntan a una serie de características psicológicas, como rasgos más obsesi-

* Phineas Cage, que trabajaba como capataz de la construcción del ferrocarril, sufrió un aparatoso accidente: una vara de hierro le atravesó el lóbulo frontal. Aunque aparentemente Cage se recuperó y volvió a su vida normal en pocos meses, comenzó a experimentar un intenso desorden emocional.

vos, menor capacidad para relativizar o priorizar los problemas, que precisamente hace que la persona se encuentre en un estado de mayor labilidad emocional.

Para la psicóloga Elaine Arón, quien acuñó el término, para considerar que una persona tiene el rasgo es necesario tener las cuatro características básicas de la alta sensibilidad: procesamiento profundo, sobreestimulación, fuerte emocionalidad y sensitividad.

- **Procesamiento profundo** es la tendencia a procesar toda la información recibida de una manera intensa y profunda, por lo que generalmente se pasan más tiempo reflexionando en profundidad para lograr una mayor comprensión. Tienden a rumiar, es decir, a dar vueltas a los mismos pensamientos y a llevar a cabo un análisis profundo de estos. Evalúan y comparan escenas pasadas y presentes para decidir la acción antes de ejecutarla, es decir, para pasar a la acción: «pensar y luego actuar» frente a «actuar y luego corregir».
- **Sobreestimulación:** esta característica hace que se sientan abrumados y sobreestimulados cuando tienen que procesar mucha información (sensorial y emocional) al mismo tiempo. La sobreestimulación es comprensible debido a que su sistema neurosensorial es más fino de lo normal, por lo que la cantidad de información que recibe es mucho mayor que la de una persona que no es PAS.
- **Fuerte emocionalidad y empatía:** manifiestan una gran intensidad emocional en cada una de las emociones. Suelen sentirse identificados cuando les hablan de vivir en una montaña rusa de emociones. Tienen mayor capacidad de empatía y presentan más actividad en las zonas del cerebro donde se ubican las neuronas espejo. Viven la vida con gran emotividad y se sienten afectados más fácilmente con muchas situaciones y sentimientos. Su forma de experimentar felicidad, tristeza, alegría, injusticia, etc., es muy intensa y a veces está vinculada a la fuerte empatía, una característica que también es parte del rasgo.

- **Sensitividad:** tienen una sensibilidad aguda no solo a través de sus cinco sentidos, sino también detectando sutilezas como pequeños cambios en el entorno o en el estado emocional de las personas a su alrededor. Tienen una alta capacidad para percibir sutilezas a través de los sentidos, como olores, sabores, texturas e incluso en el plano visual y de procesamiento, y suelen percatarse de pequeños detalles no percibidos por el resto de las personas.

Hay que indicar que el termino PAS no está consensuado, ni forma parte de ninguna clasificación diagnóstica, es decir, no tenemos ninguna prueba, como el electroencefalograma o técnicas de neuroimagen, que pueda demostrar este tipo de rasgo. Tan solo contamos con la descripción que nos hacen las personas, pero eso no significa que no tengamos que tener en cuenta esta posibilidad, y que en un futuro seamos capaces de constatar realidades que ahora solo podemos intuir.

A efectos prácticos

Encontrar otros espacios donde el cuerpo esté presente que no sea el momento en el que nos encontramos preocupados por los síntomas puede suponer un gran avance en esa reconciliación que buscamos.

Practicar deporte o ejercicio físico es un hábito saludable que guarda una estrecha relación con la ansiedad, constituyéndose como un importante factor de prevención o tratamiento de este problema psicológico. Entre sus principales beneficios se encuentran los siguientes:

- A nivel emocional, aumenta y mejora el estado de ánimo, facilita la regulación emocional de la ira y reduce el estrés y la ansiedad estado (de situación) y la ansiedad rasgo (como forma de ser), puesto que disminuye la tensión muscular excesiva, aumenta la sensación de relajación y bienestar, reduce las preocupaciones o rumiaciones y facilita la distracción frente a la hipervigilancia hacia la ansiedad.

- Aumenta la sensación de control y autoeficacia, mejorando la autoestima.
- Facilita la interacción social.
- Mejora la calidad del sueño.
- Aumenta la concentración y la memoria.
- Disminuye síntomas y previene la aparición de enfermedades o problemas, como el sedentarismo, la obesidad o problemas cardiovasculares, entre otros.

Es más, se ha demostrado que, si bien es cierto que es eficaz para cualquier tipo de problema de ansiedad, el deporte es especialmente recomendable en los problemas de crisis de ansiedad o ataques de pánico, puesto que puede facilitar la habituación a los síntomas físicos de activación (aceleración cardiaca, respiración acelerada, sudoración, tensión muscular, etc.) que son temidos.

El cuerpo habla

Es fácil encontrar en consulta a pacientes que van desplazando dolores que viven como muy reales entre las diferentes partes de su cuerpo. Es entonces cuando decimos que hay dolores que se somatizan.

Las personas que padecen un trastorno de síntomas somáticos presentan uno o varios síntomas que pueden ser localizados (como un dolor punzante) o inespecíficos (como la fatiga). La descripción de los síntomas varía según la cultura y los grupos sociales específicos, pero en general son «expresiones de malestar»: la más común es el dolor, pero también se recogen el agotamiento, la sensación de pesadez o los gases, un exceso de calor en el cuerpo o ardor en la cabeza.

Estos síntomas de los que hablamos pueden acompañar a otros problemas médicos conocidos y ya diagnosticados, y sin embargo no encontrarse causas médicas para explicar los síntomas de los que se aqueja. Es por esto por lo que a veces a las personas que se les da este tipo de diagnóstico (de naturaleza psicológica) les resulte peyorativo, como una falta de reconocimiento a que sus síntomas físicos son «reales». Y es que, a pesar de que en ocasiones muestran sensaciones corporales normales o un malestar que generalmente no significa una enfermedad grave, el sufrimiento de estos individuos es auténtico, se explique o no médicamente. Así que es importante remarcar que los síntomas somáticos no se producen o simulan de forma intencionada, de hecho, una característica que distingue este trastorno psicológico de otros no es el síntoma en sí, sino la forma en que los presenta e interpreta la persona.

Estas personas suelen tener un elevado grado de preocupación por la salud. Normalmente, sus pensamientos son desproporcionados y persistentes, y giran alrededor de los síntomas y de la posible gravedad que crean que puede tener. Evalúan indebidamente sus síntomas corporales y los consideran amenazadores, perjudiciales o molestos, y a menudo piensan lo peor. Tanto es así que, incluso cuando hay pruebas de lo contrario, hay quienes siguen temiendo que sus síntomas sean graves.

Suelen experimentar un malestar que se centra en los síntomas somáticos y su significado. Es tan potente el «secuestro» atencional que desarrollan estas personas que algunas niegan cualquier fuente de angustia en su vida aparte de los síntomas que experimentan, dejando de lado el malestar que puedan sentir a raíz de otros aspectos de su vida.

La forma de interpretar lo que está pasando es central en este problema de salud. Tengamos en cuenta que los síntomas se presentan de forma variada según la persona, lo que se explica con que probablemente se deba al resultado de la interacción de múltiples elementos dentro del contexto cultural de esta, que afectan a la forma en que identifica y clasifica las sensaciones corporales, percibe la enfermedad y busca atención médica.

Bessel van der Kolk, en su libro *El cuerpo lleva la cuenta*, realiza una sugestiva apropiación de la palabra «agencia». «Agencia» es el tecnicismo para describir la sensación de estar a cargo de nuestra vida: saber dónde estamos, saber que tenemos mucho que decir sobre lo que nos sucede, saber que tenemos la capacidad de modelar nuestras circunstancias.

La agencia empieza con lo que los científicos llaman «interocepción», que, como hemos comentado, es el conocimiento de nuestras sensaciones corporales sutiles: cuanto mayor sea este conocimiento, habrá más potencial para tener una buena gestión sobre nosotros mismos. Saber qué sentimos es el primer paso para conocer por qué nos sentimos así. Si somos conscientes de los cambios constantes en nuestro entorno interior y exterior, podemos movilizarnos de mejor manera para manejarlos.

Un recorrido por los síntomas principales de la ansiedad

A continuación, enumeraremos los síntomas más consultados. Seguiremos un esquema parecido en la descripción de cada uno de ellos, y ahondaremos en el verdadero significado de estos síntomas físicos para el individuo.

¿Demasiado corazón?

¿Por qué razón nos inquietan más unos órganos que otros? Quizá porque los sentimos y tenemos una retroalimentación inmediata de su funcionamiento. Se dispara nuestra hambre de control, y observamos con impotencia cómo ese reloj situado en nuestro pecho nos deja escuchar su sonido, aunque no nos da ninguna opción aparente para manejar su preciosa circuitería. Nos convierte en observadores con poca o nula capacidad para maniobrar.

En la *Ilíada*, ese homenaje a la épica de la guerra, Homero nos cuenta la historia de Casandra. La sacerdotisa de Apolo consigue obtener el don de la profecía otorgando sus favores al dios. Sin embargo, tiempo después rechaza el amor del dios que antes había sido su amante. La ira de Apolo conduce a Casandra a una maldición especialmente cruel. Deja que conserve el don de la adivinación, pero añade la contrapartida de que nadie creerá sus predicciones.

Cuando los aqueos consiguen introducir en la ciudad al famoso caballo de madera, Casandra se dedica a advertir a aquel que quiera escucharla acerca del peligro que el equino de madera guarda en sus entrañas, y sin embargo parece que nadie puede escucharla. Es una observadora condenada a la impotencia.

Si me duele el corazón..., ¿me puede dar un infarto y morirme por ansiedad? ¿Qué probabilidad real existe de que me dé un ataque al corazón durante una crisis de ansiedad? ¿Y si realmente no es un síntoma de ansiedad y en realidad tengo un problema cardiaco? ¿La ansiedad prolongada puede dañarme el corazón? Estas son preguntas que pueden surgir después de haber experimentado las primeras crisis de pánico, quizá después de haber visitado las urgencias de un hospital.

Vuelcos al corazón, latidos en el vacío, sobresaltos, congestión cardiaca. Toda una miríada de términos expresionistas y descriptivos que nos indican la indivisible unión en la que el sistema nervioso y el cardiovascular se encuentran entrelazados. Un tercer actor, el sistema digestivo, nos ayuda a entender la relación pasional que mantenemos con nuestro paquete visceral. No en vano, la palabra «corazón» proviene del latín *cor*, *cordis*, que se formó, a su vez, a partir del griego *kardia*, que aludía tanto al corazón como al estómago.

Aun así, es posible que el corazón sea el órgano que hemos vinculado más con las emociones, y con las relaciones con los otros. Cuando alguien nos resulta simpático, decimos que somos cordiales con él; si estamos de acuerdo, concordamos; si no lo estamos, discordamos; al hurgar en nuestra memoria, recordamos; si experimentamos una intuición, decimos que tenemos una corazonada; si confiamos en alguien, somos capaces de abrir el corazón; si nos ponemos tristes, se nos parte el corazón, y si alguien nos conmueve, nos toca el corazón.

Una investigación muy interesante en Cambridge nos ha revelado que quizá el papel del corazón sea mucho más que el de una simple bomba, y que está involucrado en la toma de decisiones.

El equipo de científicos pidió a un grupo de voluntarios que se decantasen por dos opciones para un mismo problema, una con un resultado presumiblemente favorable y otra con consecuencias menos adecuadas. Debían hacerlo mientras trataban de percibir, tocándose las rodillas, el propio ritmo cardiaco, en un ejercicio de introspección. Determinaron, de esta forma, que aquellos que eran capaces de percibir con mayor nitidez el ritmo de esos latidos y, por lo tanto, de descodificar los mensajes que manda el corazón antes de tomar una decisión, se mostraban más proclives a optar por la decisión con consecuencias positivas. Ellos fueron capaces de «descodificar» el mensaje cifrado de su propio corazón, que los empujaba a decantarse por aquello que más les beneficiaría.

Podríamos especular si, aparentemente, el corazón sabe antes que el cerebro cuál va a ser la consecuencia de una elección y, por lo tanto, trata de ayudarnos a salir airosos. Quizá antes de que llegue al procesamiento consciente tenemos un mensaje grueso, tosco e inconsciente que nos informa sobre las posibles consecuencias negativas o positivas de una opción.

El concepto de «marcador somático», acuñado por António Damásio, sugiere que en la toma de decisiones están implicados muchos más agentes que los meramente racionales. Las variaciones del ritmo cardiaco, según estén acompasadas o no, la sensación de nudo en el estómago, la presión en el pecho y otras manifestaciones somáticas nos ayudan a conformar una decisión. Es como decir que también escogemos con el corazón o con nuestras tripas.

Otra investigación de la Universidad de Toronto, en Canadá, revela que la actitud se modifica de forma evidente en función del ritmo de los latidos. Constataron que un corazón acelerado empuja con mayor determinación a combatir la injusticia, a mostrarse más solidario y preocupado por los demás, del mismo modo que lleva a adoptar una postura más honesta. ¿El motivo? Un aceleramiento es percibido como un síntoma de angustia, y por lo tanto predispone al cerebro a tomar las determinaciones necesarias para lograr que nos sintamos mejor.

Las personas con ansiedad que acuden a urgencias porque confunden un ataque de ansiedad con un infarto de miocardio se quejan de latidos irregulares, de cambios de ritmo o de intensidad. Y perciben cualquier variación como peligrosa. Creen que son manifestaciones patológicas y peligrosas, pero lo que precisamente está pasando es que el corazón está reflejando un estado emocional.

LAS TAQUICARDIAS, UN SÍNTOMA TÍPICO DE ANSIEDAD

Una taquicardia es una aceleración o aumento de la frecuencia cardiaca, esto es, una velocidad alta del ritmo de los latidos del corazón. En términos generales, se considera la existencia de una taquicardia cuando la frecuencia cardiaca es superior a cien latidos por minuto en una situación de reposo.

El hecho de que el corazón lata más rápido en un momento determinado puede deberse a muchas razones, no solo a una enfermedad física o a un infarto —que es lo primero que a todos se nos pasa por la cabeza—. Por ejemplo, a veces puede ser simplemente una respuesta natural del corazón (de forma puntual por procesos de homeostasis o equilibrio natural) al practicar ejercicio físico, tras ingerir estimulantes, como café o alcohol..., y, muchas de las veces, como consecuencia de una situación de estrés o ansiedad.

Como acabamos de ver, la taquicardia es uno de los síntomas más prototípicos o característicos de ansiedad, que se dispara tras un estado de activación del cuerpo preparándose para afrontar una posible amenaza. El objetivo es bombear más oxígeno a la sangre, para estar más preparados para afrontar la eventualidad, bien atacando o bien huyendo de ella, para garantizar nuestra supervivencia. Y para poder activar esta respuesta de lucha o huida, es lógico, necesitamos más sangre para bombear a las zonas vitales (a mayor oxígeno y sustancias nutritivas en nuestras extremidades, mayor fuerza muscular para atacar o salir corriendo). Ni más ni menos.

¿Cómo podemos diferenciar la ansiedad de la cardiopatía? En términos generales, existe una serie de características definitorias de una taquicardia por ansiedad que nos ayudarán a identificarla de forma adecuada:

- **Tipo de dolor:** punzante en el pecho (frente a la sensación de opresión en el pecho de los síntomas típicos del infarto).
- **Duración de los síntomas:** en términos generales, entre 10 y 15 minutos como máximo (frente a la mayor duración temporal y la reaparición del dolor en el infarto).
- **Comorbilidad con otros síntomas:** los que acabamos de ver, dificultad para respirar o hiperventilación, sensación de hormigueo en brazos y piernas, de pérdida de control o de volverse loco (frente a la ausencia de estos síntomas comórbidos en el caso de un infarto y, si acaso, adormecimiento continuo de la zona izquierda del cuerpo, sin variaciones).

	SÍNTOMAS CARDIACOS (ANSIEDAD)	SÍNTOMAS CARDIACOS (INFARTO)
Tipo y localización del dolor	Dolor punzante en el pecho.	Dolor en forma de opresión en el pecho.
Duración de los síntomas	10-15 minutos como máximo en promedio.	Mayor duración y reaparición.
Comorbilidad con otros síntomas	• Presencia de alteraciones respiratorias (hiperventilación, sensación de falta de aire o ahogo). • Hormigueo o adormecimiento de los brazos y las piernas. • Sensación de pérdida de control, desrealización y despersonalización (síntomas de extrañeza y distanciamiento).	• *A priori*, no hay presencia de problemas respiratorios. • Adormecimiento continuo (sobre todo en la zona izquierda del cuerpo) y sin variaciones. • Ausencia de sensación de pérdida de control de uno mismo o ideas de volverse loco.

Las extrasístoles son contracciones cardiacas prematuras, es decir, latidos que se adelantan; un impulso eléctrico independiente del ritmo normal del corazón. Así que ese «paro» del corazón que podemos sentir se corresponde con la pausa habitual que se produce inmediatamente después de la extrasístole como forma natural que tiene nuestro corazón de compensar el adelantamiento del latido.

Prácticamente, todas las personas presentamos extrasístoles en algún momento de nuestra vida, incluso en mayor o menor medida a lo largo del día, pero la mayoría de ellas son asintomáticas y pasan absolutamente desapercibidas. Solo los niños suelen presentar un registro del ritmo cardiaco sin ninguna extrasístole en todo el día. Además, cuando son identificadas en la consulta médica, en su mayoría son benignas y no producen complicaciones. Únicamente en personas con enfermedad cardiaca de base, este fenómeno debe ser examinado de forma más exhaustiva por las complicaciones que pueda conllevar, y en los casos que valore el médico como pertinentes, se prescribirá el tratamiento adecuado.

Se definen las extrasístoles ventriculares frecuentes cuando son más de 7 en un minuto. Al respecto, en el campo de la investigación se llevó un estudio en el que participaron 101 personas sin enfermedad cardiaca y se encontró que 39 de ellos presentaban una extrasístole en un periodo de 24 horas y 4 presentaban más de 100 extrasístoles en 24 horas.

Pese a que pueden presentarse en cualquier etapa de la vida, hay que tener en cuenta que la incidencia y frecuencia de extrasístoles ventriculares aumenta con la edad. No se ha demostrado que aumente la mortalidad por este motivo en los ancianos.

Se ha demostrado que las extrasístoles ventriculares son más frecuentes en los pacientes con hipertensión arterial, y se ha asociado el aumento de la presión arterial sistólica con el incremento de las extrasístoles ventriculares.

Algunas investigaciones han demostrado que ciertos hábitos de consumo de café, especialmente en personas sin antecedentes de enfermedad cardiaca que ingieren nueve o más tazas de café o té, son más proclives a presentar al menos una extrasístole ventricular al día. Esto se debe a que la cafeína es un estimulante central que puede incrementar la actividad simpática de nuestro sistema nervioso autónomo. Debido a esto, es lógico pensar que el consumo de la cafeína puede aumentar la frecuencia de las extrasístoles ventriculares.

Otras causas que aumentan la actividad de nuestro sistema simpático, como el consumo de otras sustancias estimulantes o la exposición prolongada a factores que nos generen estrés emocional o tensión física, así como trastornos metabólicos como el hipertiroidismo, son factores que pueden favorecer la aparición de extrasístoles.

El ejercicio físico en personas con otro tipo de anomalías cardiacas puede producir una inadecuada activación vagal y generar extrasístoles ventriculares, algo que quizá conlleve complicaciones; salvo en esos casos, las extrasístoles que no son provocadas por el ejercicio, o que no aumentan en frecuencia mientras este se realiza, se han considerado como benignas.

A efectos prácticos

Después de ver muchos relatos parecidos, podríamos inferir que el corazón es un mecanismo sobre el que no tenemos un control directo, que puede hacernos sentir impotentes al frustrarnos la posibilidad de intervenir directamente en su funcionamiento. Es posible que, dependiendo de cómo gestionemos esta realidad en nuestra vida, así nos relacionemos con nuestro miedo.

El ser humano no posee muchas certezas, y las pocas que tiene son parciales. Si queremos aprender qué actitudes tenemos que reforzar en este tipo de situaciones, qué aspectos trabajar..., podríamos decir que nuestro trabajo iría encaminado a trabajar la confianza. En muchos aspectos, la existencia nos plantea un desafío porque no nos proporciona ninguna seguridad de nada. Vivimos en un planeta que orbita alrededor del Sol en una elipse coherente, compartimos la vida con un montón de probabilidades donde muchas realidades son posibles, y muchas de ellas no son halagüeñas, y sin embargo... suele funcionar. A veces todo parece funcionar, menos el miedo. Todo parece ir bien, menos por la creencia de que algo no está bien.

Si nunca habíamos padecido ninguno de estos síntomas y los padecemos en este momento, lo correcto sería primero descartar cualquier causa orgánica subyacente, incluyendo factores como la alimentación o la falta de descanso. Una vez hayamos descartado que no existe nada patológico y que todo funciona perfectamente, tendremos que explorar qué factores pueden estar influyendo para que se sigan reproduciendo estos episodios:

- Intentar controlar nuestro corazón no hace más que volverlo más reactivo, originándose una reacción paradójica que termina produciendo resultados contrarios a lo esperado. Intentar cambiar el foco atencional en lugar de enredarnos con comprobaciones obsesivas es la mejor opción que tenemos en esa situación.
- Es imprescindible recordar que la agitación en sí misma no define el objeto de miedo. Podemos notar el corazón agitado, pero este no sabe realmente lo que va a pasar, sino que solo se prepara para responder.
- Es importante que mantengamos relaciones con nuestro cuerpo en las que no medie la ansiedad. Practicar alguna actividad física nos ayudará a sentir la taquicardia o las extrasístoles sin que las veamos como algo peligroso.
- Evitemos evitar sentir. Muchas personas intentar llenar todos los huecos con distracciones para no tener que estar a solas consigo mismas. Abrir espacios de introspección regulados nos hace ver que el corazón varía la frecuencia de los latidos porque está vivo, no porque esté fallando.
- Las creencias son creencias. Creer que voy a morir no significa que me esté muriendo, solo es miedo, y el miedo es una suposición, no una verdad.
- Abrir las extrasístoles y las taquicardias a otro tipo de

emociones. El enfado, la tristeza, la melancolía o la sorpresa también producen variaciones. Quizá visitar otras emociones puede ayudarnos a normalizar las sensaciones en lugar de buscar siempre en el territorio de lo aprehensivo.

Ahogos e hiperventilación

Las personas respiramos como vivimos. Nuestros pensamientos y cómo nos estemos planteando las cosas que nos suceden generan en nosotros determinadas emociones que modificarán nuestro organismo, y viceversa. Pensamientos, emociones, conductas y organismo están íntimamente relacionados. La respiración es una de las funciones del cuerpo que, pese a realizarse de forma automática gracias a nuestro sistema nervioso autónomo, tiene mayor incidencia en nuestro bienestar físico y mental. Como un espejo, refleja nuestros estados internos: cuando estamos haciendo una tarea que requiere pulso o concentración, dejamos de respirar por unos instantes; si estamos enamorados, suspiramos con frecuencia; cuando estamos cansados, tenemos hambre o nos aburrimos, bostezamos...

Emociones como la ira o el miedo suelen presentar reacciones parecidas entre sí en nuestro organismo: si, por ejemplo, sentimos que alguien nos ataca (ya sea a través de la palabra en una discusión con un amigo o una persona que pretende robarnos de forma violenta), nuestro cuerpo automáticamente se pondrá en marcha, necesitará cargarse de energía para hacer frente a la situación o huir de ella con la mayor eficacia posible; de tal forma que priorizará el sistema respiratorio y el cardiovascular por encima de otros sistemas. Esto sucede porque para aumentar esa energía necesita elevar el aporte de oxígeno y bombearlo ágilmente para distribuirlo por todo nuestro organismo, ya que entiende que los músculos necesitarán estar bien oxigenados para enfrentar o huir de aquello que sentimos como una amenaza.

Cuando el miedo es una de las emociones más presentes en

nuestro día a día, ya se desarrolle en situaciones concretas como puede ser en los ataques de pánico o sea una sensación difusa que experimentamos a lo largo del día, nuestra respiración se torna rápida y superficial, energética. En estos casos, el cuerpo está reaccionando óptimamente a lo que la emoción le está solicitando y, aunque no solemos percatarnos de ello porque seguimos, respirando, viviendo, es importante conocer que esta pauta provocada por la emoción nos puede estar generando determinados síntomas, como la conocida hiperventilación o la sensación de falta de aire, presión en el pecho, adormecimiento de manos o sensaciones de mareo.

Estos síntomas no son dañinos en sí: son los resultados de esa activación corporal. El problema nos sobreviene cuando nuestra mente los malinterpreta como algo peligroso que no debería estar pasándonos, es decir, juzgamos las situaciones desde la razón y no las valoramos como peligrosas, pero en nuestro terreno emocional la sensación es que hay que salvarse de algo, hay que escapar. Pongamos un ejemplo: es el final de una larga y agitada jornada, me meto en la cama y comienzo a pensar en todas las tareas que me esperan al día siguiente; mañana debería solucionar esto y lo otro, ir a..., llamar a..., acordarme de..., no sé si me va a dar tiempo a todo, tendría que hacerlo rápido, ¿qué hora es? Venga, duérmete ya, que mañana será un día duro. Nuestra mente se va acelerando poco a poco sin ser conscientes. Anticipando y mandándonos órdenes en esos momentos, el pensamiento está provocando que a nivel emocional nos sintamos saturados, inquietos, agobiados, por lo que la cadena natural prosigue, se envían señales al cuerpo de necesidad de activación para ponernos en marcha, solucionar el problema y así restablecer la calma; es ahí cuando el organismo se moviliza y comenzamos a experimentar los resultados. En una situación en la que nos disponemos a descansar y de aparente calma, sentimos presión en el pecho y nos falta el aire, no entendemos por qué, nos asustamos, y el miedo crece por momentos al comprobar que cada vez tenemos mayor necesidad de coger aire al tiempo que sentimos que no podemos absorber el suficiente. Fisiológicamente estamos hiperventilando; mentalmente podemos llegar a creer que nuestro fin se acerca.

La respiración cambia en función de la emoción y necesidad que estemos experimentando y, aunque opere de manera independiente de la voluntad, podemos prestarle atención para reconocer mejor el estado en el que nos encontramos en ese momento y actuar sobre ella, retomando un control parcial, más consciente, que nos ayude a modificarla en nuestro beneficio.

A efectos prácticos

Tomar la primera bocanada de aire marca el inicio de la vida, es la condición para arrancar, el punto de partida. Ya estamos, y cuando lo hemos conseguido nos sobreviene algo que, evidentemente, antes no estaba, y es el miedo a perder.

- La práctica de la respiración diafragmática es una de las técnicas básicas en las que nos vamos a poder apoyar no solo para este síntoma en particular, sino para conseguir una herramienta rápida que nos sirva de soporte ante situaciones de crisis. Su inmediatez y la posibilidad de utilizarla en combinación con otras técnicas merece que le dediquemos más adelante un apartado.
- Denominaremos «hambre de aire» a esa sensación angustiosa por la cual parecemos necesitar introducir más oxígeno en los pulmones. Tratemos de identificarla y aplacarla con los ejercicios mencionados.
- Los bostezos y los suspiros, así como algunos tics respiratorios, nos indican que no estamos regulando bien nuestros niveles de oxígeno y dióxido de carbono. Tengamos en cuenta si son frecuentes en nuestro día a día.
- La hiperventilación está detrás de otros síntomas muy relacionados, como son las parestesias (adormecimiento) y los mareos desestabilizadores.

Mareos y sensación de inestabilidad

«Es la sensación de inestabilidad que conlleva un entorno "móvil", no tanto de que gire o dé vueltas, sino de falta de quietud, como si no tuviese un arraigo». Así es como describía el mareo uno de nuestros pacientes. Y es que la sensación de inestabilidad es la respuesta unánime para describir la experiencia que da pie a darnos cuenta de que estamos mareándonos.

Los ahogos y las taquicardias podrían encuadrarse dentro de un espectro más fóbico, puesto que son unas sintomatologías que pueden activarse en cualquier momento y que temen un desenlace inmediato y fatal. Los mareos y las sensaciones de despersonalización estarían caracterizadas por incidir en un núcleo más obsesivo que fóbico. Por hacer una analogía, los dos primeros síntomas se asemejarían a un dolor agudo, mientras que los otros se parecerían más al dolor sordo.

Esta sensación de inestabilidad deberíamos separarla de lo que comúnmente llamamos vértigo.

El vértigo es una sensación irreal de desplazamiento de los objetos que nos rodean. Como si todo lo que tenemos a nuestro alrededor girase rápidamente, o la sensación de ser nosotros los que giramos y nos fuésemos a caer en cualquier momento. Se considera irreal porque notamos que el entorno se desplaza sin que en realidad exista movimiento alguno. ¿Cuál es la diferencia entre mareos y vértigos? En el vértigo esta sensación puede ir acompañada de:

- Movimiento anormal de los ojos, espasmódico e involuntario, lo que se conoce como nistagmo.
- Disminución de la audición, llamada hipoacusia.
- Alteraciones del equilibrio.
- Pérdida de fuerza y sensación de debilidad en todo el cuerpo.

La descripción del mareo es diferente porque no es esa sensación abrupta que se da en el vértigo, sino que se parece más a la inestabilidad.

A menudo se describe como una sensación de inseguridad, de falta de confianza en la propia estabilidad corporal. La cabeza parece que flota y la visión está nublada. Sentimos debilidad, flojera y la sensación de que nos vamos a caer o a perder el conocimiento. Es una sensación de malestar agudo y repentino que aparece en diversas situaciones, tales como movimientos bruscos, alteraciones en los niveles de glucosa en sangre, estrés o ansiedad.

Para seguir ahondando en esta relación también debemos hablar del miedo al desmayo. Quizá la persona haya tenido la experiencia de un desmayo debido a un síncope vasovagal, al tener una predisposición a tener caídas de tensión, o ante situaciones ambientales más extremas, como calor o hacinamiento, y es posible que en ese momento haya experimentado algunos de los síntomas que se dan antes del desvanecimiento, como aceleración cardiaca, visión de túnel o debilidad. Como podemos observar, los síntomas de la ansiedad son parecidos, pero la diferencia sutil radica en que en el caso del desvanecimiento estos síntomas se producen para recuperarse de una situación crítica en la que se procura restaurar el flujo de sangre al cerebro, mientras que la ansiedad, recordemos, es un sistema de alarma.

El desmayo por ansiedad es un fenómeno extremadamente raro, y si se diese en algún caso, se produciría como consecuencia de una hiperventilación excesiva. En este caso, el organismo suprimiría la parte consciente que está causando esta alteración bioquímica.

¿Cómo podemos saber las causas de la sensación de mareo?

En general, resulta difícil esclarecer los motivos exactos de la aparición de este tipo de molestia: puede deberse a un problema en el sistema del oído interno, a las cervicales, a la migraña o hasta lesiones que hayan podido ocasionarse en parte del sistema nervioso. La cuestión es que hay ocasiones en las que la persona pasa por todo tipo de pruebas médicas y no se termina de diagnosticar una causa orgánica que explique su sensación de mareo. Es en este tipo de casos en los que quizá el mareo se corresponda más a un proceso psicológico.

Algunas de las señales de que los mareos pueden ser causados por ansiedad son:

- Tras pruebas médicas e imágenes radiográficas, no se puede detectar anomalía que lo pueda estar provocando.
- Ausencia de medicamentos o factores que podrían causarlo.
- Si mis sensaciones son persistentes durante espacios de tiempo concretos.
- En personas con tendencia a la hipersensibilidad al movimiento propio y a los movimientos de los objetos en el medio ambiente.
- Si los síntomas se agravan en los entornos sobresaturados de estímulos (como supermercados) o al realizar tareas de precisión visual (como leer o estar frente al ordenador).

Cuando el mareo es un síntoma de ansiedad no estamos hablando de vértigos o de un desencadenante biológico, sino de una sensación que se experimenta a raíz de que la persona se expone (o se imagina que tiene que exponerse) a determinadas circunstancias externas que le generan miedo. El sentimiento de miedo es vivido con mucha intensidad y, al igual que otros, como hemos comentado al principio, genera determinados cambios en nuestro cuerpo. El miedo hace que activemos las alarmas de nuestro sistema para prepararnos para la huida o el enfrentamiento de aquello que nos lo provoca, lo que implica respiración agitada, aumento del bombeo de la sangre para que pueda circular más rápido por todo nuestro organismo, tensión muscular, sudoración...; existen toda una serie de cambios en el cuerpo que facilitan que se prepare para la acción más inminente. También nuestra capacidad de concentración se agudiza en gran medida por estos procedimientos y, quizá, podamos notar una distorsión en la información que reciben nuestros sentidos, como que se agudicen los colores o la luminosidad, o notar como disminuye la capacidad de escuchar lo que sucede alrededor.

¿Qué factores son los que pueden estar influyendo en la aparición y persistencia del mareo?

- **La respiración.** Muchas veces no nos cuestionamos la forma que tenemos de respirar mientras vivimos; es un proceso automático y ya está. Pero quizá la sensación de mareo provenga de una pauta que hemos normalizado en la que cogemos más aire del que soltamos, respirando rápida y superficialmente. Esta forma de respirar hace que hiperventilemos, es decir, que entren en nuestro cuerpo más niveles de oxígeno del necesitado, disminuyendo los de dióxido de carbono; el equilibrio entre ambos gases que entran en los pulmones se rompe, y en consecuencia nuestro organismo tiene que tratar de equilibrar el pH de la sangre, que se vuelve alcalina, lo que puede producirnos sensación de mareo, debilidad de piernas, dificultad en la visión y hormigueo, entre otros síntomas.

- Ante una situación de pánico el corazón funciona con mayor agilidad de lo habitual y, por consiguiente, **aumenta la tensión arterial** durante unos minutos. En instantes previos a esa subida, algunas personas pueden sentir dolor de cabeza, debilidad e incluso cambios en la información que nos llega desde la visión; aunque en general lo que suele suceder es que, pasado el momento de mayor tensión, nuestro cuerpo disminuye la tensión arterial para equilibrarla de nuevo, lo que provoca en numerosas ocasiones, conjuntamente al proceso de hiperventilación, esa sensación de confusión y mareo.

- **La tensión muscular** es otro proceso muy relacionado con los anteriores, que puede ayudar en la aparición de este síntoma. Cuando una persona vive con miedo a enfrentarse a determinadas situaciones, sus músculos se tensan como mecanismo corporal de defensa o huida; pero no solo surge este proceso ante esas circunstancias concretas, sino también al hecho de estar imaginándolas una y otra vez de forma catastrófica, aunque se esté en casa. Hay personas que generalizan el sentimiento de miedo como un continuo en su día a día, y esto provoca una constante tensión corporal y malestar general del cual no son conscientes muchas veces, ni han aprendido a identificar.

- **La sobrecarga mental** que supone para la persona estar en un estado constante de alerta, buscando las posibles salidas ante lo que puede parecerle un peligro inminente, genera mucho desgaste energético. Ante ese exceso de energía invertido y concentrado en procesos de tensión continuados, el individuo puede experimentar cansancio mental y, traduciéndolo a sintomatología, puede sentirse débil, mareado, confundido o incluso alejado mentalmente de lo que le rodea.

Si aún nos estamos preguntando si son peligrosos estos síntomas, la respuesta es no. Podemos vivirlos como algo muy desagradable; pero, ciertamente, no son sensaciones que nos vayan a implicar graves problemas en el organismo. La lectura que debemos hacer de ellos es que son una respuesta fisiológica normal de nuestro cuerpo ante lo que entiende que nos va a resultar peligroso. Salvo los casos en los que se producen mareos por ver sangre o jeringuillas, que resultan una excepción concreta, nuestro lado más biológico se alerta y tensa para la huida o el enfrentamiento de «la amenaza», lo que por lo general supone una serie de cambios corporales que van encaminados hacia un objetivo totalmente contrario al desmayo o la inmovilidad.

A efectos prácticos

Las sensaciones de inestabilidad y el miedo antes ellas nos podrían hablar de su opuesto: la necesidad de control; lo que se percibe como inestable, lo que escapa a las predicciones.

Pero ¿cómo dejar de controlar? ¿Cómo se le dice a alguien que baje las armas si cree que es lo único que le salva del abismo?

¿Qué hacer para gestionar la sensación de mareo?

- **Aprender y practicar de forma regular ejercicios de respiración.** Esto nos ayudará a una mejor oxigenación y aprovechamiento de la capacidad pulmonar, disminuyendo la frecuencia de las hiperventilaciones. Nuestro cuerpo, como siempre nos acompaña, es la mejor herramienta para generar reacciones alternativas a la ansiedad.

- **Llevar a cabo ejercicios de relajación,** en los que vuelve a ser importante la regularidad del entrenamiento. Sobre todo, es interesante escoger ejercicios de relajación como el de Jacobson, en el que se practica con sensaciones de tensión y distensión de todos los grupos musculares, con el fin de que aprendamos a identificar nuestra tensión corporal (de la cual, a veces, no somos conscientes por su presencia continua) y podamos generar nosotros mismos la relajación.

- **No intentar eliminarla,** sabiendo que no implica un peligro letal, al igual que otras sensaciones por las que pasamos: tiene un inicio, una permanencia y, no olvidemos, también un final.

- **Intentar cuestionarnos la veracidad de nuestras creencias:** no tiene por qué aparecer siempre que se sospeche ni será de la misma intensidad. Observemos, aunque sea *a posteriori*, situaciones en las que aun exponiéndonos no llegamos a sentir esa sensación de mareo que tildamos de insoportable.

- **Prestarle la menor atención posible.** ¿Puedo seguir funcionando con esa sensación de mareo, aunque sea a un ritmo más calmado? Al disminuir la hipervigilancia hacia el síntoma, estaremos restando carga mental, y aumentará nuestra funcionalidad.

- Y, por último, **chequear si nuestras necesidades básicas están cubiertas** (a veces tan olvidadas): beber la cantidad de agua diaria recomendada, intentar guardar 8 horas diarias para el descanso, procurar llevar una alimentación equilibrada, y mover nuestro organismo haciendo algo de ejercicio físico.

Las sensaciones de irrealidad y despersonalización. El miedo al descontrol y la locura

Tras hacer una encuesta entre algunos de nuestros pacientes, al tiempo que escribía este libro, hemos obtenido estos resultados:

Ahogo (sensación de no respirar bien)	29	15,34
Taquicardia	21	11,11
Sensación de irrealidad/miedo a la locura	48	25,40
Mareo (sensación de desmayo)	71	37,57
Despersonalización	20	10,58

Las sensaciones que puntuaron más alto fueron la irrealidad y el mareo, y la sensación de desmayo. Normalmente, la primera está asociada a la locura, y la segunda, a la sensación de vergüenza o de desconexión.

Las sensaciones de irrealidad y despersonalización son de las más temidas para las personas que padecen diversos trastornos de ansiedad. Sin embargo, no encontramos apenas bibliografía que trate de dichas sensaciones. Por otro lado, es algo muy difícil de conceptuar y definir. Parece ser que esa es una de las razones por las cuales la gente les da mucha más importancia de la que realmente tienen, y se asustan mucho más. Como dijo Pierre Rey: «Al no tener ya miedo de las palabras, ¿cómo iba a temer las cosas?».

Aunque a veces aparecen nombrados de forma indistinta, lo cierto es que cada término está hablando de una experiencia diferente. Con «despersonalización» hablamos de la sensación de extrañeza del yo. Algunos ejemplos para referirse a la despersonalización son:

> Es como si tu cuerpo y tu mente no te perteneciesen, de ahí, por lo menos para mí, lo de la despersonalización; no tengo ningún control sobre ello, por más que trate de relajarme y pensar en otra cosa, siento el cuerpo rarísimo...

Tengo la sensación de que mis movimientos son como de un robot: si giro la cabeza, es como si la visión fuera en bloques.

Otras descripciones documentadas son:

«Me siento separado del cuerpo».
«Si hablo, me oigo como por dentro».
«Es como si fuera irreal, extraño o raro».
«Es como si salieras de tu cuerpo».

Cuando hablamos de «desrealización», nos referimos a la percepción del mundo como algo irreal o extraño. Aquí aparecen expresiones como:

Me siento como mareado, con una sensación de desprotección, ya que en ese momento no soy capaz de pensar en nada más que en lo que me está pasando; me siento sin fuerzas, decaído, y la recuerdo como una de las peores sensaciones de mi agorafobia.

Para mí, esa sensación es como si todo lo estuviera viendo como una película, parece que lo estás viendo desde fuera, desde arriba, no sé. La visión no es normal, parece que oigo más de la cuenta y tengo la sensación de que voy a dejar de entender...

Es como si se abriera una brecha entre mi mundo y el exterior, ya que lo que percibo se aleja con esta sensación; es como si dejaras en cierto modo de ser «humano». No digo que la realidad llegue a distorsionarse, pero queda cerca. (*El grito* de Munch me recuerda mucho a lo que veo).

Otras descripciones documentadas son:

«Me siento como en un sueño».
«Irreal, extraño raro» (aquí es igual que la despersonalización).
«Es como si pisaras el aire».
«Como si esto no fuera conmigo».

Estas sensaciones aparecen como síntomas de muchos trastornos, especialmente los de ansiedad. Sin embargo, no tienen por qué representar un indicio de patología. Tanto la sensación de irrealidad como la de despersonalización pueden aparecer en personas que no tengan ninguna problemática, como parte de su continuo de conciencia.

Estas sensaciones pueden resultar muy molestas para las personas que las viven, pues crean mucha confusión, e incluso dudas, acerca del estado de salud mental a quienes las sufren. Quienes padecen estos trastornos los suelen asociar al miedo a la locura o a la pérdida de control. Aunque, como veremos, el peligro no está en las sensaciones, sino en la forma de categorizarlas y juzgarlas.

Las sensaciones en sí no son peligrosas, incluso algunos autores hablan de que puedan tener una función de defensa frente a determinadas circunstancias. Por ejemplo, ante situaciones límites o ante catástrofes, las personas implicadas en esas circunstancias no suelen experimentar situaciones de pánico.

> Mi sensación de irrealidad surge en el mismo momento en el que me niego a aceptar la realidad. Os pondré un ejemplo: cuando en plena crisis de ansiedad no quiero que siga; cuando vi en directo cómo un avión se estrellaba contra la segunda torre gemela, o cuando tengo que enfrentarme a algo que está totalmente fuera de mi control.

Todos en algún momento determinado de nuestra vida nos disociamos de una manera u otra. A veces, hemos estado viendo durante horas la televisión y apenas nos hemos enterado de lo que estaba pasando, y otras, de pronto, nos hemos dando cuenta de que nuestro interlocutor estaba hablando y no le estábamos haciendo ni caso. En ocasiones, se ha podido producir un acontecimiento muy traumático y no recordemos bien qué es lo que ha pasado. Nuestra mente se protege de esta manera de lo que cree que no puede asimilar emocionalmente.

El problema surge cuando nos asusta la aparición de estas percepciones. A menudo podemos llegar a un círculo cerrado, ya que, al asustarnos de dichas sensaciones, estamos comprobando continuamente si están o no están. Y, efectivamente, si estamos pendientes de si nos pica una parte del cuerpo, encontraremos picor.

Normalmente, las personas a las que más les afectan estas percepciones son las que tienen un perfil controlador y con tendencia a la rigidez, es decir, que tienden a intentar llevar un control sobre lo que las rodea. Muchas veces refieren miedo a la locura y a la pérdida de control, precisamente. La locura y la muerte son entendidas como las mayores pérdidas de control. No es la irrealidad o la despersonalización las que provocan el pánico, sino que lo provoca el intentar eliminar estos pensamientos o el considerarlos peligrosos en sí mismos.

A veces, partimos de la idea equivocada de que debemos percibir el mundo siempre de la misma manera, independientemente de nuestra salud, del momento del día o del estado emocional en que nos encontremos. El miedo en muchas personas es una resistencia al cambio. Y parece lógico concluir que nuestra conciencia y nuestra percepción se mueven. No somos los mismos que hace cinco minutos. Maslow definía el yo como un conjunto cambiante de percepciones. Asumir que uno está vivo es asumir también el movimiento. Es como si esperásemos que la vida no latiera ni se trasmutara. Pero no podemos obviar el latido.

Desde mi punto de vista, la desrealización es la creencia de que, en esa situación, uno se halla incomunicado e impotente, como desconectado de lo que le rodea. Se siente terriblemente solo y aislado. La persona se ve alejada del mundo y desprotegida. Es una especie de exilio involuntario.

> Tú estás ahí en medio rodeada de toda esa gente que parece que tiene un destino mientras que tú no tienes ningún destino, o todavía no lo has descubierto, y te gustaría contárselo a los demás...

> Respecto a por qué me da miedo —pánico—, no sé decir una causa concreta. Si pienso que puede ser porque en el momento en el que se produce estoy débil, estoy a punto de sufrir un ataque de pánico, estoy

lejos de casa, es en ese momento cuando más necesito estar en contacto con el mundo, sentirme parte de él, y que te venga esta sensación es como llevarte al extremo opuesto donde me podría encontrar seguro.

En la despersonalización, uno teme perder su identidad. Teme irse sin su cuerpo, desaparecer, dejar de ser sólido. Pero nunca olvidemos que estamos confundiendo el miedo a estar desconectados con estar desconectados, y el miedo a perder la identidad con la pérdida de la identidad. Y, por supuesto, no es lo mismo. Es como confundir el miedo a la muerte con morirse. O el miedo a la parálisis con estar realmente paralizado.

Otro miedo es que los demás «me lo noten», que meta la pata, que no tenga reflejos... como que se den cuenta de que estoy fuera.

Nos hallamos en un mundo donde sobrevaloramos la importancia de nuestras elucubraciones y juegos mentales. Parece que el porqué está por encima del cómo. La búsqueda incansable de las soluciones... Rememoremos aquella historia de Chuang Tse:

Hay Tun gran árbol; su tronco es tan grueso que sería muy difícil cortarlo. Ahí sigue al borde del camino. Los carpinteros que pasan por allí ni se dignan mirarle, pero muchos viajeros se cobijan bajo su enorme sombra. Así es el Sabio: de tan grande deviene en inútil, pero muchos se cobijan bajo sus palabras. ¿Por qué, entonces, va a ser perjudicial y malo no servir para nada?

Sería deseable trabajar, desde lo terapéutico, con nuestros sentidos y con lo inmediato. Con la aceptación de límites y con la experimentación de estos. La percepción de la irrealidad es parte de la realidad. Si no es cuestionado, solo es un estado más, como cuando tengo sueño o veo la vida con dos cafés. Lo complicado es el entramado que generamos a raíz de la sensación.

De nuevo es un error, en estos casos, tratar de controlar nuestras percepciones, porque ese es el hueco por el que entra el pánico. Se establece un mecanismo de hipercontrol. Y el control siempre lleva a la búsqueda del síntoma, alimentando una relación que separa a la persona de su propio cuerpo. Se impone una relación de desconfianza y de alienación.

A efectos prácticos

El condicionamiento clásico proporciona una interesante vía de investigación con la exposición interoceptiva. La terapia cognitiva focalizada también busca descubrir nuevas vías de trabajo. La exposición interoceptiva consiste en la exposición a las sensaciones temidas, de tal manera que acabemos por no sentirlas como extrañas o ajenas a nosotros.

Algunos de los ejercicios que se proponen, para diversos síntomas, son los siguientes:

- Mover la cabeza de lado a lado durante 30 segundos.
- Tensión muscular completa durante 1 minuto.
- Aguantar la respiración durante 1 minuto.
- Observar un punto fijo durante unos instantes y apartar rápidamente la mirada.
- Dar vueltas en una silla giratoria durante 1 minuto.
- Hiperventilación durante 1 minuto.

La actitud para trabajar estos síntomas es lo más importante, y esto es lo realmente paradójico. Como hemos tratado antes, uno no debe querer librarse de estos síntomas, sino solo experimentarlos, pero no debe existir el deseo de experimentar la «normalidad» tan buscada. Querer librarse de ellos lleva a la ansiedad; esperar que ocurra algo lleva a la ansiedad; el deseo de controlarlos lleva a la ansiedad. ¿Y cómo se espera esta actitud en personas que están tan preocupadas por la ansiedad? He aquí el problema básico. Se trata de un problema de fe. Y de confianza... (y de práctica, por supuesto).

A menudo, gran parte del trabajo terapéutico está basado

en este hecho: que la persona vuelva a retomar la confianza en sí misma. Y en terapia, es el trabajo con el vínculo lo que permite al individuo volver a retomar un contacto sano y flexible con su continuo de conciencia. Y con la experimentación de estas situaciones, sin que lleve directamente al miedo.

Otros síntomas (parestesias, trastornos digestivos...)

¿Quién no se ha quedado dormido apoyado sobre el brazo durante mucho tiempo y luego, al despertar, no lo podía mover? Hablamos de las parestesias, y eso es lo que estamos queriendo expresar cuando decimos que se nos duermen las manos o la cara; ese síntoma sensitivo de aumento de la densidad muscular, seguido de un hormigueo característico continuo, agudo y que se vuelve incomodísimo al apoyar la zona afectada sobre cualquier tipo de superficie, pues esos pinchazos se extienden por todo la mano, el pie, el brazo o las pierna. Cuando esta sensación molesta empieza a disminuir (lo cual se logra tras esforzarnos en hacer funcionar la extremidad), el hormigueo y la sensación de acartonamiento se reducen hasta desaparecer, y a continuación se experimenta una sensación de frío que se extiende por los terminales nerviosos y que poco a poco se reajusta a la temperatura corporal.

¿Cómo interpretamos esa sensación de que se nos duermen las manos?

Las parestesias son sensaciones que fácilmente se pueden producir, como en el ejemplo que poníamos antes, y que no nos suelen asustar porque, en estos casos, entendemos que la presión ejercida sobre el brazo ha dificultado la circulación de la sangre sobre esa zona y, por lo tanto, valoramos que necesita un tiempo para volver a restablecerse la circulación y la oxigenación de la zona.

Sin embargo, cuando aparece esta sintomatología en momentos de ansiedad, nos asustamos porque entendemos que no estamos presionando ninguna zona y aparecen sensaciones parecidas. Es en esos momentos cuando intentamos buscar una causa que lo justifique, pero, como estamos bajo esa emoción de miedo a causa de lo que nos parece inexplicable, terminamos generando todo tipo de teorías catastróficas acerca del porqué de la sensación: que estamos sufriendo un ictus, que podemos padecer una enfermedad del sistema nervioso... Es así como relacionamos (o asociamos fuertemente) la sensación de adormecimiento de manos o extremidades con un probable y grave peligro para nuestra salud, aumentando la desconfianza y las alarmas frente a las sensaciones parestésicas.

Las parestesias son hijas del fenómeno de hiperventilación, como exponíamos anteriormente, y no suelen ser vividas como problemáticas en sí mismas, sino que generalmente forman parte de cuadros sintomáticos más amplios.

Sistema digestivo

Parece que algunos sistemas del cuerpo humano se resienten por una sobreactivación durante la respuesta de la ansiedad, pero otros lo hacen por inhibición. Los sistemas inmunitario, digestivo y reproductor se resienten porque su actividad es baja, y al no tener el mismo nivel sus funciones suelen entorpecerse.

Como gran parte de los recursos se dirigen a los otros sistemas, el digestivo, en un periodo de estrés prolongado, no puede realizar bien su trabajo. La boca se vuelve pastosa, ya que no se segrega saliva, y la digestión suele ser pesada, con gases. Además, es frecuente encontrar casos de diarrea.

Si nos acecha un peligro, nuestro organismo tratará de deshacerse del peso sobrante. Y nos podemos encontrar con algunos inconvenientes en el tracto digestivo, como:

- Vómitos.
- Fagofobia (dificultad para tragar).
- Digestiones lentas y pesadas.
- Gases.
- Sensación de urgencia por ir al baño.

Algunas de estas molestias pueden convertirse en auténticas pesadillas para quien las padece. La mayoría de los síntomas en este caso atacan al núcleo del miedo social: aparece el miedo a que se rompa la propia imagen, se resquebraje el ideal social.

Ponen en juego el miedo al descontrol, y lo mezclan con el castigo social: la vergüenza que podría sentir alguien si sus esfínteres fallasen, o la angustia al estar en una mesa con gente mirando y tener miedo a no poder tragar.

La emetofobia es un miedo intenso e irracional a la conducta de vomitar y al vómito en sí, tanto propio como ajeno, por la anticipación de las molestias ocasionadas antes y durante el vómito —incluidas las náuseas— y por la anticipación de una posible evaluación negativa de terceros —vergüenza o asco—, sobre todo si se produce en lugares públicos. Si bien es cierto que suele ser poco conocida, se estima que afecta en torno a un 5 o 6 por ciento de la población adulta.

Es importante recalcar la idea de anticipación porque una de las características diferenciadoras de este tipo de fobia específica es que, generalmente, la conducta de vomitar es poco frecuente y está limitada, por lo tanto, a situaciones muy concretas, por lo que es habitual que una persona pueda llevar meses e incluso años sin vomitar (no ocurre así con otro tipo de fobias, por ejemplo, la fobia social o la fagofobia o miedo a tragar, en las que el individuo tiene que exponerse prácticamente a diario a lo que teme). No obstante, la ansiedad que genera pensar o anticipar que puede volver a producirse el vómito sí es continua e incluso diaria.

Como cualquier problema psicológico, la emetofobia es un fenómeno multicausal. En algunos casos, este problema suele desencadenarse tras haber experimentado o simplemente haber visto en otros un episodio negativo o desagradable relacionado con el vómito (por ejemplo, haberlo pasado tremendamente mal tras una intoxicación alimentaria o una gastroenteritis), por norma general en la infancia, aunque no tendría por qué ser siempre así; de hecho, puede originarse ya de adulto y no haber una causa clara.

Sea como fuere, haya o no un motivo identificado, a partir de entonces el vómito (y las náuseas) se asocia a una situación potencialmente peligrosa o amenazante de falta de control —ya que aparece de forma automática e inesperada—, por lo que la persona comienza a experimentar una elevada ansiedad tanto a la hora de anticipar un posible vómito en ella misma o en otros como durante el propio episodio de vómito («¿Y si vomito?», «¿Y si al ver a otro vomitar me contagia y vomito yo también? ¡Sería HORRIBLE! ¿Qué pensarían los demás de mí?»), e incluso en ocasiones tan solo al hablar de vómitos.

Por este motivo, la persona tiende a evitar o escapar de todas aquellas situaciones que puedan facilitar o inducir el vómito, tales como la ingesta de alcohol o de determinados alimentos —llegando en ocasiones a restringir su alimentación—, estar cerca de personas enfermas en hospitales y centros de salud, comer fuera de casa, en restaurantes —incluyendo las conductas de seguridad como llevar siempre una bolsa de plástico o un medicamento antináuseas, buscar el baño o un lugar apartado para vomitar sin llamar la atención—, realizar viajes en transporte que puedan inducir mareos (coche, avión, barco...) o, incluso en mujeres, quedarse embarazada o estar cerca de bebés, por ejemplo. La hipervigilancia a síntomas gastrointestinales es también una característica esencial en este tipo de casos, que puede llegar a generar náuseas y, por ende, un círculo vicioso que retroalimenta la ansiedad.

También suele ser muy habitual que aparezca este tipo de fobia como característica o síntoma de un problema de agorafobia (sobre todo si uno de los síntomas más característicos o temidos durante las crisis de ansiedad tiene que ver con el sistema digestivo o gastrointestinal), de ansiedad social (por el miedo al qué dirán los otros) o de miedo a volar (por el miedo a que las turbulencias le produzcan mareos).

La fagofobia es el miedo irracional a ahogarse (atragantarse) al ingerir alimentos, bebidas o pastillas. La simple exposición a estas situaciones provoca en la persona una respuesta inmediata de ansiedad, que puede tomar la forma de un ataque de pánico situacional, lo que provoca que dicha persona evite enfrentarse a las conductas de comer y beber.

Este miedo exacerbado puede venir desencadenado por una experiencia traumática en la cual la persona, en algún momento anterior, sufrió un atragantamiento mientras comía o bebida; por ejemplo, intentó comer algo mientras estaba nerviosa y la comida no pasó por la garganta tan rápido como hubiese querido. A veces, no tiene por qué vivirse una mala experiencia en primera persona, sino que el mero hecho de presenciar un atragantamiento de alguien del entorno o padecer alguna enfermedad relacionada con el sistema digestivo, como una faringitis dolorosa, puede provocar ese miedo irracional del que hablamos.

La fagofobia comienza mucho antes de sentarse a la mesa o tomarse una píldora. El individuo que tiene miedo a atragantarse sabe que se acerca la hora de enfrentarse a la situación y empieza a pensar en ello, recreando lo que va a ocurrir y cómo se sentirá. La anticipación del problema le genera una gran sensación de angustia que desemboca en ansiedad, lo que provoca los siguientes síntomas:

- Falta de aire.
- Mareos.
- Sudoración excesiva.
- Náuseas.
- Vómitos.
- Sequedad de boca.
- Temblores.
- Taquicardia (aceleración del ritmo cardiaco).
- Dificultad para pensar claramente.
- Miedo a perder el control.
- Miedo a morir.

En cuanto a las consecuencias de la fagofobia, pueden surgir:

- Una reducción considerable de peso (no en todos los casos) debida a la disminución del consumo de alimentos sólidos cambiando la dieta por una basada en líquidos o papillas, ante el intento de comer cosas más fáciles de tragar.

- Una sensación de impotencia y frustración ante la imposibilidad de comer y disfrutar como los demás.
- Una alta y creciente preocupación por la situación, lo que causa estrés, irritabilidad, desmotivación, etc.
- Influye en el terreno social, ya que por medio de la evitación se deja de acudir a eventos en los que comer y beber suponen una parte importante. Al dejar de comer, se puede experimentar vergüenza ante la posibilidad de que los demás se den cuenta de la incapacidad.
- Es frecuente que las ideas de temor con respecto a la muerte invadan a la persona, ya que es más propensa a sugestionarse de forma negativa con facilidad.

Síntomas sociales

En esta categoría incluimos aquella sintomatología donde la persona no se angustia tanto por padecer los síntomas en cuestión, sino porque estos puedan ser visibles a los otros. Estos síntomas son propios de la ansiedad social, en la que el miedo a la crítica hace que puedan sentir que dichos síntomas son delatores de un estado de ánimo.

RUBOR

El rubor facial es una reacción fisiológica natural y cotidiana. Esta reacción es incontrolable e imposible de fingir; solo nos pasa a los seres humanos, no hay un equivalente en otros animales.

Fisiológicamente hablando, es el resultado de la vasocompresión (encogimiento) de los capilares sanguíneos (pequeñas arterias) que irrigan las zonas de la cara, especialmente de las mejillas y las orejas. El rubor no se puede controlar de forma voluntaria, puede ponerse en marcha sin motivo alguno, incluso simplemente ante un pensamiento que hemos tenido en un determinado momento. El miedo a ruborizarse también se llama eritrofobia.

La eritrofobia (miedo a mostrar rubor en público en situaciones donde quien la padece cree que no debería mostrarse) puede resultar sumamente invalidante para aquellos que la padecen, ya que se sienten terriblemente expuestos y vulnerables al considerar que el rubor los delata de alguna manera y les hace mostrarse a los demás como personas débiles o inferiores. La persona puede temer precisamente que su sentimiento de vergüenza sea percibido por los demás, con lo que se abre un círculo vicioso donde lo que avergüenza a la persona es mostrar signos de vergüenza.

Alguien con eritrofobia no tiene por qué ser tímido, ya que puede interactuar normalmente en diferentes situaciones, a no ser que se perciba con rubor o tema estar en una situación desprotegida donde ese rubor se pueda notar. Es entonces cuando su seguridad y confianza desaparecen de golpe. Es como si constantemente temiesen ser descubiertos como defectuosos. ¿Y qué evidencia que son defectuosos? El hecho de que se ruboricen en una situación donde no deberían hacerlo.

La gran desgracia de la persona que padece estos síntomas es que llega un punto donde consigue, debido a su miedo, ponerse cada vez más roja, al tiempo que intenta evitarlo a toda costa. Por ello, la única salida que logra ver es la evitación de determinados lugares y eventos sociales para ahorrarse pasar el mal trago, por lo que va evitando cada vez más situaciones. Por otro lado, el individuo tiende a exagerar su nivel de rubor y el nivel de vigilancia de los otros, teniendo una serie de distorsiones cognitivas que empeoran aún más la situación.

Algunas clínicas ofrecen una operación llamada simpatectomía. Se trata de una intervención que se realiza con anestesia general y que resecciona (corta) algunos de los ganglios de la cadena del sistema simpático, ubicada en el interior del tórax, en paralelo a la columna vertebral, para dar solución a la hiperhidrosis o sudoración excesiva de cara, manos y axilas. Dicha técnica no está exenta de efectos secundarios y posibles complicaciones, según nos han referido algunos pacientes. Entre los principales se encuentran:

- Sudor compensatorio (depende del caso, puede ser más o menos severo).
- Hipotermias.
- Neumotórax.
- Hemorragias internas.

Puede resultar muy chocante para alguien que no conozca este problema la cantidad de clínicas especializadas en esta operación, cuyo fin es actuar tanto ante la hiperhidrosis como ante la eritrofobia. Se supone que el procedimiento ha avanzado y resulta más eficaz que cuando se inició en los años cincuenta. Sin embargo, aunque puede suponer un alivio momentáneo para algunas personas, si la operación termina siendo un éxito, cabe preguntarse si lo que estaba provocando el problema era realmente el síntoma o la forma de relacionarse con él.

HIPERHIDROSIS

La misma operación para el rubor facial se emplea con la hiperhidrosis. El sudor, mezcla de agua y cloruro sódico, es una respuesta natural de la fisiología humana muy importante para el organismo, ya que funciona como un hidratante y refrigerante ante los cambios de temperatura que sufre nuestro cuerpo. Cuando una persona sufre una sudoración desmesurada, que puede llegar a producir problemas sociales, laborales o psicológicos, estaríamos hablando de un problema llamado hiperhidrosis. Una de las diversas funciones de la piel es la de contrarrestar las variaciones internas y externas de temperatura a las que nos vemos sometidos; en numerosas ocasiones, si el cuerpo necesita perder calor, nuestra piel filtra hacia el exterior una mayor producción de sudor con el fin de que se evapore posteriormente y provoque su enfriamiento superficial. De tal forma que, si no sudásemos, ante una subida de temperatura en el ambiente o la propia estimulación de calor corporal desarrollada a través del ejercicio físico o de un estado de alerta del cuerpo, como, por ejemplo, fiebre, entre otras, no seríamos capaces de tolerar el calor generado porque no tendríamos forma de enfriarnos ni de mantenernos frescos. Así que, pese a que para algunas personas resulte algo indecoroso o poco higiénico, el sudor es algo importantísimo, natural y necesario para nosotros.

La hiperhidrosis es un problema que afecta al 3 por ciento de la población europea y que consiste en una sudoración excesiva cuando no hay una causa aparente para ello, de modo que quien la padece transpira por encima de lo normal. Existen dos tipos de hiperhidrosis según sus causas y aparición: hablamos de hiperhidrosis primaria (o focal) cuando el motivo de esos síntomas es desconocido y se produce en una zona corporal concreta, generalmente en la palma de las manos, la planta de los pies, las axilas o el rostro; mientras que si implica a todo el cuerpo nos referimos a la hiperhidrosis secundaria, cuya aparición se asocia a la de otros trastornos, como pueden ser el hipertiroidismo, la menopausia, la obesidad, la diabetes, las infecciones crónicas, el envenenamiento o la exposición a ciertos fármacos en determinados organismos. Dicho esto, en adelante nos referiremos a la hiperhidrosis primaria, por ser la más frecuente.

TEMBLOR

El temblor es el último de los caballos de batalla de la ansiedad social. La posibilidad de ver como los demás pueden observar el temblor hace posible que muchas de las tareas cotidianas resulten una auténtica tortura. Escribir delante de otras personas, dar la mano, exponer en público o pedir algo en una tienda pueden ser tareas que suponen una cuesta arriba para muchos de quienes viven este miedo.

Existe el llamado «temblor esencial», que consiste en un leve temblor que se produce en situaciones de reposo; sin embargo, no afecta a las personas si no lo ven como un problema.

Al final, el temblor sigue el mismo esquema de funcionamiento que sus síntomas primos, el rubor y el temblor.

3

La espiral de la ansiedad

La llamada Tabla de Peutinger es un rollo muy largo y estrecho. Es visualmente muy sorprendente, y se recorre con una visión lateral que da la impresión de ser infinita. Hubo un tiempo en el que la extensión del Imperio romano abarcaba desde Lusitania (la actual Portugal) hasta Asia, incluyendo gran parte de Europa y el norte de África.

Parece que la tabla se elaboró en el siglo IV y, aunque solo han sobrevivido copias y no tenemos rastro del original, sabemos que este mapa mostraba toda la red de carreteras del Imperio romano. Este croquis de los caminos no trataba de ser un mapa al uso —y por este motivo algunos expertos dudan en llamarla «mapa»—, sino un itinerario o listas de destino, una especie de descripción de los caminos.

Demos un paso más en la elaboración de nuestro mapa. Por seguir con la metáfora, hablaremos de los caminos que tomamos y que alimentan nuestra relación con la ansiedad. La ansiedad no es una chispa que se enciende; es una hoguera que alimentamos y a la que, muchas veces sin pretenderlo, echamos combustible. ¿Cómo hacemos para que la ansiedad se quede a vivir y termine habitándonos? ¿Existen condicionantes internos que realizan una función de enganche con la ansiedad?

Los condicionantes orgánicos

Es frecuente que las personas que acuden a consulta relaten manifestaciones de ansiedad que ya se habían dado en otros componentes de su familia. Algunos, incluso, pueden documentar que son descendientes de sagas de ansiosos ilustres. Un dato que nos aportan los diferentes estudios es que existe una heredabilidad estimada de entre el 30 y el 40 por ciento.

El padecimiento entre gemelos monocigóticos (que comparten la misma carga genética) es de dos a cinco veces más frecuente que en gemelos dicigóticos (que no comparten la misma carga genética). Además, si uno posee un trastorno de ansiedad, tiene tres veces más probabilidades con respecto a la población normal de que un familiar de primer grado (hermanos, padres o hijos) comparta su misma suerte.

Kenneth Kendler, uno de los investigadores más comprometidos en la búsqueda de las bases genéticas de la ansiedad y la depresión, publicó un estudio realizado por el departamento de psiquiatría de la Universidad de Wisconsin-Madison (Estados Unidos). Kendler ha descubierto, a través del trabajo con monos, que existe un circuito cerebral sobreactivado en diferentes áreas específicas del cerebro que tiene relación directa con la ansiedad y que puede heredarse. A través de la utilización de la técnica de imagen por resonancia magnética, con imágenes cerebrales funcionales y estructurales de alta resolución, los investigadores han podido comprobar que el exceso de actividad de tres zonas concretas del cerebro (el mesencéfalo —que es el encargado del dolor y del movimiento—, el sistema límbico —que es el responsable de las emociones— y la corteza prefrontal —característica de la toma de decisiones—) tiene una estrecha relación con los problemas de ansiedad, y que esta hiperactivación puede heredarse.

Por otro lado, contamos con los estudios sobre la hiperlaxitud articular del doctor Antonio Bulbena, quien ha podido demostrar que existe un trastorno benigno y hereditario del sistema conectivo relacionado con el colágeno, que influye directamente en la aparición de trastornos de ansiedad.

Decir que la ansiedad se hereda de padres a hijos no deja de ser una afirmación demasiado general y poco precisa. Primero, hay que tener en cuenta el hecho de que no sabemos distinguir exactamente qué parte corresponde a lo heredado y qué a lo aprendido, a lo ambiental. Desconocemos cómo participan ambos porcentajes en la constitución de esta.

Segundo, existe una indeterminación por parte de los clínicos e investigadores cuando intentamos comunicarnos entre nosotros. ¿Qué es la ansiedad heredada?, ¿a qué nos estamos refiriendo exactamente cuando hablamos de ella? Por ejemplo, ¿lo que se hereda en el caso de la agorafobia podría ser la inseguridad ante la ausencia de figuras de apego, o una mayor labilidad, es decir, una facultad para generar síntomas más fácilmente que otros organismos? Por poner otro ejemplo, cuando hablamos de ansiedad social, ¿se hereda la timidez o lo que pasa es que uno tiende a bloquearse más fácilmente cuando está nervioso? Recordemos que la respuesta inhibitoria es una de las caras de la respuesta de ansiedad, ya que hacerse el muerto, no moverse, puede salvarnos la vida. Es como si nuestros síntomas dijesen: «Es mejor no emitir una respuesta a equivocarse». La inhibición conductual también puede ser una característica premiada por la evolución al servir de regulador social. El hecho de que se produzcan jerarquías, y que algunos individuos desarrollen un comportamiento más tímido y menos osado que otros, tiene un enorme ahorro energético para la especie.

De lo que no cabe ninguna duda es de que cada vez es más evidente que la genética nos da una materia prima con la que trabajar (no podemos obviar eso), y el ambiente y nuestra interacción modula con este esa materia prima. Sin embargo, es como tratar con dos gemelos aparentemente indistinguibles y no saber cuál de los dos está interactuando con nosotros.

Sería incorrecto, no obstante, plantear que estas características se deben a un único gen. En realidad, la expresión de la ansiedad se debe a la interacción de varios de ellos, que además se encontrarían modulados por el medio ambiente. No podemos aislar ninguno de estos genes por separado; tan solo podemos entenderlo en su conjunto. Así pues, no se ha hallado un gen concreto que sea responsable de la aparición de un tipo u otro de ansiedad; es mucho más probable que sea la interacción de un grupo de genes al actuar conjuntamente lo que determine que la persona sea más vulnerable a la aparición de un trastorno de ansiedad. Lo que se hereda muchas veces no tiene por qué aparecer, a no ser que la persona pase por una serie de acontecimientos estresantes. Es como tener la pólvora, pero la mecha puede o no encenderse.

A otro nivel, se han encontrado muchas correlaciones entre diferentes trastornos orgánicos o determinadas disfunciones corporales y la ansiedad. Es bien sabido, por ejemplo, el papel que la glándula tiroidea puede ejercer sobre determinados síntomas. Aquellos que tienen una tiroides con una actividad superior a la normal padecen de hipertiroidismo, que cursa con muchos síntomas compatibles con los síntomas ansiosos. También ciertas inflamaciones autoinmunes pueden producir algunos anticuerpos que atacan a esta glándula. Estudios recientes muestran como algunos estados de ansiedad correlacionan con una respuesta inflamatoria en la tiroides.

Las personas con diabetes tienen un 20 por ciento más de probabilidades de padecer un trastorno de salud mental como el que nos ocupa. Se sabe que un porcentaje nada despreciable de enfermos por diabetes sufren *distress* por diabetes. Por hacer memoria, recordemos que el *eustress* era aquella activación que propiciaba resultados óptimos para el individuo, mientras que su reverso oscuro, el *distress*, tiene el efecto contrario.

Enfermedades cardiacas o respiratorias, como la enfermedad pulmonar obstructiva crónica (EPOC), pueden encontrarse también en el candelero por los problemas añadidos de preocupación por la salud que estos acarrean.

Los cambios de niveles de estrógenos y progesterona que se encuentran durante el periodo menstrual pueden ser también responsables de algunas manifestaciones de ansiedad. Es muy frecuente que en este periodo aumenten las quejas somáticas, la inquietud y el nerviosismo. Además, los niveles de angustia que experimentan las mujeres en las diferentes manifestaciones de los distintos trastornos, como la ansiedad generalizada o el trastorno de pánico, sufren un incremento significativo.

De hecho, la manifestación más exacerbada de este fenómeno se ha enmarcado dentro del llamado «trastorno disfórico premenstrual», una extensión más aguda y exacerbada del trastorno premenstrual. No obstante, hay cada vez más voces que abogan por cambiar el prefijo «pre» por otro más exacto, debido a que muchos de los síntomas continúan un par de días después del periodo, de tal forma que cambiaríamos la nomenclatura a «trastorno disfórico perimenstrual».

Existe una gran controversia en la comunidad científica entre aquellos que abogan por considerarlo casi una manifestación cultural y aquellos que creen que debería tenerse en cuenta como una entidad crónica y considerarse un trastorno incapacitante que puede tener un impacto grave en la vida de una mujer, con todas las consecuencias legales y laborales que ello conlleva.

Los condicionantes ambientales

Existe una abrumadora cantidad de literatura científica que establece una relación bidireccional muy evidente entre nivel socioeconómico y ansiedad. En un artículo publicado conjuntamente entre investigadores de Harvard y el MIT en la prestigiosa revista *Science,* se recoge que las personas con ingresos más bajos suelen tener entre 1,5 y 3 veces más probabilidades que los ricos de sufrir depresión o ansiedad. Además, se encuentra el factor añadido de que las malas condiciones de la alimentación que experimentan los niños en estos entornos pueden desembocar en un desarrollo cognitivo alterado, con lo que se multiplican las probabilidades de manifestar un trastorno mental en la edad adulta.

Se han hecho varios estudios relacionando los estilos de crianza parental. Los entornos familiares muy autoritarios, que mantienen un excesivo control sobre el niño, son un germen de cultivo para estilos de personalidad perfeccionistas y controladores. Los patrones excesivamente rígidos de crianza correlacionan de forma positiva con el trastorno de pánico, el trastorno obsesivo compulsivo y la fobia social, entre otras manifestaciones. Por el contrario, condiciones de gran sobreprotección favorecen la ansiedad generalizada y los estilos aprensivos, desarrollando muchas más preocupaciones con respecto a la salud. En cualquier caso, ambas posturas hacen disminuir las percepciones de autoeficacia.

Desde hace tiempo se sabe que la influencia del grupo de iguales puede ser tan importante como la de los progenitores. Así, experiencias positivas en estos entornos pueden reforzar el autoconcepto del individuo y las creencias de poder salir airoso ante los diferentes conflictos que puedan aparecer en su vida, incluyendo el contacto con la ansiedad. Por el contrario, si se ha aprendido que el entorno va a ser hostil, que se va a fracasar ante los diferentes retos, o que no va a ser tenido en consideración por su grupo de iguales, puede generar un sentimiento de indefensión aprendida y, a su vez, influir en cómo la persona puede relacionarse con su trastorno de ansiedad.

El término «locus de control» fue introducido por Julian Rotter en 1966 como resultado de su teoría del aprendizaje social. Rotten concluyó que los individuos que poseían un locus de control externo, es decir, que atribuían la causalidad de los éxitos o los fracasos a factores ajenos más que a factores relativos al manejo interno, obtenían significativamente peores resultados terapéuticos que aquellos que tenían un locus de control interno. Philip Zimbardo aclararía aún más este concepto al definir el locus de control como «una creencia sobre si los resultados de nuestras acciones dependen de lo que hacemos o si dependen de otras cosas fuera de nuestro control personal».

Nuestras experiencias personales han terminado generando creencias acerca de cómo funciona el mundo y qué podemos esperar de él. Un resumen de las diferencias que se dan entre los distintos estilos de creencia podría ser el siguiente cuadro:

LOCUS DE CONTROL INTERNO	LOCUS DE CONTROL EXTERNO
Mayor probabilidad para atribuirse la responsabilidad de las acciones.	Se culpa a las fuerzas externas de las circunstancias.
Menos influencia de las opiniones ajenas	Más dependencia de las opiniones ajenas.
Siguen líneas de trabajo más constantes.	Suelen incurrir más en recaídas.
Mayor tolerancia al fracaso.	Puede desarrollarse indefensión aprendida.

El consumo de determinadas sustancias tóxicas podría estar relacionado con el debut de algunas personas en los trastornos de ansiedad. Determinadas drogas con carácter recreativo pueden tener un efecto explosivo en ciertos individuos. Los derivados del THC, como la marihuana y el cannabis, la metanfetamina, la cocaína, y más recientemente algunas drogas introspectivas, como la ayahuasca o el veneno extraído del sapo de Sonora, pueden destapar manifestaciones de la ansiedad que pueden encontrarse en la persona en estado latente. No es infrecuente que las primeras experiencias con ataques de pánico, o la aparición de síntomas de desrealización y despersonalización, hayan surgido tras el consumo de estas sustancias. Hay que tener en cuenta que no siempre se está preparado para abrir algunas puertas; y si, como hemos indicado, las personas con ansiedad pueden tener comportamientos hipervigilantes, frente a tantos cambios de percepción y estado de ánimo pueden desembocar en una experiencia angustiosa.

Haber experimentado sucesos traumáticos incrementa la probabilidad de desarrollar un trastorno de ansiedad en cualquier edad, incluido el llamado TEPT (trastorno por estrés postraumático). En el primer año de la COVID-19 la prevalencia mundial de ansiedad y depresión aumentó un 25 por ciento. La proporción de casos entre hombres y mujeres mantuvieron un esquema parecido a las diferencias que ya conocemos, puesto que las mujeres tienen el doble de probabilidad frente a los varones.

Otra pregunta pertinente que cabe hacerse es si, como sociedad, nos dirigimos hacia un modelo que favorezca la aparición de los trastornos de ansiedad. Varios factores han transformado la realidad en muy poco tiempo. El auge de la sociedad de consumo, por ejemplo, ha hecho que hayamos pasado de ser ciudadanos a consumidores. El papel de consumidor no solo se basa en bienes materiales, sino que los diferentes hitos vitales, como la elección de la pareja, el estilo de vida o las aspiraciones personales, son también objetos de consumo. Elegimos un automóvil intentando que nos dé las mejores prestaciones, y cuando el coche deja de cumplir su función lo cambiamos por otro que nos ofrezca una mejor experiencia de conducción. La aspiración nos lleva a una necesidad de mejora constante en muchos ámbitos, donde conformarse es visto como una derrota. Como consumidores, aspiramos a encontrar la satisfacción en nuestra próxima adquisición: el mejor coche, la mejor pareja, la mejor vivienda... Los huecos entre experiencias de consumo son espacios de insatisfacción que esperan ser mitigados por el siguiente objeto. En el momento en que empezamos a considerar los objetos como personas y, al revés, a las personas como bienes de consumo, empezamos a alejarnos de la naturaleza.

Erich Fromm analiza este paso en alguna de sus obras como el miedo a la libertad o «del tener al ser», donde explica cómo el ser humano ha pasado de un colectivismo a un individualismo en la medida en que las sociedades se han vuelto más prósperas. Y ser individual tiene su precio: la angustia ante la elección y la insatisfacción.

La individualidad, el ideal del hombre autorrealizado en todos los aspectos importantes de su vida, lleva al ser humano a ser hiperreflexivo. ¿Es más o menos feliz que la media?; ¿su pareja le satisface o debiera buscar otra relación más complementaria?; ¿sus amigos son dignos de él o necesita integrarse en otro grupo? La búsqueda constante de referentes y marcas de comparación no está exenta de problemas, porque la percepción de amenaza se incrementa de forma significativa. El ser autoconsciente puede encontrar un nuevo enemigo, que, esta vez, viene de dentro: ahora se pelea mucho más que nunca con sus ideas, emociones y sensaciones.

El género de la ansiedad

Si revisásemos algunas estadísticas con respecto a la diferencia en la incidencia de algunos trastornos de ansiedad, podríamos topar con algunos datos reveladores:

- Un 9,2 por ciento de las mujeres han sido diagnosticadas de ansiedad crónica frente a un 4 por ciento de los hombres.
- Un 9,1 por ciento de las mujeres han sido diagnosticadas de depresión frente al 4,3 por ciento de los hombres.
- De cada diez personas que consumen antidepresivos o ansiolíticos, más de ocho son mujeres.
- En atención primaria, ocho de cada diez personas que acuden por síntomas para los que no se encuentra causa médica (dolor inespecífico, problemas de sueño, palpitaciones, vértigo, cansancio, irritabilidad...) son mujeres.

¿Es cierto que las mujeres sufren más ansiedad, o es que son capaces de pedir ayuda antes? ¿Existen diferencias biológicas entre ambos sexos que expliquen esta diferencia? ¿Qué factores ambientales y culturales podrían estar implicados?

No es algo que debiéramos pasar por alto. Necesitamos entender algunas de estas claves, pues los tratamientos deberían apuntar a dianas cada vez más precisas y específicas. Y parte de la clave para conseguir estos tratamientos radica en personalizar el tratamiento atendiendo a las diferencias individuales.

Algunas de las hipótesis que se han podido elaborar para explicar estas disparidades son las siguientes:

- **Mayor disposición a admitir miedos.** Esto es así porque las mujeres no encuentran tanta dificultad en admitir síntomas relacionados con la ansiedad como los hombres. Desde esta postura, podríamos entender que las diferencias se deben a que las mujeres dan un sentido menos punitivo a la expresión de la ansiedad. Los hombres son más propensos a asumir los problemas ellos mismos y no buscar ayuda. No obstante, esa estrategia podría estar detrás de cifras preocupantes, como un mayor índice de suicidios (74 por ciento de hombres frente a un 26 por ciento de mujeres en España).

Las conductas de miedo y evitación son admitidas y reforzadas en mayor número por las mujeres, este rol facilita el desarrollo de la ansiedad. En cambio, dichas conductas no son congruentes con el rol masculino y se espera que, ante estos síntomas, los hombres sigan exponiéndose a las situaciones fóbicas. Parece que la evitación esta más permitida en el estereotipo femenino.

- **Mayor nivel de rasgo de ansiedad.** Las mujeres se caracterizan por un mayor nivel de rasgos de ansiedad, es decir, una mayor tendencia a reaccionar de forma ansiosa ante diferentes situaciones, lo que conlleva mayor vulnerabilidad a padecer este trastorno. Un dato curioso es que, aunque hemos visto que existe una proporción mucho mayor de mujeres que hombres, curiosamente la mayoría de los estudios que se han realizado con animales han tenido como objetos de estudio machos, y no hembras. También existe mayoría de población masculina en sujetos humanos al considerar que las variaciones en el ciclo menstrual podrían suponer una variabilidad más difícil de controlar, por lo que haría falta una revisión de la metodología experimental.

Desde un punto de vista puramente biológico, podría tener sentido que las mujeres tengan más miedos que los hombres, ya que poseen menos fuerza física y su inversión parental es mucho mayor que la del hombre, de modo que los miedos son una protección adicional durante el embarazo y la crianza de los hijos. De este modo, la mayor gama de miedos en las mujeres podría servir para asegurar la supervivencia de la humanidad.

- **Factores hormonales.** Se dice que las mujeres pueden ser particularmente vulnerables a la adquisición o agravación de miedos durante la semana premenstrual debido a los cambios hormonales. Existen datos que afirman que la sintomatología ansiosa disminuye de forma notable tras el climaterio. También se ha sugerido que, puesto que las mujeres tienen menos testosterona que los hombres y esta hormona está ligada a la conducta de dominancia, los varones pueden experimentar menos miedo o pueden aproximarse agresivamente a una situación temida en vez de evitarla.
- **Prolapso de la válvula mitral.** Las personas que sufren este problema cardiológico se quejan de que sus síntomas somáticos son muy similares a los del trastorno de pánico. Como el prolapso de la válvula mitral es más frecuente en mujeres, se ha sugerido que puede estar asociado con la agorafobia. Sin embargo, estudios recientes no han encontrado una asociación significativa entre dicho problema y los trastornos de ansiedad.

Esta es siempre un área controvertida, pues cada publicación o estudio que se realiza atendiendo a las variaciones en función del sexo en cuanto al tamaño de ciertas áreas cerebrales no está exenta de reacciones encendidas, incluso entre los propios miembros de la comunidad científica. Los científicos también son seres humanos, y sus prejuicios, sean los que sean, se filtran casi siempre en sus trabajos. Así, muchas veces las investigaciones neurocientíficas no tienen en cuenta algunos factores, como es el cultural, lo que puede afectar al resultado final del trabajo.

Soluciones intentadas que agravan el problema

La gallina, decía Samuel Butler, fue la idea que tuvo el huevo para conseguir más huevos. Podría resultar paradójico afirmar que son precisamente algunos de los intentos para poner fin a la ansiedad los que terminan prolongándola.

La terapia breve estratégica (TBE) es un modelo de intervención que intenta ofrecer soluciones a problemas complejos mediante el uso de herramientas simples. Paul Watzlawick, el autor de *El arte de amargarse la vida*, nos ha mostrado cómo los seres humanos podemos llegar a complejizar los problemas a partir de los intentos de solución. Utilizando una metáfora, la situación es parecida a la de aquella persona que ha caído en unas arenas movedizas y, al intentar salir de ellas, se va hundiendo cada vez más con sus movimientos.

A pesar del aparente caos en el que el paciente puede estar inmerso, el miedo sigue unas reglas, y su distribución no es tan caótica como podría parecer en un principio. Tendemos a pensar en él como si fuera una especie de dios caprichoso que nos observase agazapado, dispuesto a abalanzarse hacia nosotros cuando estemos descuidados, o cuando no le demostremos el respeto que se merece. Hay una cierta concepción litúrgica de la ansiedad en la persona que la experimenta. Las liturgias tienen sus ritos y creencias, y estos no se encuentran ligados a una lógica natural, sino que todo está supeditado a un designio divino que termina siendo incognoscible para el creyente.

Este juego sigue unas normas, y si no las siguiese no podría funcionar. Si no, ¿cómo se explicaría que los comportamientos de las personas que padecen este trastorno fuesen tan idénticos unos a otros? ¿Por qué los mismos lugares producen pensamientos y sensaciones similares? Es muy impactante comprobar cómo personas de orígenes tan diferentes pueden resultar tan enormemente parecidas. Se llega a pensar las mismas cosas ante las mismas situaciones, y todas creen ser casos únicos e individuales.

A continuación, hablaremos de cuatro de esas soluciones intentadas que suelen alargar el problema y que se detallan en la terapia estratégica:

- La evitación experiencial.
- El hipercontrol.
- Pedir ayuda.
- La reaseguración.

La evitación experiencial

Un algoritmo básico que podemos encontrar y que define el comportamiento de cualquier criatura viva responde a la siguiente fórmula: evitar el dolor, acercarse al placer. Sin estas dos realidades y su carga magnética asociada, no podríamos explicar por qué hacemos lo que hacemos y somos lo que somos. Sin embargo, ¿son tan antagonistas como parecen, o es posible que estemos hablando de dos dimensiones que pueden darse al mismo tiempo?

Evitamos el fuego porque nos quema, sin embargo, acercarnos a él nos ha permitido innumerables beneficios. Y si profundizamos en cómo nos relacionamos con el placer y el dolor, nos daremos cuenta de que la relación es mucho más compleja de lo que parece. Por ejemplo, a todos nos es muy fácil reconocer la enorme sensación de alivio que experimentamos después de deshacernos de esos zapatos tan apretados. Podríamos citar en este punto aquel viejo chiste de Woody Allen: «¿Qué es lo más bonito que un médico le puede decir a su paciente? No se preocupe, es benigno».

Otra dimensión que merece la pena explorar es la diferencia que existe entre el dolor y el sufrimiento. Una de las grandes enseñanzas del budismo la encontramos en este aforismo: «El dolor es inevitable, el sufrimiento es opcional». Mientras que el primero es una reacción automática que se da cuando entramos en contacto con un objeto o una situación aversiva, el segundo es consecuencia de cómo afrontamos el padecimiento. O, dicho de otra forma, el sufrimiento es la reacción que tenemos frente al dolor que sentimos.

Si algo caracteriza a los procesos que encontramos en consulta, es la evitación del dolor. Y que muchas de las acciones, reacciones, pensamientos y decisiones se orientan precisamente hacia este objetivo. De esta forma, la existencia adquiere una visión unidimensional, donde casi toda gira en torno a la posibilidad de que aparezca o no la ansiedad. El objetivo vital se desplaza y distorsiona de tal modo que lo que no quiero que pase termina cobrando mucha más importancia que lo que sí quiero que suceda, con lo que la percepción de poder elegir queda absolutamente comprometida y sesgada. El individuo deja de sentir que tiene opciones, porque la única opción que cree tener es la de evitar el malestar.

Los costes de una vida centrada en la evitación pueden ser muy elevados. Las interacciones sociales y laborales pueden desaparecer, con el consiguiente deterioro de la calidad de vida de la persona. Al final el deseo desaparece, porque se da por supuesto que, debido al miedo, no se va a poder hacer aquello que se pretende. Este modelo de interacción resulta ser un campo de cultivo de estados de ánimo depresivos, como veremos más adelante.

En principio, la respuesta de evitación se ve reforzada porque, a corto plazo, sí puede producir una reducción de la ansiedad, que es lo que se experimenta. Si, por ejemplo, nos bajamos de un vagón de metro, cuando la ansiedad está en su pico más alto, experimentaremos un alivio de aquellas sensaciones que nos resultan tan desagradables. Sin embargo, reforzaremos la idea de que no podemos permanecer en esa situación si aparece el pánico, con lo que nuestros desplazamientos estarían condicionados a no vivir ningún contexto parecido a los anteriores.

Lo malo es que podemos aprender a tener miedo a otras situaciones, incluso sin tener un contacto directo con estas, sino por un fenómeno de aprendizaje que podemos denominar generalización: el miedo se trasladaría a otros contextos que podemos percibir como similares al original. Así, una extensión a ese vagón de metro podría ser viajar en avión, o autobús, o cualquier otro medio de transporte en el que no podamos salir en el caso de experimentar un ataque de ansiedad.

La mayoría de las personas consideran que la evitación atañe a lugares, personas o circunstancias. Sin embargo, los mecanismos que subyacen a este comportamiento pueden ser enormemente sutiles. Se pueden intentar eludir pensamientos que causan culpa o preocupación por el simple hecho de tenerlos. Hay quienes pueden estar tan preocupados intentando mantener su mente distraída, para tratar de no caer en determinados pensamientos, que condicionan su realidad para no quedarse a solas consigo mismos. Cualquier experiencia introspectiva termina siendo juzgada como peligrosa. ¿En qué pienso? ¿Cómo hago para evitar pensar en eso que me inquieta, me avergüenza, me culpabiliza, me aterra...?

Un viejo chiste narra cómo un hombre se encuentra en medio de la plaza de un pueblo gritando y agitando los brazos, totalmente desquiciado. Un paisano que observa a aquel energúmeno se acerca preocupado y le pregunta:

—¿Se puede saber qué haces?

—Amigo mío —le responde—, estoy espantando leones.

—Pero ¿cómo? Estás en la civilización, aquí no hay leones.

—Claro —le increpa nuestro protagonista—, no hay leones porque los espanto.

Lo malo de espantar leones es que no mantengo contacto con la realidad, sino con lo que creo que va a ocurrir. Y esta relación se ve continuamente retroalimentada, porque se siente que, precisamente por haber escapado de la situación, aquello que se consideraba que iba a ser terrible o insoportable no ocurrió. Es la propia evitación la que mantiene el temor.

La mecánica de esta solución intentada establece una retirada del contacto, sustituyéndolo por la imaginación. Cuando la imaginación toma el control, entonces no tengo manera de contrastar mis creencias con la realidad. Lo contrario de la evitación es la exposición y la aceptación de las sensaciones. Así, de primeras, puede sonar un poco a ciencia ficción: ¿cómo se puede aceptar algo que queremos mantener alejado de nosotros? Trataremos de dar una respuesta a esta cuestión en el apartado correspondiente al afrontamiento de nuestros temores.

¿De dónde saca el miedo ese poder tan intenso? ¿Cómo puede tener esa capacidad de gobierno sobre nuestra vida? La experiencia nos dice que es un gran especulador, y que el núcleo esencial de su poder se basa en la capacidad para presuponer que tiene el ser humano. Diríamos que el miedo es la distancia entre lo que es y lo que puede ser. El miedo es posibilidad, incertidumbre, suspense.

El terror está en el ruido, en la sombra que pasa rápido, en el susurro. ¿Y cuál es el poder que tienen los miedos? Pues que obviamente no se muestran, tan solo se insinúan. Y eso los hace infinitamente poderosos, ya que la inconcreción es infinita. Pero hagamos una prueba. Mantengamos al ente maligno en la cámara durante más de cinco minutos, y dejemos que despliegue todos sus recursos para producir miedo. Lo más probables es que uno termine acostumbrándose a la imagen y le pierda el respeto.

Solo tenemos que explorar nuestros miedos infantiles para darnos cuenta de lo que hablamos. ¿Cómo era el mundo entonces? ¿Cuál era la diferencia a la hora, por ejemplo, de saltarse una clase cuando uno tenía ocho años y cuando uno tenía dieciocho? Con ocho años, es poco menos que un sacrilegio, algo mucho menos concebible por las inimaginables consecuencias que podían derivarse de ese acto. Cuando uno tiene dieciocho, sabe que tendrá que pedir los apuntes a su compañero de al lado para recuperar la clase, pero nada más grave que eso. La diferencia en ese cambio de actitud es que el tiempo nos ofrece una mayor perspectiva, conocemos más piezas del puzle y el margen especulativo es menor, lo que nos ayuda a relativizar la situación. Como se ha podido escuchar en más de una situación, la diferencia entre comedia y tragedia puede solventarse de la siguiente manera: comedia es igual a tragedia más tiempo.

Hay un gran mito, por ejemplo, entre todas las personas que padecen trastornos de pánico. Y es el mito del ataque de pánico definitivo, que aún no ha llegado, pero está por llegar. Entonces sí que morirán, o perderán el control o la cabeza de forma definitiva. Así, rinden tributo al miedo como una especie de astuto dios, al que no tienen que enfadar mucho. El miedo juega con lo indefinible de la situación, con lo inconcreto para hacernos creer que su poder es infinito.

¿Qué nos espera detrás de las murallas que hemos construido para refugiarnos? Lo que no conocemos, lo que no nos es familiar. Reaccionamos con síntomas que nos obligan a aferrarnos a lo que conocemos, ya que si no... ¿quién sabe lo que podría ser?

Como anécdota destacable, cabe reseñar que en AMADAG solemos hacer exposiciones grupales, esto es, proponemos a varias personas que tienen miedo a los espacios cerrados, como el metro, realizar un viaje por varias estaciones con otras personas con fobias similares. Incluso hemos realizado viajes en avión con personas con agorafobia y claustrofobia. Muchas personas nos comentan que esa opción les parece una locura, porque existe la creencia de que si uno se descontrola lo hará también el resto del grupo. Nuestra experiencia nos ha enseñado que en esas situaciones se produce una autorregulación interna. Cuando uno de los componentes empieza a experimentar síntomas o a asustarse, el resto adopta una actitud de protección, con lo que su propio miedo queda al margen. Podríamos realizar una lista de aquellas situaciones donde nos comportamos así, y explorar cómo reaccionamos ante los miedos de los demás.

El hipercontrol

Si la anterior solución intentada buscaba retirarse de aquello que tememos, en esta otra la persona se mantiene apegada al objeto de temor con el fin de vigilar las posibles complicaciones o consecuencias negativas que se puedan plantear.

«Ten cerca a tus amigos, pero conserva aún más cerca a tus enemigos». Michael Corleone rememora este consejo paternal en *El padrino II*. Si recordamos la trayectoria del personaje interpretado por Al Pacino, podemos considerarlo un modelo de tragedia. Al principio se presenta como un héroe de guerra que quiere hacer una carrera alejado de los negocios de su familia. Sin embargo, el intento de asesinato de su padre despierta en el protagonista una dolorosa paradoja, y es que, cuanto más intenta proteger a quienes ama, más se aleja y los pierde. Su ansia de control se vuelve contra él.

Esta es una anécdota que cuento en ocasiones en la terapia. Recuerdo que, en cierta ocasión, observaba a un grupo de mujeres de primer curso de natación. Algunas de ellas habían adquirido un cierto dominio, y hacían sus primeros pinitos en la parte donde no cubría. Cuando una de las mujeres que habían aprendido a flotar caía en la cuenta de que estaba en una zona en que no hacía pie, de pronto se ponía a hacer grandes aspavientos, con los que, lógicamente, se hundía. Hay algo que me fascina en el hecho de que para mantenerse en el agua hay que procurar «no hacer nada». Se han documentado casos de náufragos que han permanecido en el mar, a la deriva, en la posición de hacerse el muerto.

Si hay algo que llama profundamente la atención en el tratamiento de la ansiedad es el carácter profundamente controlador de quien la padece. La persona se agarra con desesperación a la búsqueda de la seguridad, de la certeza. Es como estar en el centro de la piscina e intentar aferrarse al bordillo a toda costa.

Los primeros en describir la intención paradójica fueron Viktor Frankl y Milton Erickson, y se define como aquella acción que logra el efecto contrario al deseado. A modo ilustrativo, podría referir el caso de aquellos hombres que están más preocupados por conseguir la erección durante el acto sexual que en el disfrute de la experiencia. ¿Y cuál es resultado? Pues que, evidentemente, la erección no acaba de llegar, porque para que esta aparezca no podemos exigirla, no podemos hacer un imperativo de nuestro deseo. Una pregunta muy recurrente formulada a muchos actores masculinos de la industria pornográfica es la de cómo pueden conseguir la erección durante tanto tiempo. La respuesta es que no hay intención de mantenerla, no hay esfuerzo. Simplemente, se concentran en su trabajo.

¿Y si resulta que el peligro no se encuentra donde estamos acostumbrados a poner el foco? Quizá la búsqueda de la salvación nos lleve al miedo, y esta es la paradoja más complicada de solucionar. El paciente se aferra a un salvavidas porque cree que esa es la solución, pero ¿qué ocurrirá cuando el problema sea el salvavidas?

Prestando atención a la génesis del pánico, nos damos cuenta de que se alimenta de sí mismo, el miedo necesita de miedo para seguir viviendo, y esa es una de las reglas del juego. Uno se cuestiona si, en la medida en que pretendemos escapar de las sensaciones que nos aterrorizan, no nos adentramos más en ellas. Si en la medida en que intentamos acercarnos a una sensación de normalidad, no estamos provocando el efecto contrario.

¿Qué solución nos queda entonces? Puede que la vía alternativa de no hacer nada haga mucho por nosotros. Sin embargo, con no hacer nada no nos referimos a una resignación o propuesta pasiva de la situación. Intentar no utilizar la respuesta del hipercontrol, aceptando las sensaciones que se presentan, es una alternativa que tiene un componente activo. Pero esto, a primera vista, puede parecer una locura, algo totalmente opuesto al instinto de la supervivencia.

El acceso masivo de la población a los medios digitales ha revelado hasta qué punto la necesidad de control puede terminar siendo perjudicial para el individuo. Las cifras de 2021 arrojan una inquietante realidad, ya que podemos pasar una media de 4,8 horas al día devorando pantallas, lo que supone un tercio del tiempo que estamos despiertos.

El término «estímulos supernormales» hace referencia a aquellos estímulos sobre los que hay una predisposición biológica, pero que se acentúan de manera artificial para producir una respuesta de mayor intensidad. Por ejemplo, si el ser humano tiene una querencia evolutiva hacia los hidratos de carbono y las grasas, porque son comida muy rica en calorías, los alimentos ultraprocesados realizarían esta función de estímulo supernormal. En el caso de la atracción de los hombres heterosexuales hacia los pechos de las mujeres, los implantes de silicona realizarían esa función.

Con respecto a las redes sociales, sabemos que existe una tendencia natural en nosotros a prestar atención a todos aquellos elementos relacionados con la interacción con los otros. Estamos programados para que nos interese el cotilleo, la comparación social y las expresiones emocionales de los demás.

Debemos recordar que, si nos dan algo gratis, entonces tal vez debiéramos pensar que en esa situación el producto somos nosotros, más concretamente es nuestra atención la codiciada divisa que se disputan YouTube, TikTok, Facebook o Instagram. Les ha sido bastante fácil a estas plataformas capturar nuestra atención A nivel global, los usuarios de internet pasan un promedio de 2,27 horas al día conectados a las plataformas sociales.

No es mi intención lanzar un encendido discurso en contra de estas redes, que tienen también muchos elementos positivos, sino que este concepto de captura de la atención podamos aplicarla al objeto de estudio de este libro, es decir, a la ansiedad.

La actitud de alerta e hipervigilancia serían soluciones intentadas para tener una ilusión de control. Para Hans Eysenck, esta solución, sin embargo, tendría el inconveniente de ser poco discriminativa, y estímulos de baja intensidad o neutros serían clasificados casi automáticamente como elementos peligrosos. Esa dificultad para reducir el nivel de alerta general termina por ocasionar múltiples inconvenientes en la vida de la persona.

En primer lugar, en este estado de alta activación, no existe una gradación ni una estimación de mayor o menor gravedad, porque aparentemente todo es igual de importante. Esto se ilustra con mensajes catastróficos como «insoportable», «terrible», «horrible».

A la postre, la atención queda capturada por el objeto de temor; los lóbulos parietales se desactivan, lo que produce una sobreactivación del córtex frontal. Esto significa que el individuo entra en una visión de túnel. Por realizar un símil, es como mirar la realidad a través de una lupa con una clara tendencia a localizar amenazas.

A efectos prácticos

La respuesta contraria al hipercontrol es la aceptación

Esta, como veremos más adelante, no es igual a la resignación, sino que es una respuesta que intenta observar la realidad sin adelantarse a ella y sin tratar de sacar conclusiones. Existen muchos ejercicios y metáforas que nos pueden ayudar a comprenderla. No se trata de ignorar nuestros pensamientos, sentimientos, sensaciones y emociones, sino de abrirse a experimentarlos, siguiendo la dirección que hemos elegido.

Luchar contra la realidad es agotador y no funciona

Rechazar lo ocurrido no cambia la situación, sino que suma otras emociones desagradables (ansiedad, enfado, miedo...) al dolor que ya sentimos. Por supuesto, aceptar la realidad es complicado, sobre todo cuando es muy dolorosa. Nadie quiere experimentar dolor, decepción, tristeza o pérdida. Pero esas experiencias forman parte de la vida y, cuando uno intenta evitarlas o resistirte, solo añade más sufrimiento al dolor. La necesidad de control que surge ante la situación negativa es el problema y no la solución. Tenemos que tener en cuenta dónde está nuestro límite, hasta dónde podemos hacer y qué es lo que verdaderamente podemos manejar. No podemos cambiar el hecho en sí, pero sí la manera en la que lo afrontamos (interpretación-pensamiento, y emociones y conductas asociadas). El intento de supresión de nuestros pensamientos, sentimientos, emociones y sensaciones nos lleva a aumentar su frecuencia.

Sustituyamos los «por qué» por «para qué»
Encontrar las respuestas a estas preguntas (por qué) no va a ser nada fácil, y lo único que vamos a conseguir con ellas es sentirnos mal, frustrarnos, quedarnos anclados. Focalicémonos en el para qué; de esta manera, damos vía libre al aprendizaje.

Centrémonos en lo que depende de nosotros
Pensemos en si hay algo que podamos hacer para resolver la situación de malestar. Pongamos el foco en lo que está en nuestra mano.

Pedir ayuda

Otra de las soluciones intentadas que suelen prolongar el problema es la de invalidarse y delegar en otros. La petición de ayuda es la confirmación de que la situación amenazante nos sobrepasa, y de que no poseemos los recursos necesarios para afrontarla.

La activación de conductas de seguridad, como puede ser no salir sin el móvil, tener a mano medicación de rescate o tener salidas preparadas a las situaciones ansiógenas por si nos sobreviniese un estado de pánico, podrían ser calificadas de evitaciones parciales, que en el fondo refuerzan la percepción de impotencia. Pongamos algunos ejemplos:

- En personas con miedo a los ataques de ansiedad: estar cerca de un hospital, tener objetos de apoyo para prevenir la sensación de mareo, evitar las colas en las compras, sentarse en la última fila en el cine, llevar una botella de agua por miedo a la sensación de calor.
- Quienes padecen ansiedad social: evitar dar la mano por miedo a la hiperhidrosis, uso de gafas de sol para no tener contacto visual, estar fuera de luces fluorescentes para disimular el rubor facial, utilizar maquillaje.

Este apartado no está exento de polémicas. Los clínicos debemos tener una visión más pragmática que la que nos ofrecen algunos modelos teóricos. De hecho, plantear posibles salidas a la situación puede producir una disminución de la ansiedad anticipatoria. Sobre todo, en las situaciones fóbicas. Por el contrario, la imposición de excesivas prerrogativas puede hacer que la tarea resulte tan abrumadora que la persona termine por realizar una huida preventiva. Algunos estudios indican resultados positivos en la disminución de la ansiedad a largo plazo, así como una menor aparición de pensamientos obsesivos, conductas compulsivas y respuestas de escape.

Lo cierto es que la exposición, aunque es la técnica que ofrece más avales científicos, no deja de tener un porcentaje elevadísimo de abandonos. Las razones pueden ser el alto grado de compromiso necesario, así como estar dispuesto a experimentar aquello que se teme. Para evitar eso tratamos más adelante el afrontamiento de aquellas situaciones temidas. Por ello es necesario que nos ocupemos de cómo podemos maximizar la eficacia de esta técnica y reducir los factores que llevan a tan alta tasa de abandonos.

Recientes estudios con perros han demostrado que los que han tenido un contacto más estrecho y vínculos positivos con humanos tardan menos en pedir ayuda que aquellos sin hogar que no poseen esa experiencia. Esto nos lleva a pensar que el andamiaje social, es decir, el paquete de orientaciones e información que un individuo recibe a lo largo de su desarrollo, va a condicionar su tendencia a solicitar asistencia ante determinados problemas.

Quizá parte de la clave no consista en considerar la petición de ayuda como un error o anulación de aquel que la solicita, sino en entender el concepto de forma adecuada, sin buscar ser sustitutos en nuestra actuación, de manera que la ayuda verdadera sea la que nos permita utilizar las ventajas que nos proporciona el entorno, potenciando nuestras capacidades. Por lo tanto, el problema no es tanto pedir ayuda, sino cómo lo hacemos y para qué.

El estigma social y los mitos que previamente hemos comentado acerca de los trastornos de ansiedad relegan al que solicita ayuda a una posición de humillación e impotencia. Pero si trascendiéramos nuestros propios ideales narcisistas, podríamos ser conscientes del enorme potencial que tiene en realidad ese acto. No nos cuesta reconocer este hecho en otros aspectos de nuestra realidad. Nos ayudamos del GPS para guiarnos en la conducción, hemos acudido a bueyes y caballos de tiro para arar los campos, aunque consideramos estos casos como signos de nuestro dominio de la naturaleza o de nuestro genio inventivo, de nuestra potencia.

Uno de los ejemplos más trágicos acerca de lo peligroso de mantener nuestros ideales por encima de nuestras necesidades reales nos lo proporcionó el naufragio del Titanic en 1912. El barco, que se consideraba como un ejemplo de indestructibilidad, chocó con un iceberg tras ignorar su capitán todas las consideraciones sobre la seguridad de la nave. Para no alertar al pasaje y no crear una situación de alarma, la petición de ayuda se demoró cuarenta y siete minutos. Un tiempo que hubiese resultado precioso. La necesidad de demostrar su indestructibilidad fue precisamente lo que terminó con el imponente barco. Su hundimiento dejó mil quinientos muertos.

A efectos prácticos

- Quizá la cuestión no es tanto si pedimos ayuda o no, sino cómo la pedimos. Si la petición nos deja en una situación en la que estemos inválidos, y le damos al otro la capacidad para sacarnos del problema, no es una buena idea seguir perpetuando este proceso. En cambio, sí es interesante la petición de ayuda desde una perspectiva concreta, asumiendo que somos el motor del cambio.

- Cuanto más específico sea nuestro mensaje de ayuda, más fácil va a resultar establecer una cooperación sana.
- Una asociación positiva que podríamos sugerir es la de cambiar la vinculación de la palabra «ayuda» con «debilidad» y sustituir este emparejamiento con «oportunidad». ¿Queremos mantener nuestra imagen o queremos conseguir nuestros objetivos?

La reaseguración

La necesidad de comprobación resulta una estrategia adaptativa para el ser humano. Tener dudas puede ser muy beneficioso para entender si estamos o no acertados en nuestras decisiones. Dudar nos permite corregir el rumbo.

Una variante de la evitación es la sobrecompensación, una postura que minimiza la probabilidad de que ocurra aquello que no deseamos. Sin embargo, esta estrategia nos lleva a ignorar límites físicos y mentales como el descanso o nuestra propia capacidad para llevar a cabo determinadas tareas. Esta estrategia termina por consumir los recursos de un individuo sin que exista una correspondencia proporcional entre su esfuerzo y la eficacia de su acción para disminuir la posibilidad de ocurrencia de aquello que teme.

La filósofa Victoria Camps ha dejado escrito un magnífico ensayo titulado *Elogio de la duda*, en el que precisamente deja patente la importancia del cuestionamiento y cómo este ha sido un motor para potenciar el conocimiento. El ser humano empezó a avanzar en su conocimiento del medio natural cuando dejó de atribuir que la causa de lo que ocurría se debía a la intervención de los designios divinos. De alguna manera, la duda nos hizo libres, libres para entender, para alejarnos de las preconcepciones. Deberíamos desconfiar de los que nunca dudan.

La complejidad de este planteamiento se da cuando la duda no pretende resolver una cuestión, sino que es un medio de control para saber que no hemos cometido un error o para intentar asegurar algún aspecto. Cuando la duda y la angustia de control se mezclan tenemos el caldo de cultivo perfecto para generar, por ejemplo, el llamado trastorno de ansiedad generalizada, o el famoso trastorno obsesivo compulsivo.

Los términos «posible», «probable» y «real» juegan entonces una dimensión trascendental a la hora de entender esta solución intentada, que tantos problemas genera en realidad.

¿Qué es posible? Prácticamente todas las posibilidades que surgen en nuestra cabeza son posibles. Podríamos ser alcanzados por un meteorito (1 posibilidad entre 700.000), ser golpeados por el fuselaje de un avión (1 posibilidad entre 10.000.000), terminar siendo estrellas de cine (1 posibilidad entre 1.500.000.000), tener una cita con un o una supermodelo (1 entre 88.000) o que nos toque la lotería (1 posibilidad entre 14.000.000). Sin embargo, aunque muchas cosas sean posibles, no son muy probables.

El mundo es un escenario en el que casi todo puede pasar, pero, a pesar de eso, no solemos preocuparnos por la mayoría de esas situaciones. Quizá el lector desconozca que se le puede caer el techo encima ahora mismo si está en su casa leyendo este libro, o sí lo sabe, pero con mucha probabilidad ignora este hecho al considerarlo altamente improbable.

En la duda patológica podemos observar como se ha distorsionado algún aspecto de la probabilidad, y por alguna razón la persona considera que aquello que es posible tiene una alta posibilidad de suceder. Es un pensamiento mágico, como si el hecho de pensar que algo nos puede pasar aumentase la posibilidad de que fuese a ocurrir.

Cuando los primeros hombres y mujeres se reunían alrededor de las hogueras y miraban a las estrellas, no podían ver simples puntos de luz, no eran solo «otras hogueras», y no pasó mucho tiempo hasta que empezaron a trazar líneas entre ellas y formar figuras. Una de estas uniones tenía forma de toro, otra se asemejaba a una balanza. Esta tendencia innata al ser humano se puede comprobar en la pareidolia, por ejemplo; ese fenómeno psicológico que consiste en reconocer patrones con significado (caras o cuerpos) en estímulos vagos o poco claros. Por eso jugamos a intentar reconocer la forma de las nubes o vemos rostros en las paredes que han sido pintadas al gotelé. Necesitamos encontrar un sentido a lo que nos rodea, porque lo vemos como una forma de intentar predecir la realidad. Intentamos reconocer patrones para anticiparnos ante posibles amenazas, pero a veces esa tendencia deja de cumplir una función protectora, y se puede convertir en una auténtica pesadilla al encontrar señales ante la incertidumbre.

A efectos prácticos

Como respuesta a la incertidumbre, que tan poco le gusta a nuestro cerebro, una de las soluciones es la comprobación compulsiva, donde tratamos de reasegurarnos constantemente. La compulsión es un intento de aliviar la incertidumbre, pero en el fondo seguimos prolongando el problema. Si optamos por lavarnos las manos constantemente con el objeto de aliviar nuestra ansiedad por contaminación, seguiremos prolongando la creencia de que no podemos sobrevivir a los gérmenes.

- El problema no parece estar tanto en la búsqueda de seguridad como en la creencia de poder asegurar el resultado. Es comprensible que no nos guste ser criticados por los otros; sin embargo, asegurarse de que todas las personas a nuestro alrededor tienen una opinión positiva de nosotros es imposible, y, aun en el caso de que lo consiguiésemos, el coste de mantenerlo nos llevaría toda la vida dedicada solo a esa tarea. Querer conseguir algo es comprensible, pero pagar el precio que supone es algo que debemos plantearnos.

- Asumir que vamos a tener que convivir con el error conviene hacerlo más pronto que tarde. El perfeccionismo no es más que un mecanismo de huida para no tener que enfrentarnos a la equivocación. La justificación de nuestros errores nos lleva a vivirlos de manera condenatoria, y esa justificación siempre lleva al mismo punto: «No debería haber ocurrido». Detrás de muchos de nuestros fracasos hay una verdad irrevocable, y es importante tratar de asumirla. No lo hicimos mejor porque no supimos o no pudimos. A veces nos juzgamos con el peso del tiempo, desde una posición en la que tenemos conocimientos nuevos que antes desconocíamos.
- El orden, la limpieza, la puntualidad. Muchas de las características que se buscan desde el perfeccionismo en realidad son medios para conseguir algo, y sin embargo los convertimos en fines en sí mismos.
- Los planteamientos dicotómicos en términos de éxito o fracaso nos impiden tener en cuenta todos los matices de la situación. Hay un abanico de posibles resultados entre estos dos extremos.

4

Los países de la ansiedad

Si el lector tiene la oportunidad de acudir al Museo Naval de Madrid, se encontrará con el primer mapamundi que incluye al continente americano. Este mapa permaneció en el olvido durante muchos años, hasta que los ojos expertos de un anticuario supo ver lo importante que era lo que sostenían sus manos.

El autor de esta joya de la cartografía, datada en 1500, se llamaba Juan de la Cosa, y realizó su gran obra sobre un cuero de toro en El Puerto de Santa María (Cádiz). De la Cosa acompañó a Colón en varias de sus expediciones, pero desgraciadamente murió en Colombia, donde unos indios le acribillaron con flechas envenenadas. Un final de película para un nombre que merecería estar más presente en la historia del descubrimiento.

Delimitando territorios

Los seres humanos necesitamos delimitar territorios, y una de las funciones principales de estas líneas imaginarias es proporcionar un ámbito de protección e identidad. La irregularidad de muchas de esas fronteras nos puede mostrar cómo cada porción de tierra se perdió o se ganó con sangre. Una frontera es una idea forjada en un imaginario colectivo, una idea que nos da un sentido identitario de pertenencia que se nos antoja tan real como la tierra que pisamos.

Parece que ya hemos hablado de accidentes geográficos, y hemos conocido los caminos que recorren las tierras de la ansiedad. En esta ocasión nos centraremos en los diferentes países que conforman nuestro particular continente. Conocer la particularidad de cada uno de estos territorios y cómo están configurados nos ayudará a entender la mejor manera recorrerlos. Cuando me refiero a «países» hago hincapié en cómo se han clasificado las diferentes manifestaciones de la ansiedad desde organismos reguladores.

No podemos negar la importancia de tener un lenguaje propio que nos ayude tanto a los profesionales de la salud mental como a sus usuarios a entendernos, de tal manera que podamos compartir objetivos y aunar esfuerzos que podamos poner en común. Para esta labor utilizaremos el *Manual diagnóstico y estadístico de los trastornos mentales* (*DSM*, por siglas en inglés), que actualmente se encuentra en su quinta edición, y está validado por la American Psychiatric Association (APA).

A pesar de que esta metáfora del mapa nos ayuda a esquematizar y entender mejor la ansiedad, no está exenta de algunas inexactitudes:

- **Los trastornos de ansiedad no son un compartimento estanco.** No hay una tipología única. Las personas podemos estar entre diferentes países. Uno puede tener formas de funcionar obsesivas o anticipatorias en unos aspectos de su vida y fóbicas en otro. Lo usual es que tengamos un poco de todo y transitemos por diferentes países de la ansiedad al mismo tiempo. Por otro lado, los distintos trastornos pueden compartir características comunes y es difícil saber exactamente cuál es la clasificación más adecuada. La comorbilidad, es decir, la coexistencia de dos o más trastornos de ansiedad al mismo tiempo en el sujeto, parece ser más la norma que la excepción. Cada vez existe un mayor interés en el análisis transdiagnóstico, esto es, aquellos elementos comunes que existen entre varios trastornos, y quizá la clave para mejorar los tratamientos esté más en «eso» que tienen en común una agorafobia y un TOC, por ejemplo, que tratar de establecer fronteras que pueden terminar antojándose arbitrarias.

- **No debemos confundir el mapa con el territorio.** Cuando nos hablan, por ejemplo, de una ansiedad social, nos están haciendo una fotografía de cómo es un individuo con este trastorno. Sin embargo, quizá sea más interesante entender cómo está generado este trastorno y cómo se está llegando a ese punto. Muchas corrientes de la psicología que tienen su eje en el conductismo radical, es decir, toda la vertiente de terapias contextuales y de tercera generación, intentan deslizarse en esa línea, asegurando que el modelo médico asistencial, que es en el que está basado el *DSM V*, nos ofrece una visión inexacta del padecimiento al tratar, precisamente, los trastornos mentales como enfermedades que tienen una etiología orgánica. No obstante, esto no es así, pues, como estamos viendo, son muchos los factores incluidos. Por lo tanto, es mucho más interesante descubrir la lógica ansiosa detrás de cada trastorno y qué factores son mantenedores de este.

- **Ponerle un nombre a lo que nos pasa puede ser un auténtico alivio** para quien lo escucha, ya que reduce la incertidumbre y no se siente tan extraño o separado del mundo. Darle pistas a la persona acerca de lo que puede esperar, y cómo puede abordar lo que le ocurre, puede dejarle en mejor lugar. Por otro lado, las etiquetas diagnósticas traen consigo un problema añadido, y es que, si las tomamos como entidades que señalan algo real, y no una forma de actuar o comportarse, pueden tener el efecto inverso: se convierten en una forma de justificar el trastorno y la persona acaba adquiriendo las características de esa etiqueta. Por ejemplo, una persona con ansiedad social no acude a fiestas porque es fóbica social, o un individuo con agorafobia no viaja, porque los agorafóbicos no viajan. Y eso refuerza precisamente ese comportamiento. Así, pasaríamos de la forma de estar a la forma de ser, como hemos mencionado anteriormente.

Con estas advertencias al viajero, vamos a adentrarnos en los diferentes países de la ansiedad y a tratar de describirlos topográficamente, pero también vamos a tratar de ofrecer algo más que una simple topografía: nos adentraremos en las reglas que pueden gobernar los diferentes reinos.

Trastorno de angustia

Un ataque de pánico es, en esencia, una aterradora experiencia de pérdida de control y una sensación de que algo terrible va a suceder, acompañado por una diversidad de manifestaciones fisiológicas de ansiedad. Muchas personas creen estar muriéndose, que van a desmayarse o están volviéndose locas. El pánico va acompañado de una serie de reacciones fisiológicas, como aumento de la frecuencia cardiaca, dificultad para respirar, temblores, mareos, sudoración, sensaciones de irrealidad... Una paciente nos describe su primera experiencia con el pánico del siguiente modo: «Me desorienté y no sabía dónde estaba la salida, así que empecé a correr como una loca y los demás detrás de mí, y yo solo sabía decir que dónde estaba la salida, me faltaba el aire, tenía opresión en el pecho, temblores...».

Con respecto a la terminología, hay que avisar que vamos a utilizar indistintamente «ataque de pánico» o «crisis de ansiedad». A pesar de que hay opiniones que defienden que se trata de dos experiencias distintas, en este libro, por motivos prácticos, vamos a utilizar ambos términos como sinónimos. Muchas personas consideran que el ataque de pánico se refiere a la experiencia explosiva y abrumadora, mientras que el ataque o crisis de ansiedad nos habla de una percepción menos intensa, aunque más continua, y que está más vinculada a otras emociones. Aun así, son percepciones subjetivas atribuidas a cómo se percibe la palabra «pánico», y a nivel clínico formal no se contempla tal apreciación. Más importante que la expresión en sí será explorar cómo experimenta la persona esa sensación, y tratar de darle un marco que la haga entendible. Muy a menudo, una parte importante del trabajo que se da en terapia es el de consensuar expresiones.

El trastorno de angustia se produce cuando las crisis se repiten de forma recurrente e inesperada, hasta el punto de interferir en la vida de la persona. Dicho trastorno puede ser tremendamente incapacitante para quien lo padece, y condicionar su trabajo, sus relaciones y afectar seriamente a su calidad de vida, ya que el pánico puede convertirse en algo alrededor del cual gire la vida del individuo, y el temor a tener un ataque puede ocupar una parte muy importante de sus pensamientos diarios, llegando a afectar a su vida normal.

Continuemos con un testimonio de otra persona, que cuenta cómo fue su primera crisis de ansiedad:

> Estábamos hablando y comentando la cena relajadamente. No me daba cuenta, pero, durante esa conversación, estaba teniendo varios pensamientos negativos y muy catastrofistas. Cuando terminó la velada, y ya de vuelta a casa, iba conduciendo cuando de repente, en medio de la autopista, se me tensó todo el cuerpo como si fuera un bloque de hierro: las piernas, los brazos, el cuello... Empecé a hiperventilar.
>
> Al principio pensaba que le había cogido miedo al coche. Cuando conducía me inundaban los pensamientos negativos, que son perturbadores, dan miedo y me daba hasta vergüenza reconocerlos. Eran pensamientos del tipo: «Vas a tener un accidente», «¿Y si giras el volante y atropellas a alguien?», «Nunca serás capaz de volver a conducir y eso es terrible».
>
> Con la terapia me di cuenta de que el problema no era el coche. Lo que originó la ansiedad es mucho más profundo. No es tener pensamientos negativos, sino el creerme esos pensamientos negativos y confundir pensar con desear. Con el tiempo y el trabajo diario aprendí a no asustarme, me di cuenta de que pensar no es desear; tenía pensamientos y, al no darles importancia, pasaban de largo sin causar impacto en mí.
>
> Hoy sigo enfrentándome a las situaciones que me dan miedo, con miedo, pero lo acepto y las hago. La ansiedad ya no me limita.

La primera experiencia con un ataque de ansiedad suele marcar un antes y un después en la vida de la persona. Por supuesto que, como cualquier otra, la persona habrá experimentado sensaciones de aviso previamente. Sin embargo, ¿qué ha podido hacer que esta vez la experiencia tome esos tintes tan marcados? La gran diferencia es que la persona ha sido autoconsciente y ha realizado una interpretación de esos síntomas. Digamos que hasta ese momento la sintomatología era una consecuencia de algo, no un problema en sí misma. Es un descubrimiento inquietante, una especie de desdoblamiento interno que lleva a quien lo padece a desconfiar de sí mismo.

El pánico es el miedo elevado al máximo exponente, que se escapa de lo racional y que paraliza y bloquea a la persona. El pánico se caracterizaría por la interpretación catastrófica de síntomas físicos que pueden aparecer en el organismo por múltiples factores, tanto externos (estrés laboral) como internos (exceso de cafeína). La interpretación catastrófica de los síntomas hace que la persona crea firmemente que puede estar experimentando desde un ataque al corazón hasta un infarto cerebral y, por lo tanto, puede morir.

Por paradójico que parezca, los ataques de pánico son resultado del miedo. Todo comienza con una activación propia de una situación en la que estamos padeciendo estrés. Como resultado de dicha activación, aparece esa respuesta del estrés, que hemos aprendido antes, con sus correspondientes síntomas. Si interpretamos esos síntomas de forma errónea, y pensamos que algo terrible nos está ocurriendo, en lugar de codificar lo que nos pasa como una respuesta normal de nuestro cuerpo frente al estrés, podemos entrar en pánico. La angustia que sentimos ante esa misma situación hace que nuestras sensaciones se incrementen, se hagan más intensas. De nuevo, las reinterpretamos y nos centramos en esas sensaciones, desencadenándose entonces pensamientos catastrofistas en los que la persona cree estar en peligro, formándose una espiral, una pescadilla que se muerde la cola. La espiral termina cuando la persona cree realmente que la situación está bajo control, o bien cuando escapa hacia un lugar seguro.

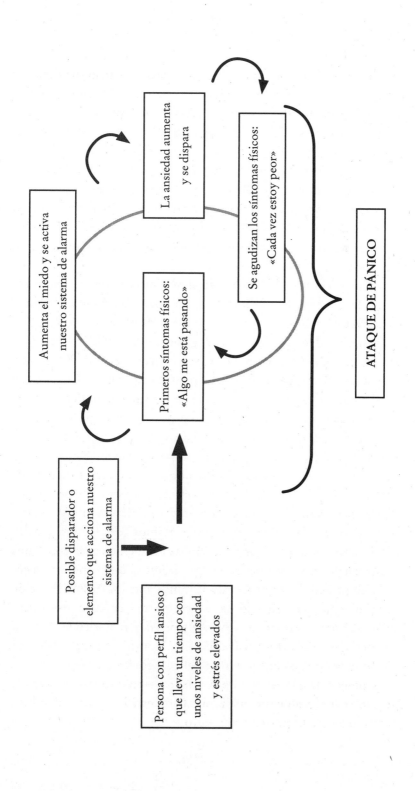

Aumenta el miedo y se activa nuestro sistema de alarma

La ansiedad aumenta y se dispara

Se agudizan los síntomas físicos: «Cada vez estoy peor»

Primeros síntomas físicos: «Algo me está pasando»

Posible disparador o elemento que acciona nuestro sistema de alarma

Persona con perfil ansioso que lleva un tiempo con unos niveles de ansiedad y estrés elevados

ATAQUE DE PÁNICO

Otro modelo realizado por Clark y Salkovskis nos explica por qué los ataques de ansiedad persisten. En este apartado deberemos tratar de entender cómo seguimos alimentando la ansiedad, lo que es tan importante (o incluso más) que cómo aparece.

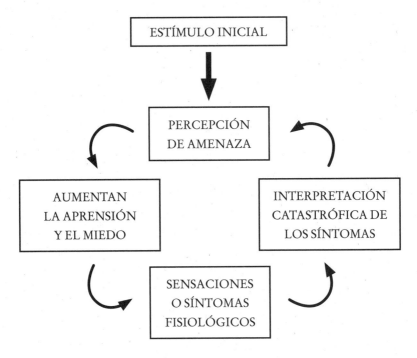

La clave para empezar a hablar de un trastorno de pánico la encontramos cuando entendemos que las soluciones intentadas, de las que hemos hablado antes, se vuelven contra el solucionador. En este caso se reinterpretan los síntomas como predictores de un estado de angustia, que termina transformándose precisamente en el resultado temido. Como consecuencia, la persona evita los contextos en los que esa agitación mental y motora puedan darse. Así, el intento de control constante termina generando en la persona la sensación de que tiene que estar atenta por si alguna de estas manifestaciones de ansiedad se vuelve a dar, con lo que se retroalimentan los pensamientos catastróficos y los síntomas.

El mecanismo del pánico

Efectivamente, es el miedo, como ya hemos hablado, lo que llama al miedo. El deseo de que este desaparezca no hace sino aumentar nuestro temor. Esta es la paradoja principal. La mente no entiende eso del no. Cuando le estamos diciendo que no debemos sufrir un ataque de pánico precisamente ahora, en realidad le estamos mostrando el camino hacia aquello que intentamos evitar.

Albert Ellis, uno de los principales componentes de la psicología cognitiva, estudió y se empapó de la filosofía pragmática que se dio tras la muerte de Alejandro Magno, en la antigua Grecia. Su incursión en el psicoanálisis no había dado los resultados esperados, y se encaminó hacia la búsqueda de una terapia más eficaz, sencilla y parsimoniosa.

La aparición de una era tan convulsa e inestable en el Imperio helénico despertó el surgimiento de una filosofía que ayudase a sobrellevar el sufrimiento humano de sus habitantes. Aparecieron escuelas que siguen siendo importantísimas hoy en día. De hecho, fueron la esencia, la raíz de la llamada psicología cognitiva, y también influyó enormemente en el desarrollo de las terapias contextuales. Fue la era de los filósofos epicúreos, estoicos y cínicos, donde figuras como Epicuro, Diógenes y más tarde Séneca o Marco Aurelio realizarían una impresionante labor, cuyas conclusiones siguen estando vigentes en la actualidad.

Ellis preconizó que las ideas absolutistas eran las causantes de la infelicidad humana. Lo primero que se dicen las personas para ser infelices, apostillaba Ellis, es que algo (lo que fuera que pasase) no debería estar ocurriéndoles a ellas. Y lo segundo es que, si les pasaba, sería tan horrible que no podrían soportarlo.

Si lo traducimos al lenguaje de Ellis, una persona con miedo a tener una crisis de ansiedad estaría diciendo esto:

a) No tendría..., no debería tener un ataque de pánico en este momento.
b) Porque si lo tuviese sería tan horrible y terrible que no lo podría soportar...

Tratemos de analizar la frase:

Si decimos que no deberíamos tener un ataque de pánico en ese momento, estamos intentando huir de la posibilidad de que pueda pasar o de que esté pasando. Es decir, lo estamos jugando a un cara o cruz. O tengo un pánico apocalíptico y definitivo, o me encuentro bien y sin ningún síntoma. No hay nada entremedias. Podemos tener diferentes grados de ansiedad por el miedo a tener un ataque de pánico. Investiguemos bien esta situación.

Si no puedo tener ansiedad, ¿qué pasa si aparece? Puede existir, efectivamente, la posibilidad de tener un ataque de pánico, pero eso no es el problema. El problema radica en el hecho de poder asumir que, en efecto, podemos tener un ataque de ansiedad, y eso no nos va a matar. Como una forma de realizar un experimento, los psicólogos de AMADAG decidimos contabilizar el número de ataques de pánico que podían haber experimentado nuestros pacientes ese año. Sumaban más de 3.200. Ese total englobaba los ataques de ansiedad que sufrieron los pacientes, pero también las situaciones que podían haber desembocado en una crisis de ansiedad. Nadie se va a morir, nadie va a volverse loco, nadie va a perder el control (huelga decir que cuando la mayoría de los pacientes dicen tener miedo a perder el control, en realidad están rígidos, como un animal que está intentando cruzar la carretera y ha sido sorprendido por los faros de un coche).

Si utilizamos los términos «horrible» o «terrible» para describir la ansiedad, como hacen muchas de las personas que padecen este trastorno, probablemente estaremos dando una dimensión distorsionada de lo que está pasando. Si lo pensamos bien, «horrible» no es malo, ni bastante malo; es algo que es inconmensurablemente malo, algo que no podemos abarcar, y eso tiene mucho que ver con la esencia del pánico. Porque lo que produce miedo de verdad no es que estemos mal, sino que vamos a estar tan mal, tan horriblemente mal, que no lo vamos a poder soportar.

Y eso nos lleva a la tercera parte de la frase. Que la ansiedad es algo insoportable. Pero si de verdad fuese insoportable, ¿no lo habríamos dejado de soportar en algún momento? Sin embargo, eso es lo que nos decimos, y por eso se produce la evitación de ciertos sitios.

Porque en un momento determinado el mensaje es: no puedo soportarlo, y, como no puedo hacerlo, entonces no me queda más remedio que irme. Es lo que nos contamos, no lo que está pasando en realidad.

Desmontando el mensaje del pánico

¿Me puede dar un ataque al corazón?

La aceleración cardiaca y las palpitaciones que uno puede sentir durante los ataques de pánico, como ya hemos comentado, son una respuesta normal que nuestro organismo desarrolla ante lo que entiende que son situaciones de emergencia, y esto es debido a la activación de nuestro sistema nervioso autónomo, más concretamente del sistema simpático.

Ya hemos indicado anteriormente que, por lo general, un trastorno cardiaco implica síntomas como dolor en el pecho, falta de aire o palpitaciones que bien pudieran confundirse con un ataque de ansiedad. Si bien es cierto que hay algún síntoma que parece coincidente, debemos conocer las diferencias que existen:

a) Si la persona tiene un trastorno cardiaco, los síntomas se intensificarán rápidamente haciendo esfuerzos o ejercicio físico, y desaparecerán con bastante celeridad con el reposo.

Sin embargo, los síntomas de ansiedad pueden ocurrir y acrecentarse con el ejercicio y suceder también lo mismo en momentos de reposo.

b) En un electrocardiograma se aprecian grandes cambios eléctricos en el corazón en personas con problemas cardiacos, mientras que el único cambio que se aprecia durante un ataque de pánico en la prueba es el aumento del ritmo cardiaco.

La clave que puede ayudarnos en esta diatriba es la de pensar que no podemos sacar una conclusión en general a partir de un solo síntoma.

Así que, aunque nos parezca que podemos sentir las mismas palpitaciones en una u otra problemática, existen resultados específicos y objetivos que nos indican que entre unos síntomas y otros hay diferencias. Así, se puede concluir que la ansiedad no provoca ataques cardiacos por sí sola.

Es tentador buscar relación entre el estrés y el padecimiento de enfermedades coronarias, y podemos encontrar una enorme cantidad de información basada, en la mayoría de los casos, en titulares que tienden a ser parcos en matizaciones. Sabemos que es un tipo de información muy tentadora, que alimenta las necesidades de hipercontrol y sobrecompensación. Sin embargo, la mayoría de las veces tenemos que concluir que lo importante no es tanto la información en sí, sino lo que hacemos con esta.

En primer lugar, consumir este tipo de titulares aislados y descontextualizados produce en sí más estrés, con lo que nos desvía de nuestro objetivo. En realidad, hacen incidencia sobre factores que resultan difícilmente moldeables, y que nos colocan en una situación sobre la que no tenemos demasiado control. Lo que están diciendo es: «Amigo, estás cometiendo un grave error al preocuparte o tener ataques de ansiedad; deja de hacerlo», y ya sabemos qué provoca ese tipo de respuesta: más necesidad de consumir información que corrobore nuestro miedo.

En segundo lugar, los estudios son muy poco concretos sobre el tipo de estrés que pueden estar padeciendo los sujetos más vulnerables. ¿Hablamos de estrés laboral, una TAG, de ataques de pánico aislados, de fobias específicas, o de mantener durante mucho tiempo una situación de estrés sostenida cuidando de un familiar que no puede valerse por sí mismo, por ejemplo? Es imposible aislar todos los factores que están relacionados en la aparición de enfermedades coronarias, y lógicamente nunca nadie tiene solo estrés. Siempre hay condiciones interrelacionadas como lesiones graves en el corazón o las arterias, una dieta incorrecta mantenida en el tiempo en la que se haga un consumo abusivo de grasas, tener una vida sedentaria, hipertensión, un consumo excesivo de alcohol, tabaco u otras drogas, o tener antecedentes familiares; de tal forma que la ansiedad no sería el motivo principal, sino un factor más que aumenta el riesgo de padecerlo dadas las condiciones de salud previas.

¿Puedo perder el control?

¿Qué es perder el control? Dependiendo del planteamiento inicial, podemos estar hablando de un montón de realidades que, a primera vista, poco tienen en común. Por ejemplo, para algunos perder el control es pedir ayuda o salir corriendo, mientras que para otros es simplemente experimentar emociones. Para entender qué estamos diciendo realmente con esta frase, primero deberíamos definir qué estamos queriendo decir exactamente con esta expresión.

Creemos que podemos llegar a quedarnos completamente paralizados, o llegar a hacer cosas extrañas o que nos pongan en ridículo, como gritar, correr sin rumbo, romper cosas, agredir a otros... Sin embargo, esta sensación no se corresponde con la realidad. Las personas que viven ataques de ansiedad en el peor de los casos tienden a huir para ponerse a salvo, lo cual, precisamente, no es una señal de falta de control, sino un intento de mantenerse alejado del contexto que se cree genera la fuente de ansiedad.

Es posible que se tengan sensaciones de confusión o irrealidad, pero, dado que la naturaleza es sabia, nuestro organismo conserva en todo momento la capacidad de pensar y actuar. La reacción de emergencia no irá nunca dirigida a dañarnos, sino a todo lo contrario: a la búsqueda de seguridad.

¿Puedo desmayarme y perder el conocimiento?

Los síntomas de mareo, vértigo e inestabilidad son frecuentes en los ataques de ansiedad. No obstante, aunque nos parezcan iguales a los que provocan desmayos, provienen de fuentes diferentes y su naturaleza es distinta:

a) Para que un desmayo se dé es necesario que descienda nuestro ritmo cardiaco y baje notablemente nuestra presión arterial; mientras que, cuando se produce un ataque de pánico, fisiológicamente experimentamos el proceso contrario: nuestro ritmo cardiaco y presión arterial aumentan.

b) Las personas que han sufrido desmayos, por lo general, no se encontraban ansiosas en el momento. Antes de desmayarse la gente siente que se está desvaneciendo, como si se sumiese en un sueño; mientras que en un ataque de pánico la persona es terriblemente consciente de sus sensaciones de mareo y de otros síntomas que se puedan estar dando a la par.

c) El desmayo en sí mismo puede propiciarse por cambios hormonales, virus, hipoglucemia, hipotensión arterial, pero nos mareamos durante los ataques de ansiedad porque, una vez más, el cuerpo se prepara para enfrentarse al posible peligro: para poder correr o luchar el corazón envía más sangre hacia los músculos y relativamente menos al cerebro, lo que a su vez provoca una disminución en los niveles de oxígeno en este órgano; de ahí que uno pueda sentirse mareado. Tampoco podemos olvidar que la sensación no tiene por qué significar que nos vayamos a desmayar, ya que la presión arterial es alta.

Algunas personas tienen fobia al dolor, a la sangre o a las inyecciones, y pueden desvanecerse cuando se encuentran en contextos hospitalarios, por ejemplo. Aunque no es una condición excepcional, es muy diferente del ataque de ansiedad provocado por el malestar que nos provocan nuestros propios síntomas o pensamientos. Existe un elemento externo, junto con una emoción que podríamos calificar como asco, grima; en definitiva, una aprehensión.

¿Puedo acabar asfixiándome o ahogado por la falta de aire?

Lo cierto es que esa sensación de falta de aire se produce por nuestra forma de respirar en esas situaciones que nos provocan ansiedad. Al ser un proceso en el que no ponemos consciencia, respiramos rápida y superficialmente, dejándonos llevar por la necesidad de nuestro organismo: el de necesitar más oxígeno para preparar el cuerpo para luchar o huir; actos que al final no solemos llevar a cabo, pero que nos provocan lo que se conoce como hiperventilación. Así, de forma no voluntaria estamos introduciendo y acumulando mayor cantidad de oxígeno del que necesita el cuerpo; y, como no le damos salida a través del movimiento, el organismo tiende a buscar un equilibrio entre oxígeno y dióxido de carbono de nuevo, mandando señales a nuestro cerebro para que disminuya la frecuencia respiratoria. De modo que la sensación de asfixia o falta de aire, paradójicamente, es un exceso de oxígeno.

Ahogarse es imposible, ya que nuestro cuerpo no lo va a permitir. Pero para disminuir esta sintomatología más rápidamente y de forma voluntaria, es recomendable respirar de forma lenta y regular, poniendo énfasis en alargar la fase de expulsión del aire. Practicar con regularidad y en momentos de calma la respiración diafragmática servirá como entrenamiento para, después, en momentos de ansiedad, poder aplicarla con mayor agilidad y destreza.

En el peor de los casos, y siendo extremadamente raro, mantener durante largos periodos de tiempo la hiperventilación puede conducirnos a la espacios de conocimiento, como un intento del organismo para mantener el control; en ningún caso se va a dejar de respirar completamente. Sin embargo, una vez conocido este mecanismo, entendiendo la importancia de la respiración y su influencia, la persona no llega nunca a esos extremos.

¿Puedo volverme loco?

Síntomas como la confusión mental, visión borrosa o sensación de irrealidad o despersonalización pueden conducirnos a pensar esto. Pero es necesario que distingamos estos síntomas, que responden a una necesidad de emergencia, de lo que sucede cuando hablamos de locura. Esta se empareja normalmente con la expresión de un trastorno mental muy grave llamado esquizofrenia, en el que, si la persona no ha recibido ningún tipo de ayuda, suele tener pensamientos y lenguaje carentes de sentido, creencias delirantes y alucinaciones acerca de aspectos de la realidad que no existen. Es muy poco frecuente, de modo que, si no se tienen antecedentes familiares de esta índole, uno raramente padecerá esquizofrenia por mucha ansiedad que experimente.

No se vuelve loco el que teme la locura, sino quien tiene factores de riesgo, como antecedentes genéticos o consumo de drogas. Es muy frecuente que las personas confundan su miedo a la locura con síntomas como la despersonalización o el padecimiento de las fobias de impulsión, de las que hablaremos más adelante.

A efectos prácticos

Cómo enfocar un trastorno de angustia

- En primer lugar, conocer bien cómo se generan los ataques de pánico hace que la persona sea «menos manipulable» por las sensaciones y los pensamientos que sienta, ya que la percepción que tiene de estos es que son reales, como una especie de anticipación de que, en efecto, algo catastrófico y terrible está a punto de suceder.
- El estado de hipercontrol es, probablemente, la solución intentada más frecuente en el trastorno de angustia, pues es el responsable de la espiral de pánico y que este se mantenga. La aceptación de los síntomas, como demuestra la llamada terapia de aceptación y compromiso, produce una disminución de la sintomatología. Hablaremos de la aceptación en el capítulo 6, «Cutivando la atención».
- La mayoría de quienes padecen un trastorno de angustia consideran muy relevante la capacidad de anticiparse y evitar cualquier síntoma o pensamiento que los lleve a

experimentar ese estado de angustia, e ignoran que es mucho más importante dejar de alimentar el pánico.

- La respiración, y un manejo adecuado de esta, resulta fundamental como herramienta básica para prevenir la hiperventilación y la aparición de síntomas.

- Técnicas como la evitación o la parada de pensamiento suelen ejercer el efecto contrario al esperado, ya que centran su estrategia en intentar controlar las producciones mentales. Mucho más eficaces se han mostrado las técnicas de defusión cognitiva, de las que hablaremos más adelante en el apartado del lenguaje interno.

Los 10 mandamientos para afrontar el pánico

1. Ninguna sensación dura para siempre

La alegría, por mucho que nos guste, no es eterna; lo mismo pasa con la tristeza o el miedo: no duran eternamente. Los estados de ánimo son pasajeros, es decir, que tarde o temprano cambian. Por lo tanto, la ansiedad, el pánico o el miedo, que forman parte de los estados de ánimo, también han de pasar. Es cierto que, al ser emociones un poco desagradables, nos da la sensación de que duran muchísimo porque tendemos a magnificar y a percibir el tiempo que verdaderamente duran como si fuese eterno.

2. Respiramos como vivimos

La excesiva respiración produce bajos niveles de dióxido de carbono en la sangre. Al respirar rápidamente se produce un desequilibrio químico en la sangre al descender el CO_2 y aumentar el oxígeno. Resulta muy útil utilizar técnicas de respiración diafragmática (entre otras existentes) para manejar la hiperventilación de forma adecuada. Por ejemplo, realizar respiraciones profundas en las que se aguante el aire unos cuatro segundos y luego se expulse con suavidad hará que estas sensaciones desaparezcan al entrar menos oxígeno.

3. El objeto del miedo no es más que el miedo

Cuando sufrimos un ataque de pánico, el miedo que se desencadena no es solo por lo que está sucediendo en ese momento, sino por lo que pueda pasar. Por ello suelen darse situaciones en las que consideramos que podemos tener sensaciones somáticas de ansiedad o ataques de pánico, o en las que creemos que podemos vivir consecuencias dañinas o catastróficas. En este caso existe un miedo a las reacciones somáticas o la activación fisiológica asociadas con la ansiedad.

4. No es lo que cuentas; es cómo te lo cuentas

Por ejemplo, interpretamos que nuestra falta de aire nos va a llevar a un final terrible, y no es así: somos capaces de tolerar las sensaciones (ya que al final pasarán). Lo que en realidad nos resulta más complicado de tolerar es la interpretación que hacemos de esas sensaciones. Tenemos que tener claro que son juicios catastrofistas y poco realistas, producto de nuestro miedo, es decir, es el miedo el que hace que interpretemos de esta manera tan distorsionada.

5. No cedas a la provocación

No intentemos controlar el miedo, puesto que esto hará que se prolongue; no intentemos controlar nuestras sensaciones, más bien tratemos de aceptarlas y observaremos que, tal como vienen, se van. Durante el ataque de pánico hay que ser consciente de que no corremos peligro y de que todas las sensaciones que nos asaltan son una construcción de nuestra mente. Si luchamos, lo más probable es que los síntomas aumenten, así como los pensamientos catastrofistas irreales, lo que dará lugar a que la emoción se intensifique y nos atrape la espiral del pánico.

6. Evita las anticipaciones

Las especulaciones sobre que algo puede estar pasando o hay algo mal en nuestro interior es algo que es mejor intentar evitar, ya que son una de las claves para comenzar a introducirse en el círculo vicioso de un ataque de pánico. Aleja de ti los pensamientos catastrofistas, y los «y si...». Esto se consigue no prestándoles atención, simplemente dejándolos pasar.

7. Aprende a dirigir tu foco

Volvamos a conectar con el presente, parémonos firmemente sobre nuestros pies, movamos nuestras piernas y concentrémonos en lo que está pasando a nuestro alrededor. Focalicemos la atención en lo que hay a nuestro alrededor, salgamos del interior de nuestra mente y nuestras reacciones fisiológicas y busquemos algo externo en lo que poder centrarnos. También son válidas en este momento aquellas tareas que nos saquen del bucle. Por ejemplo, pensar en cinco cosas que podamos ver, cuatro que podamos tocar, tres que podamos oír, dos que podamos oler y una que podamos degustar.

8. No existe un ataque de pánico definitivo

No hay un ataque de pánico más grande o más pequeño, lo que sí que existe es el miedo que alimentamos en mayor o en menor medida. Es decir, es posible experimentar la emoción de pánico o de miedo de una manera más o menos intensa; todo dependerá de cómo estemos interpretando lo que nos está sucediendo.

9. Celebrar las victorias

El círculo vicioso que se esconde tras una crisis de pánico solo se rompe paso a paso. Nuestro progreso no puede ser lineal y ascendente, ya que es necesario que se produzcan tropiezos con los que aumentar nuestro conocimiento del pánico. Por eso tenemos que valorar y celebrar cada pequeño logro para seguir avanzando y así no perder fácilmente el ánimo.

10. No intentes que el pánico se calle

Somos nosotros los que tenemos que hablar más fuerte. No dejemos que los ataques de pánico nos impidan hacer una vida normal. Acostumbrémonos a hacer diversas actividades aun sabiendo que la crisis puede sobrevenir.

Fobias específicas

Fobos sembraba el terror en el campo de batalla; era un dios temible, aunque el temor que inspiraba no era mucho mayor que la familia que lo acompañaba. Su hermano Deimos paralizaba a sus enemigos mientras su padre, Ares, saqueaba ciudades enteras. Los dos hermanos dirigían el carro del dios de la guerra al tiempo que sus enemigos huían despavoridos.

Si leemos con detenimiento una edición en castellano de la *Ilíada*, de Homero, nos daremos cuenta de que, en la descripción de los dos hermanos, se traduce el nombre de Fobos como «fuga». Tomemos este ejemplo: «[Ares] mandó al Terror y a la Fuga que uncieran los caballos, mientras vestía las refulgentes armas». Así pues, se enfatiza la acción de la huida. Y precisamente esta huida va a ser la que va a caracterizar al espectro de las fobias, ya que la persona intenta no entrar en contacto con el objeto de su temor.

Todo el mundo siente miedo, con más o menos intensidad, focalizado o no en una situación determinada, ante un peligro real o imaginario. Sin embargo, en ocasiones el miedo deja de ser adaptativo, al no ayudarnos en caso de que nos encontremos en una situación de peligro, para convertirse en algo que nos impide llevar una vida «normal» (aunque somos nosotros quienes decidimos qué es una vida normal y qué no lo es). Cuando el miedo ha llegado a ese límite, podemos hablar de «fobia». Tres son las características que pueden definir a una fobia:

1. **Mayor intensidad,** ya que todos podemos tener un miedo moderado a determinadas situaciones, como ir por algunos lugares de la ciudad a ciertas horas, o conducir con precaución por miedo a tener un accidente.
2. **Irracionalidad.** No se puede explicar de forma lógica. La persona que padece una fobia sabe, en muchos casos, que su miedo no tiene razón de ser en ese momento, y sin embargo lo siente. En otros casos, el miedo puede ser aparentemente racional, en el sentido de que puede ocurrir (un infarto de

miocardio o que le caiga una maceta), pero los costes de una respuesta de reaseguración son enormemente costosos. Por ejemplo, el miedo de algunas personas a que les caiga un rayo, durante una tormenta, las puede llevar a evitar salir a la calle cada vez que el cielo esté nublado, independientemente de si se encuentran en el campo o en una ciudad. Es probable que nunca les caiga un rayo, pero están supeditando su vida a una posibilidad tan remota como una entre tres millones (como dato curioso, decir que tan solo un 10 por ciento de las personas mueren por su efecto).

3. **Interferencia**. Por último, para que una fobia sea considerada como tal, ha de interferir en la vida del individuo. Una vez recibí una visita de una mujer que tenía miedo a las cobras. La mujer era muy perfeccionista, y no se podía permitir tener un miedo así. Como era mayor, y no pensaba viajar a la India o a algún lugar en el que existiese esa especie de reptiles, le sugerí que, si había que trabajar algo, era su enorme exigencia para no tener ningún tipo de miedo.

Actualmente, en la clínica atendemos tres grupos de fobias fundamentales: la fobia específica la fobia social y la agorafobia. Cuando hablamos de fobia específica, nos referimos a un miedo focalizado a una fuente determinada o circunstancia concreta. Es como asumir que podemos conocer la fuente del miedo. Sin embargo, este mismo criterio no se puede aplicar para la fobia social y la agorafobia. El origen del miedo, en esos casos, es algo intangible, que no podemos ver, oír, oler ni tocar. Para un observador externo, e incluso para aquellos que padecen estas fobias, no parece que haya nada que realmente les cause miedo, ni siquiera ninguna razón real para sentirlo. Aquello que desencadena el miedo varía muchísimo de unas personas a otras, y tampoco se teme siempre a las mismas situaciones. Para algunos, el hecho de que tengan personas alrededor resulta una circunstancia tranquilizadora, al proporcionarles seguridad; pero, para otros, eso les causa más ansiedad, pues sienten que no pueden irse cuando quieran, y temen ser juzgados por los otros si expresan su miedo.

Existen multitud de fobias específicas. Las más frecuentes son la claustrofobia, la amaxofobia (miedo a conducir) y la aerofobia. La aerofobia, el miedo a volar, es casi una mezcla de las dos anteriores. Se tiene miedo al avión por la posibilidad de tener un accidente, pero la aerofobia es también una variante de la claustrofobia, ya que el miedo surge por la imposibilidad de escapar del avión una vez que se cierran las puertas de la aeronave.

Claustrofobia

Definitivamente no debemos calificar la claustrofobia como el miedo a estar en un lugar cerrado. Muchas personas con claustrofobia pueden estar en este tipo de sitios. Más bien lo definiríamos como el miedo a no poder salir de la situación si uno quiere hacerlo. La claustrofobia implica no poder elegir ni cómo ni cuándo salir, y asimismo encierra la creencia de que algo catastrófico va a ocurrir si no se consigue.

Algunas de las personas que acuden a la consulta vienen a raíz de un suceso traumático que no quieren repetir: tuvieron un ataque de ansiedad en un avión o el metro, por ejemplo, y han asociado la percepción del espacio cerrado a esa experiencia. Vivieron una percepción tan catastrófica de la situación que no quieren que se repita. En ese momento pensaron que enloquecerían, se asfixiarían o no podrían soportarlo, y han llegado a la conclusión de que, si se hallan en una situación de la que no pueden escapar si así lo desean, no podrán resistirlo. Esto tiene más importancia de lo que parece en un principio.

A pesar de que los pacientes viven el miedo como una amenaza externa, en realidad son conscientes de que son ellos mismos los causantes de las sensaciones desagradables. Así, cuanto más avanzan en el tratamiento, más entienden que no pueden achacar el miedo a un objeto externo, sino que se encuentran con que la fuente del miedo es interna. Es como si se hubiesen convertido en bombas que pueden explotar de un momento a otro. La bomba se activa cuando estoy en una situación de la que no puedo escapar y no tengo posibilidad de cortarla.

También encontramos casos donde no se ha experimentado una crisis de ansiedad clara: son aquellos que no presentan un origen definido del problema. Incluso hay personas que refieren haber experimentado claustrofobia desde que recuerdan. Este tipo de pacientes nos plantean otra perspectiva de tratamiento, que quizá pueda basarse en los hallazgos realizados por Emory Stella Lourenco y Matthew Longo, de la Universidad Londres (Reino Unido). Estos investigadores defienden que no todos percibimos el espacio de la misma manera. Longo ha reconocido en una entrevista reciente: «Hemos encontrado que las personas con más niveles de claustrofobia tienen un exagerado sentido del espacio que las rodea. En este momento, no sabemos aún si es la distorsión en la percepción espacial la que lleva al miedo, o viceversa. Ambas situaciones son probables».

Igualmente, no todas las personas que experimentan claustrofobia tienen el mismo miedo, ya que hay quienes hacen mucho hincapié en la falta de aire y otras que temen el ridículo en público o que la ansiedad las va a llevar a un estado del cual no van a poder regresar. Tener en cuenta esto puede ser un indicador clave en la eficacia del tratamiento.

A efectos prácticos

Esta fobia específica suele tratarse con éxito, siempre que no esté relacionada con otros trastornos. El tratamiento más extendido es el de la exposición progresiva a los estímulos temidos, que consiste en experimentar sistemática, gradual y controladamente la situación atemorizante observando que no sucede aquello que tememos. Este tratamiento puede basarse en la realidad virtual (de hecho, es la que mejor ha respondido a esta técnica con las fobias que conocemos), sumergiendo a la persona en ambientes controlados creados de forma específica para combatir esos miedos.

En un tratamiento de este tipo se tienen en cuenta tres claves fundamentales:

1. Ofrecimiento de información psicoeducativa para enfrentarse con éxito a los espacios pequeños y cerrados. Explicaciones acerca del proceso que ocurre en la mente y en el cuerpo, para comprender que se trata de un proceso normal de respuesta ante el miedo, lo cual ayuda a perder el temor a las sensaciones.

2. Aumento de la consciencia corporal. Aprender a escuchar el propio cuerpo permite manejar adaptativamente la ansiedad que se produce en estas situaciones al exponerse a ellas de forma gradual en imaginación y en vivo. De esta forma, se identifica el momento en el que comienzan los síntomas (sudoración, tensión, aumento de la frecuencia cardiaca, etc.), lo que permite contrarrestarlos con mayor eficacia.

3. Entrenamiento en técnicas dirigidas a mitigar estas sensaciones corporales, que surgen incluso antes de entrar en el espacio cerrado, como la respiración profunda diafragmática, la relajación o la visualización de imágenes positivas, tratando de conseguir volver a un nivel de tranquilidad a pesar de seguir en presencia de aquella situación temida.

Estas tres intervenciones abren un camino para explorar las emociones y los pensamientos una vez que cambia la relación con el cuerpo, y siempre irá de la mano del análisis y la comprensión de las vivencias personales que han podido contribuir a la aparición y el mantenimiento del trastorno.

Agorafobia

Después de dos ataques de pánico en días continuos, subida en ese autobús verde que tanto me cuesta olvidar, mi vida empezó a girar en torno a no volver a repetir esa experiencia. Yo no creí haber tenido un ataque de ansiedad, ni tan siquiera haber pasado miedo. Creí en la muerte. Dicen que estamos diseñados para obviar que moriremos, pero créanme cuando les digo que creí verla pasar por delante de mis ojos. Vivir con agorafobia es vivir con miedo a que esa experiencia vuelva a ocurrir, pero que esa vez no salgas airoso. Hay algo en ti que te dice que te has librado de algo aún peor. Agorafobia es hipotecar todo tu presente por un futuro temido, un futuro con el miedo más intenso arañándote la piel.

La agorafobia, como describe esta paciente, no es el miedo a los espacios abiertos, como hemos repetido tantas y tantas veces, sino el miedo a no poder escapar en el caso de que sobrevenga un ataque de pánico. Lo que la diferencia del trastorno de angustia radica principalmente en que en la agorafobia existe una evitación consolidada.

Antiguamente, en la Edad Media, los que eran perseguidos por la justicia podían refugiarse en las iglesias para evitar ser detenidos. De esta forma, «se acogían a sagrado». Los proscritos podían moverse a sus anchas por el interior de la iglesia porque allí tenían una seguridad. Este estado de seguridad se perdía si el individuo salía de ese recinto. La persona con agorafobia también se acoge a sagrado.

El proceso de generalización permite que el miedo se vaya extendiendo a situaciones en las cuales la persona percibe que no va a poder encontrar seguridad, o no va a poder escapar cuando quiera. Por ejemplo, si el primer ataque de pánico tiene que ver con el metro, el individuo evitará no solo el metro, sino también situaciones que le recuerden a algo parecido. ¿Por qué no un ascensor? Y ya puestos..., ¿por qué no un avión? Al fin y al cabo, hablamos de situaciones similares, de las que no puedo escapar en un momento determinado, y de las que pienso que precisamente en ese lugar no debo tener un ataque de pánico.

Por lo tanto, la agorafobia es un conjunto de fobias, un conjunto de miedos que se desencadenan cuando la persona no se halla en ese lugar seguro. Esta sabe que lo que teme es irracional, pero en el fondo no se termina de creer que no le ocurrirá nada fuera de ese lugar, por muchas veces que intenten repetírselo. Explicar la teoría es muy fácil; otra cosa es llevarlo a la práctica. Pero hay que tener en cuenta que los procesos de las personas son diferentes, y que cada una tiene su propio ritmo.

Digamos que este trastorno, en algunos aspectos, más que un trastorno, termina convirtiéndose en un estilo de vida, donde existe una obsesiva búsqueda de la seguridad. La orientación vital del individuo da un giro brusco, pues todo se centra en no volver a experimentar las sensaciones de desamparo y de temor. Y a partir de ahí se forma un círculo vicioso, que puede durar toda la vida si no se rompe.

Mientras que en el trastorno de angustia el exceso de control es una de las fuentes principales de las que se alimenta la ansiedad, en el caso de la agorafobia se da sobre todo la evitación.

Podríamos definir la ansiedad anticipatoria como un proceso de evaluación cognitiva por la que el cerebro predice posibles peligros o amenazas futuras basándose en la experiencia previa, con el objetivo de estar preparados de antemano, «por si acaso». Y, consecuentemente, pensar o imaginar esas consecuencias tan horribles y catastróficas nos genera un alto grado de ansiedad. Esta ansiedad anticipatoria favorece la aparición de la evitación.

La evitación termina causando un paulatino deterioro del entorno social y laboral del individuo, y pueden aparecer depresiones reactivas como consecuencia de la falta de expectativas que se encuentran mermadas al considerar que ya hay muchas cosas que están fuera del ámbito de actuación. La persona anula el deseo para no sufrir, y sin embargo llega a una suerte de resignación que le produce una indefensión aprendida.

Volviendo a la historia de Fobos, resulta interesante saber que es fruto de la infidelidad que Afrodita (diosa del amor) cometió con Ares (dios de la guerra). De esa unión también se engendró a Eros (el deseo). El deseo y el temor no son contrarios, como muchas veces creemos, sino que a menudo son movimientos que se dan a la vez; no se trata de caminos contrarios, más bien que se han entrelazado entre sí. No se evita por falta de deseo, sino precisamente por miedo a donde nos lleva ese deseo.

Otro elemento que caracteriza a la agorafobia es que, en muchas ocasiones, el miedo se da ante la sensación de lejanía y la idea de encontrarse fuera del territorio de control. ¿Cuál es la razón para establecer este tipo de fronteras? Aparentemente, es una cuestión de asociación más que de verdaderas fronteras físicas. Los espacios más familiares se consideran los más seguros, con lo que se produce un desplazamiento de la seguridad hacia lo familiar al identificarse como lo conocido. Estar fuera del ámbito de control puede producir un gran desasosiego para el individuo, pues considera que, al no estar en espacios conocidos, no puede ejercer el mismo control sobre el ambiente.

En la agorafobia se pueden llegar a ver comprometidos lugares tan variados y frecuentes en nuestro día a día como:

- Sitios cerrados, como supermercados o tiendas, aulas formativas, grandes almacenes, restaurantes, cines, teatros, museos, ascensores, auditorios, estadios o aparcamientos.
- Lugares altos o espacios exteriores abiertos, como el campo, pasear por calles anchas, jardines o cruzar puentes.
- Todo tipo de transportes.
- Una cola o estar en medio de multitudes también pueden percibirse como situaciones limitantes, de difícil escapatoria.

Así, se van ganando o perdiendo territorios como si la vida fuese una suerte de *Risk*, el popular juego de mesa. Uno de los aprendizajes que nos da este juego es que aquellas estrategias excesivamente conservadoras siempre llevan a la derrota. En la mecánica del *Risk*, los jugadores van recibiendo refuerzos para sus ejércitos, que se correlacionan con la cantidad de territorios que poseen. En inglés, la palabra *risk*, significa «riesgo», y, efectivamente, si uno no asume riesgos y no intenta expandir sus territorios, tarde o temprano se verá acorralado por el resto de los rivales.

A efectos prácticos

Las personas que llevan padeciendo agorafobia durante mucho tiempo suelen generar una serie de creencias y mitos en torno a su condición que debemos trabajar. Se consideran inútiles, enfermas, culpables; se sienten víctimas de un poder superior a ellas mismas.

Puede ser importante trabajar sobre el entorno, como veremos más adelante, ya que se establecen relaciones de dependencia con los miembros de la familia y ambientes cercanos que pueden prolongar el trastorno.

Algunos de los puntos clave que vamos a tener en cuenta son los siguientes:

- **La psicoeducación.** Es una de las estrategias clave al trabajar con esta problemática. El objetivo es centrarnos en ayudar al paciente a conocer la respuesta de lucha/huida y la fisiología propia de la ansiedad. Es decir, qué es la ansiedad, cuál es su origen y en qué consiste. Todo esto ayuda al paciente a comprender lo que le sucede y a normalizarlo. Conocer la información sobre el problema va a favorecer una mayor percepción de control sobre el malestar; además, empezamos a trabajar en la idea de normalización de los síntomas y el abandono de la conducta de lucha para que estos desaparezcan.
- **Técnicas de relajación** para el manejo de la ansiedad, como son la respiración diafragmática, la distensión muscular, el *mindfulness*, etc. Estas se utilizan para alcanzar un estado de baja activación que contrarreste la respuesta ansiógena.
- **Reestructuración cognitiva.** Se basa en conseguir que las interpretaciones y los pensamientos sean más realistas. Para ello, primero será necesario conocer las creencias y los pensamientos catastróficos derivados de los miedos del paciente a determinadas situaciones o sensaciones físicas. Una vez conseguido este primer objetivo, trabaja-

mos en la modificación, es decir, en flexibilizar o cambiar los pensamientos, sustituyéndolos por otros más realistas y funcionales.

- **Abandono de la conducta de lucha** frente a los diferentes miedos o sensaciones propias de la ansiedad. Aunque parezca paradójico, este tipo de «lucha» solo estará captando nuestra atención y haciendo cada vez más fuertes todos esos síntomas que nos generan malestar. Aprender a sostener y sobrellevar la ansiedad va a ser una de las claves para conseguir un manejo óptimo.
- Otro de nuestros objetivos será trabajar en **la ansiedad anticipatoria.** Vivir anticipándonos a las situaciones puede provocar el mismo nivel de malestar o crisis de angustia que si estuviéramos frente a frente a nuestro mayor temor. Para ello nos centraremos en trabajar en la no anticipación, en el enfoque y anclaje del «aquí y ahora» o «momento presente».
- **La exposición.** Es una de las estrategias claves y de mayor éxito frente a la agorafobia. Es importante conocer cuáles son las sensaciones o situaciones temidas con el objetivo de trabajar esta exposición de manera repetida, sistemática y graduada a estos miedos. Intentar permanecer sin escapar o evitar el lugar o esas sensaciones aversivas es una de las principales herramientas de trabajo para conseguir superar poco a poco estos temores. Todo ello nos permitirá comprobar que, más allá de las sensaciones o del miedo, podemos hacer o permanecer sin que ocurran muchos de nuestros peores pensamientos.
- Algunos de los factores más importantes, y que vamos a utilizar como herramienta motivadora, son **los valores personales** del paciente, es decir, qué es lo que realmente le importa y quiere hacer, pero no consigue por «miedo a», esto es, esa fuerza que le empuja a seguir adelante más allá de sus miedos.
- **Reforzar la autoestima.** Los problemas de ansiedad pro-

vocan un debilitamiento personal, por ello, enriquecer las diferentes facetas de la vida del paciente, la autopercepción y fortalecer la confianza en uno mismo van a ser determinantes para conseguir establecer un afrontamiento efectivo con este tipo de problemáticas.

Ansiedad social

En este caso, la fuente del miedo tiene más que ver con que los demás se den cuenta de que estamos incómodos o que nos sentimos inseguros en una situación social. El miedo en este caso es a mostrar miedo.

La fobia social se caracteriza por ser un temor muy intenso en respuesta a las situaciones sociales, en las cuales se ha de interaccionar con los otros. Las situaciones que se temen se tienden a evitar, por lo que la fobia puede interferir de forma muy grave en la vida de las personas. No estamos hablando de una simple timidez, que cualquiera de nosotros puede experimentar en ciertas ocasiones; nos referimos quizá a una timidez extrema que puede impedir el transcurso cotidiano de la vida de la persona.

Entre las situaciones temidas por quienes padecen esta fobia se encuentran hablar en público, iniciar y mantener conversaciones con gente nueva, enfrentarse a escenarios comprometidos en los que la persona debe hacer valer sus derechos o dirigirse a determinadas figuras de autoridad. También pueden temer hablar o comer en público.

En ocasiones, se pueden llegar a experimentar ataques de pánico. Estos son manifestaciones extremas de ansiedad, en las que el sujeto puede sentir taquicardias, sudoración, ahogos, dificultades para tragar, náuseas, mareos... A veces se desarrolla un miedo secundario a los mismos ataques de pánico, por temor a que estos se noten o sean una muestra de debilidad delante de los otros.

Esto último es uno de los puntos cruciales, pues las personas que lo padecen se encuentran ante un crítico interno muy fuerte. Dicho crítico las lleva a niveles de exigencia tan altos que a menudo bloquea su competencia en las interacciones.

Es frecuente que, junto a este, aparezcan otros trastornos, como depresión (como consecuencia de las limitaciones percibidas), agorafobia, TOC. También puede darse el abuso de sustancias como el alcohol o de determinadas drogas para rebajar la ansiedad. Asimismo se observan esencialmente dos tipos de trastornos de personalidad especialmente ligados: el trastorno de personalidad por evitación (TPE) y el trastorno dependiente de la personalidad.

La introversión-extroversión nos habla del grado de sociabilidad con el que la persona tiende a sentir mayor bienestar interno. Cuando alguien se inclina por tendencias más introvertidas, suele ser mayoritariamente tranquilo, reservado, introspectivo, retraído, distante con los demás excepto con los amigos íntimos, cauteloso y con un elevado control emocional, por lo que preferirá un entorno más solitario, sin que ello le genere angustia.

La timidez, sin embargo, es un sentimiento natural que nos caracteriza a todo ser humano y que conlleva un sentido adaptativo. Todos hemos podido ver como a veces los niños pequeños, inmersos en sus ensoñaciones, se esconden detrás de sus madres o padres al percatarse de que son vistos o preguntados por adultos desconocidos. La timidez suele ser un comportamiento retrotraído desarrollado ante la aparición de determinadas personas, ya sean de autoridad, gente a la cual admiramos por algún motivo o a la que percibimos como extraordinariamente extrovertidos. Diríamos, por tanto, que la timidez es una forma indirecta de tener un orden, una especie de regulador social que nos permite evaluar situaciones novedosas a través de una actitud de cautela con el fin de responder de la forma más adaptativa posible a las demandas de la situación.

Ambas, introversión y timidez, son diferentes de la ansiedad social. Para ir abriendo boca y aclarar diferencias, la ansiedad social tendría más que ver con un mecanismo de defensa que se desarrolló en un pasado, en el que esa timidez se vivió en determinados momentos con tal vergüenza que el individuo se autoimpone no volver a experimentarla. De esta forma, ciertas interacciones con los otros se viven con ansiedad; una ansiedad que viene provocada por la inseguridad frente al intercambio social y las preocupaciones excesivas por el miedo a ser evaluados de manera negativa por los otros.

Y, por supuesto, esto no tiene nada que ver con ser «antisociales». La persona que experimenta ansiedad social no rechaza el contacto social, simplemente teme y a su vez desea el contacto social, pero se siente bloqueada por la exigencia que se hace a sí misma de no sentir miedo al interactuar con los demás.

El trastorno de ansiedad social no está exento de polémica. Marino Pérez Álvarez, en su libro *La invención de los trastornos mentales*, nombra la fobia social, el trastorno bipolar y el TDHA como ejemplos de marketing farmacéutico. En el caso de la ansiedad social, una farmacéutica, GlaxoSmithKline, encargó a la compañía de publicidad Cohn & Wolfe la promoción de un nuevo medicamento que tendría efectividad frente a la ansiedad social, la paroxetina. Lo curioso de este caso es que, tras esta campaña, la ansiedad social pasó de ser un problema casi inexistente a ser uno de los trastornos de ansiedad más diagnosticados. Si entre 1997 y 1998 apenas se podían encontrar menos de cincuenta referencias en los diferentes medios, en 1999, en cambio, se habló de ella más de mil millones de veces, según un boletín especializado en técnicas de mercado.

El resultado de esta campaña de marketing fue tan exitoso que la timidez pasó de ser una estrategia adaptativa a una patología que había que tratar, y el lector seguro que no tiene dificultades para lograr adivinar el nombre de la maravillosa pastilla que prometía que la inseguridad social ya era cosa del pasado.

¿Qué teme, en esencia, una persona con ansiedad social?

- **Sentirse el centro de atención.** Sin embargo, esta afirmación tan escueta no es del todo exacta, ya que, en realidad, la ansiedad social que siente el individuo no tiene que ver con que tampoco quiera ser ignorado. Quienes padecen este trastorno no podrían denominarse antisociales, sino que, de alguna manera, desean aquello que temen (a menudo, temor y deseo van de la mano). Sin embargo, su autoexigencia es tan fuerte que solamente pueden ser vistos si su comportamiento o actuaciones son irreprochables. Veremos que el principal enemigo de quien padece este trastorno es su propio ideal autoimpuesto.

- Evitan cualquier exposición que les haga **parecer torpes o incompetentes.** No tienen que carecer necesariamente de habilidades sociales, aunque en muchas ocasiones, debido a la falta de práctica, al evitar el contacto social puede aparecer esta característica.

- **Temen ser descubiertos.** Las manifestaciones que evidencian inseguridad, como la tríada del rubor, el temblor o el sudor, intentan ocultarse. Quienes padecen esta ansiedad evitan aquellas situaciones donde estos síntomas puedan delatarlos y manifiestan multitud de conductas de seguridad para ocultarlos. No escriben en público por miedo a mostrar temblor, evitan las luces muy blancas para ocultar el rubor, o no dan la mano para ocultar la sudoración palmar.

- Realizan un esfuerzo titánico para intentar controlar los juicios de los demás, tratando de evitar que los **otros puedan realizar juicios internos o externos sobre su capacidad o valía.** Para ello, pueden tratar de agradar constantemente para que no se pueda plantear ningún juicio negativo sobre ellos. Además, lo pueden hacer indiscriminadamente, como si la opinión de todas las personas fuese igual de importante, y se dijesen a sí mismos que nadie puede pensar en esos términos.

- **Viven el rechazo como la peor consecuencia temida,** y constantemente están atentos a esta posibilidad. Su cerebro está enfocado en buscar aquellos signos que puedan implicar no ser aceptados en el grupo.

A efectos prácticos

Para aquel que no experimente esta problemática, es importante conocer qué tipo de planteamientos son los que sustentan este funcionamiento, para entender que esto no es una elección consciente ni una tontería en la que la persona se ha empeñado en instalarse. Hablamos de pensamientos y formas de entender las interacciones sociales por las que tiene todo el sentido que la ansiedad social se mantenga, incluso se incremente.

- Existe una **tendencia a la hipersensibilidad.** Posiblemente, estos individuos se hayan sentido en algún momento de su vida rechazados u omitidos por alguien relevante para ellos, y van afianzando la creencia de que todos reaccionarán de la misma manera. Son personas que aprendieron a ser suspicaces ante las posibles reacciones negativas de los demás (cuyas consecuencias, por otro lado, tienden a sobreestimar). En contraposición a su hipersensibilidad al rechazo, desean intensamente ser aceptados y tener relaciones interpersonales. De ahí el conflicto que suele existir entre estos dos rasgos: sentir pavor ante la posibilidad de ser puntualmente menospreciado y, al mismo tiempo, ansiar aprobación y estima.
- En la mayoría de los casos existe íntimamente **cierta idea de que son diferentes, defectuosos o insuficientes** en comparación con los que los rodean. Suelen hacer supuestos subyacentes sobre las relaciones y procuran que nadie se les acerque lo suficiente como para que se den cuenta de que son inadecuados, incompetentes... Así que interpretan que lo que creen y sienten es una verdad absoluta que los caracteriza a ellos y a los demás, sin contrastar sus hipótesis.
- Suelen combatir su miedo a través del **perfeccionismo.** Así que ante situaciones sociales en las que creen que no han logrado sus expectativas o lo que valoran que «tendrían que haber hecho», tienden a ser tremendamente críticos consigo mismos, y de forma constante se convierten en sus propios censores a través de la rumiación de pensamiento.
- Para manejarse con lo que consideran «sus errores»

(por los que estaría justificado que fuesen criticados), generan asiduamente **autoexigencias** con el fin de intentar ocultar su inseguridad y sintomatología ansiosa. Se piden así mismos mostrar esa versión perfecta de ellos y no sentir miedo si lo están experimentando; estrategia que los lleva a quedarse bloqueados ante lo imposible de la petición.

- Frente a la sensación de descontrol que supone mostrarse ante los demás no siempre como les gustaría (síntomas de ansiedad incluidos), la mente intenta buscar certidumbre, así que, para intentar frenar todo esto, suelen **anticipar con mucho tiempo cómo actuarán** durante los eventos que tienen programados. Imaginar el peor de los escenarios: que su déficit será descubierto y por ello serán rechazados, criticados, humillados o puestos en evidencia.

Todos los mecanismos o procesos mentales que hemos recogido hasta ahora, junto con el de anticipar y sobreestimar las consecuencias negativas, los conducen a sentir diariamente un alto grado de ansiedad y una sensación de amenaza por parte de los otros que retroalimenta el miedo a la interacción y no permite satisfacer su propia necesidad de aprobación.

¿Y cómo se suele manejar esta carga de ansiedad frecuente? A corto plazo, de nuevo, con mayor carga de perfeccionismo, exigencia y crítica interna. Y a largo plazo tienden a hacer dos cosas que los hacen entrar en un conflicto consigo mismos aún mayor y más profundo:

- **Evitan.** La mayoría, además de la evitación social, presentan también evitación sobre la realización de sus deseos, sobre su futuro. Suelen automatizar el hábito de postergar la búsqueda de sus propios deseos, pensando que algún día caerá del cielo la relación perfecta o el empleo inmejorable, sin que ellos realicen el más mínimo esfuerzo. Porque el coste inmediato en emociones negativas les parece demasiado alto; buscan numerosas excusas, como «Es que ir a un sitio con tanta gente no me gusta» o «Esta gente es demasiado superficial». Pero lo que sucede, en el fondo, es que no se creen con la capacidad de alcanzar sus metas; algo que enlaza con lo siguiente.

- **Se sienten culpables por estar ansiosos.** Las personas con ansiedad social consideran que tienen un problema que «no deberían tener», que sentir ansiedad las define. Temen que, si se permiten sentirse ansiosas, su ansiedad irá a más hasta perder el control, y que nunca se recuperarán. Una idea que a la larga afianza un mensaje y las deja atrapadas: «Nunca conseguirás tus deseos hasta que no dejes de sentir ansiedad».

Quizá uno de los aspectos más importantes que deberían estar presentes en un tratamiento de ansiedad social es posibilitar un distanciamiento del ideal narcisista, para acercarse al yo. Los artificios que suelen requerir quienes padecen este exagerado miedo al rechazo hacen que la vida se parezca más a un escenario donde continuamente se sienten el centro de atención.

Puede resultar extraño hablar de narcisismo, pero, como dijimos anteriormente, Narciso fue un hombre condenado a enamorarse de sí mismo, obligado a autorreferenciarse constantemente. Él es la medida de todas las cosas, y los demás son como espejos en los que se mira para saber si está haciendo lo correcto, pero en el fondo existe una perversión en la naturaleza de la relación. En una relación existe un «yo» y un «tú», y si somos capaces de mirar al otro, no como una proyección de nuestros miedos y fantasías, sino como alguien distinto a nosotros, estaremos generando una relación auténtica.

En consulta pongo a menudo una metáfora en la que comento que la vida es una fiesta, y que algunos se sienten invitados a esa fiesta, pero otros sienten que perdieron la invitación por el camino. Ese sentimiento íntimo de estar de más termina generando un enorme malestar en el individuo, porque no es capaz de encontrar su sitio. La paradoja es que nadie puede darle esa invitación, a pesar de que están continuamente buscando que otro los avale, sino que es la persona quien se otorga así misma el derecho a estar invitada.

El trabajo con las habilidades sociales puede ser necesario en los casos en los que la persona ha oxidado su contacto social. Sin embargo, en mi experiencia particular, la mejor manera de aprovechar estos aprendizajes es la terapia grupal, donde el objeto temido es a la vez el objeto de práctica.

«No tengo que ser gran cosa, pero funciono», podría ser uno de los ideales terapéuticos, porque la vida está llena de grandes que no funcionan. Joan Garriga comenta en su libro *Vivir en el alma* que el ser humano está constantemente intentando llegar a su cumbre personal, y que, en esa búsqueda, si llega a la cumbre, grita su grandeza y le dice a la vida: «¡Mira, soy yo, soy importante, soy grande!». Y, si tenemos suerte, quizá podamos escuchar como la vida te responde a lo lejos: «¡Y a mí que me importa!». Es entonces cuando ya no es tan importante ser el centro del universo, cuando no necesitamos tantos selfis, ni vacaciones en Instagram, ni testigos de nuestra felicidad o de nuestra importancia.

La ansiedad generalizada

No podríamos empezar a recorrer este país sin citar a Mark Twain: «En mi vida he tenido un montón de problemas, la mayoría de los cuales nunca sucedieron». Así podría funcionar la voz interna de una persona con TAG:

Miro el reloj, son las 23.00, ya debería estar de vuelta, no sé nada de mi hijo. ¿Por qué no me ha contestado al mensaje? ¿Y si le ha pasado algo? Seguro que no, pienso. Si no llega en media hora, empiezo a llamar a sus amigos... Entonces aparece en mi mente una imagen, es él tirado en el suelo como si hubiese sufrido un accidente, estoy a punto de llorar. Estoy llegando a casa, todo bien. Se me pasa. Al rato, tengo que entregar el informe a mi jefe como muy tarde mañana, ¿y si no lo aprueba? Bueno, sus comentarios siempre han sido positivos... Aparece otra pregunta: ¿y si no es suficiente y se plantea despedirme?, vuelvo a contestarme intentando acallar mi cabeza, pero me dura poco, tal y como está el panorama laboral será complicado encontrar trabajo.

Las personas con ansiedad generalizada describen su problema como «no puedo dejar de preocuparme»; no pueden parar sus pensamientos sobre que las cosas puedan ir mal. Preocupaciones sobre la salud de sus hijos («¿Y si mi hijo tuviera meningitis?»), sobre su seguridad («¿Y si el autobús tiene un accidente?»), sobre la seguridad de otras personas a las que quieren («Me da miedo que mi mujer tenga un accidente de tráfico»), sobre el trabajo («¿Y si me quedo sin clientes?»), sobre su propia salud («¿Y si tuviera una enfermedad grave?»), o sobre cualquier otro tema que pueda resultar perturbador.

La preocupación es el sentimiento clave que está detrás de la ansiedad generalizada. Si existiese un lema para definir este país, sin duda sería algo así como que «hay que estar preparado, porque no sabemos por dónde va a venir la amenaza». El intento de solución para atenuar la preocupación es activar una alarma general, como un estado de emergencia nacional. La dificultad principal estriba en este caso en la imposibilidad de discriminar entre diferentes grados de amenaza, ya que se evalúan todas como posibles e igualmente catastróficas. Además, existe un intento de neutralizar la angustia mediante la búsqueda de soluciones. Por hacer una metáfora, es como intentar asomarnos a los posibles futuros para visualizar las posibles consecuencias de nuestras decisiones, o intentar adivinar las posibles complicaciones que se pueden producir.

En una escena de los *Vengadores: Infinity War*, el doctor Strange, ese mago narcisista y encantador, realiza un conjuro que le permite vislumbrar los posibles futuros, y les comunica a sus compañeros: «Viajé adelante en el tiempo para ver los futuros alternativos.

Vi catorce millones seiscientas cinco posibilidades. Solo ganamos en uno». Bien, eso es la ansiedad generalizada.

El proceso de pensamiento que alimenta este estado se denomina «rumiación de pensamiento». Esta expresión hace referencia a ese proceso interminable de masticación que se da en algunos animales, y donde vuelven a regurgitar el alimento que está parcialmente digerido para volver a masticarlo.

Preocupaciones de tipo 1 y tipo 2

Preocuparse es lo que viene antes de ocuparse de algo. Las respuestas que podemos recibir de nuestro entorno se enmarcan en los clásicos «Pues no te preocupes» o «Mejor piensa en positivo», que, como todos sabemos, suele ser la mejor ayuda para quienes están angustiados.

El problema de este tipo de frases es que están vacías; no aportan nada, y, de hecho, suelen provocar frustración en la persona por plantearle un doble problema. ¡Enhorabuena, ahora ya está preocupado por estar preocupado!

Adrian Wells, profesor de psicopatología en la Universidad de Manchester, desarrolló a mediados de los noventa los fundamentos de la llamada «terapia metacognitiva». Wells afirma que, más que el contenido de los pensamientos, los clínicos deberían enfocarse en cómo la persona está percibiéndolos. ¿Por qué algunos sujetos, ante una situación adversa, son capaces de mantenerse a cierta distancia de la situación mientras que otros generan síntomas ansiosos y depresivos? Según Wells, la clave estaría en cómo la persona está viendo su pensamiento, es decir, cómo están conformadas sus metacogniciones.

Definiremos la metacognición como el acto de razonar sobre el propio pensamiento, de tal forma que podemos tomar conciencia sobre los procesos de pensamiento y aprendizaje. La metacognición nos permite volver la atención y el foco sobre nuestras propias ideas. Por ejemplo, cuando una persona saca a relucir en una conversación que no es muy buena recordando fechas, en realidad está siendo consciente de las limitaciones de su memoria. Cada vez que pensamos que un pensamiento puede suponer una pérdida de control, estamos generando una creencia metacognitiva.

La preocupación que llamaremos «tipo 1» está sostenida por creencias que refuerzan positivamente la anticipación del posible peligro. El bucle de pensamientos se sostiene al considerar que la preocupación puede ser útil, a pesar de que la mayoría de las consecuencias que piensa la persona que padece TAG tienen una baja probabilidad de ocurrir. Sin embargo, la baja o nula ocurrencia del objeto de temor no tiene por qué eliminar la preocupación, ya que la persona genera una explicación alternativa concluyendo que «no ha ocurrido porque se ha preocupado».

Lo malo de prepararnos para lo peor es que hay escenarios infinitos, porque recordemos que no estamos jugando con la realidad, sino con esa máquina de proyección que llamamos imaginación. La imaginación siempre termina ganando a la realidad para lo bueno y para lo malo, porque la realidad tiene límites, pero la imaginación es como jugar a un juego sin reglas, donde todo es posible. La mayoría de las consecuencias que piensa la persona que padece TAG tienen una baja probabilidad de ocurrir, pero la preocupación aparece por mínima que sea la posibilidad. Este estado de ansiedad que genera la preocupación, en el fondo, es una creencia de que podemos mantener todos los factores bajo control. Además, el hecho de que no ocurra lo que tememos encuentra su justificación en la fórmula: no ha ocurrido porque me he preocupado.

La preocupación en este caso no es una anticipación simple de los problemas, sino que tiene otros componentes:

- **La ramificación,** es decir, la cadena de problemas que añadimos al problema principal. Por ejemplo, si vamos a suspender un examen importante, podemos abrir una ramificación de decepción de las personas que nos rodean, otra de un futuro académico arruinado para siempre y otra pensando que nos falta autoestima.
- **La focalización a futuro,** que se produce al desarrollar esa preocupación en el tiempo.

- **La catastrofización,** en la que imaginamos las peores consecuencias posibles.

Por otro lado, aunque la preocupación es una respuesta ineficaz en muchas ocasiones; en el fondo está muy premiada. Por ejemplo, si hemos cometido un daño a otro y estamos muy preocupados, es una manera de expiar nuestra culpa, o también la preocupación es sinónimo de interés socialmente hablando. Si de verdad nos interesa algo, pensamos que deberíamos estar enormemente preocupados por ello. De hecho, si decimos que alguien es despreocupado, no estamos hablando precisamente bien de él. Consideramos que muestra desinterés, es indolente o que es egoísta, ya que, si le importase lo más mínimo algo, estaría preocupado.

Las metacogniciones de tipo 1 serían aquellas que se mantienen a través de las creencias positivas acerca de las preocupaciones. A continuación incluimos algunos ejemplos:

- «Preocuparse disminuye o neutraliza la posibilidad de que ocurra aquello que tememos». Esta creencia se ve reforzada al pensar que, ante la incertidumbre, es mejor estar preocupado, porque nos da una alternativa de acción. En un principio, es un intento de reducir nuestra ansiedad, como hemos apuntado en el apartado de soluciones intentadas; es percibido como una solución mejor que no hacer nada. Además, puede estar subyaciendo una idea supersticiosa y mágica: «Mientras lo pensemos, entonces no ocurrirá»; si nos fijamos bien, es una manera de tener vigilada la catástrofe.
- «Preocuparse es una manera de conseguir mejores resultados». No tiene por qué ser esta una metacognición errónea, ya que, en teoría, a mayor preparación, mejores pueden ser los resultados de una acción. Sin embargo, esto no siempre es así, y en ocasiones la excesiva preparación puede jugar en nuestra contra, y además la cantidad de esfuerzo que dedicamos a algo no tiene por qué ser proporcional con el resultado final que vamos a obtener.

- «Preocuparse es una señal que indica que algo nos importa». Preocuparse puede significar que no queremos sufrir un castigo, o que no queremos sufrir una serie de consecuencias, pero no tiene que ser un indicativo de que algo nos importa realmente.

Los pensamientos tipo 2, en cambio, aparecen cuando el objeto de las preocupaciones son las preocupaciones mismas. Las creencias metacognitivas que acompañan a los pensamientos de tipo 2 podrían ser las siguientes:

- «La preocupación va a terminar produciéndome algún tipo de daño».
- «Si sigo preocupándome de esta manera, voy a perder el control».
- «Debería dejar de estar tan preocupado si no quiero agravar mi situación».

Como podemos observar, un nuevo tipo de creencias hace su aparición, y están orientadas a intentar que no hagamos algo. Si recordamos el capítulo de los caminos de la ansiedad, la intención paradójica suele tener como resultado lo contrario a lo que se pretende.

El acto de pensar no es peligroso en sí mismo, un pensamiento no quema el sistema nervioso, no nos obliga a hacer cosas, no tiene vida propia, no es capaz de predecir el futuro. Sin embargo, las personas terminan considerándolos casi como entes con vida propia que pueden dañarnos si permanecen mucho tiempo en nuestro foco de atención.

La hipocondría

Para tratar de entender el trastorno hipocondriaco, debemos entender que mostrarnos interesados por nuestra salud y preocuparnos por si tenemos una falta de esta, desarrollando ciertos hábitos y suprimiendo otros, es una práctica que resulta beneficiosa para todo organismo. Pero ¿qué sucede cuando estas preocupaciones se convierten en aspectos centrales de nuestra vida? ¿Los hábitos que desarrollamos resultan tan saludables? Seguramente que todos o casi todos hemos escuchado alguna vez la palabra «hipocondría», ya que es uno de los términos médicos que se han ido extendiendo al uso coloquial. Sin embargo, ¿conocemos las implicaciones que ello conlleva? ¿Hasta qué punto la creencia de la presencia de signos de enfermedad puede condicionar las emociones y la vida de una persona?

En primer lugar, resultaría interesante aclarar ciertos términos que implican la relación mente-cuerpo que quizá nos puedan parecer similares o que, aun creyendo que son diferentes, no sabemos exactamente en qué se distinguen:

a) La palabra «psicosomático» hace referencia a un proceso psicofisiológico (proveniente de la relación mente-cuerpo) en el que una enfermedad física diagnosticada por procedimientos médicos puede estar influida, mantenida o incluso agravada por factores psicológicos, como puede ser el caso de una úlcera péptica, asma bronquial o colon irritable (aunque no necesariamente se tiene por qué dar un proceso psicosomático en este tipo de dolencias, en muchos casos es así).

b) Sin embargo, cuando hablamos de somatización, estamos refiriéndonos a una queja física que ocasiona malestar en la persona que la padece, en ausencia de causas orgánicas que la expliquen; es decir, la persona se queja de determinadas dolencias, que son reales, pero para las cuales no hay hallazgos biológicos que puedan aportar un diagnóstico médico, por lo que se prejuzga la participación de factores psíquicos.

c) En el caso de la hipocondría, no existen síntomas físicos, o, si los hay, son leves. Más bien la cuestión se centra en las preocupaciones y miedos que desarrolla la persona por padecer una enfermedad grave a partir de la interpretación personal de alguna sensación corporal u otro signo que aparezca en el cuerpo.

A menudo, cuando existe una señal o un síntoma en nuestro cuerpo, se trata de una sensación fisiológica normal, una disfunción benigna o un malestar corporal que no se considera generalmente indicativo de enfermedad (como pueden ser los eructos o el flato). No obstante, las personas hipocondríacas tienden a interpretar este tipo de signos físicos —aparición o crecimiento de lunares, toses, aceleración del ritmo cardiaco, pequeñas heridas o movimientos musculares involuntarios— como principios de lo que puede ser una enfermedad grave. Estas explicaciones que se da a sí misma la persona se toman como verdaderas, por lo que se generan sentimientos intensos de angustia que pueden llegar a interferir en su funcionamiento vital.

¿Qué diferencia hay entre preocuparnos de forma razonable por nuestra salud y la hipocondría? Lo primero y más importante es cómo las personas encaran los problemas de salud. Así, en el trastorno de ansiedad por enfermedad, estas:

- Se preocupan tanto por la importancia de la consecución de salud que, paradójicamente, el concepto de salud desaparece para centrarse de forma excesiva, llegando a límites obsesivos, por el propio cuerpo y por la idea de padecer diferentes enfermedades.
- Las personas con trastorno hipocondriaco invierten mucho tiempo a lo largo del día pensando acerca de síntomas, salud y enfermedad y sus consecuencias, casi de forma circular o imaginando una y otra vez el mismo final catastrófico.
- Cuando aparece una afección médica diagnosticable (que no tiene por qué ser la que imagina el individuo) o existen riesgos de padecerla por antecedentes familiares, la ansiedad y las preocupaciones que la persona muestra son claramente excesivas y desproporcionadas a la gravedad de la enfermedad. Incluso se alarman fácilmente con noticias o anécdotas ajenas a ellas relacionadas con la enfermedad.
- Como están extremadamente pendientes de signos de enfermedad, su vida gira en torno a ello, poniendo más atención a las posibles consecuencias negativas y desestimando la importancia de los aspectos más saludables de sí mismos y de su vida.

En cuanto a comportamientos que la persona desarrolla para paliar esta ansiedad que le provoca la idea de enfermar, pero que a su vez ayudan a mantener el trastorno hipocondriaco, y las posibles consecuencias que estos pueden llegar a desarrollarse, estos son:

- Observan y chequean su cuerpo numerosas y repetidas veces, y si descubren algo que valoran como extraño, su tendencia será valorarlo como una señal catastrófica.
- Investigan en exceso sobre la posible enfermedad a través de diferentes fuentes: numerosas consultas en internet, repetidas visitas a los centros de salud y hospitales, etc., en busca de una respuesta que confirme sus sospechas. La mayoría de las personas que se deciden a acudir a las consultas médicas reciben una amplia pero insatisfactoria atención, dado que, si los profesionales no encuentran un diagnóstico que certifique problemas de salud, no suelen quedarse conformes y acuden a otros médicos. Esta actitud deteriora su relación con ellos, y aumenta su propia frustración y la focalización de la atención hacia la enfermedad, lo que a su vez eleva su ansiedad.
- La enfermedad se convierte en un tema frecuente en el discurso social y en una respuesta característica ante los eventos estresantes de la vida de la persona.

Con el paso del tiempo, las personas con trastorno hipocondriaco llegan a asumir el rol de enfermo, por lo que las personas de su entorno más cercano suelen brindarles atención continuada e incluso desarrollan hábitos sobreprotectores con tal de que se sientan mejor; a su vez, los hipocondriacos se tornan dependientes, situación que, mantenida en el tiempo, puede dar lugar a tensiones y conflictos en sus relaciones.

Todos estos pensamientos y hábitos hacen que las personas con trastorno hipocondriaco pasen por diversos estados emocionales, entre los que se incluyen sentimientos de frustración, intenso miedo, indefensión, desconfianza, resignación, tristeza, culpa... Además, el individuo puede sufrir otros procesos de larga duración, como depresión o ansiedad, cursando de forma paralela con las preocupaciones hipocondriacas. La atención continuada y exhaustiva de las propias sensaciones negativas llega a hacer que la persona abandone el interés que le supone lo que vive y que disminuya o cese su actividad, por lo que puede resultar un problema que anule la identidad del individuo en un momento dado.

A efectos prácticos

Si entendemos la preocupación como un proceso y no como una forma de ser, tenemos que comprender que es una solución que aplicamos para mantener el control o, por lo menos, la sensación de que tenemos control sobre algo. Y además consideramos que, si perdemos el control, las consecuencias van a ser catastróficas. Porque, recordemos, el cerebro humano está constantemente preparándose para los peores escenarios.

Podríamos considerar la preocupación como un laberinto al que es fácil entrar, pero del que es muy difícil salir. Así que lo primero que tenemos que trabajar son las puertas de entrada a ese laberinto. Es como hacer una dieta: no debemos hacerla con el plato delante, sino cuando vamos al supermercado. Sabiendo esto, es mejor no comprar cosas por si acaso vienen visitas, porque luego será muy fácil sucumbir a la tentación.

Vamos a identificar esas puertas de entrada como pensamientos gatillo. Poder ser conscientes de estas puertas de entrada nos ayudará a no enredarnos desarrollando esas realidades alternativas. Se trataría de verlos como un enunciado al que no tenemos por qué hacer caso, aunque no podamos evitar que esté ahí. La práctica en la identificación y desactivación de los procesos de rumiación es uno de los factores clave para el tratamiento del TAG.

La rumiación es un proceso que suele ir de menos a más:

normalmente empieza por un pensamiento, una pregunta concreta, y con los procesos de ramificación, focalización y catastrofización, la atención en torno a ese pensamiento se amplifica. Después se mantiene al ir añadiendo más y más preocupaciones, al igual que una hoguera se mantiene al ir añadiendo leña.

Por ejemplo, tengo un dolor en el costado. ¿Y si es cáncer? Esta puerta de entrada me lleva a visualizar las pruebas que me van a tener que hacer, así que tengo que resolver los tacs, las resonancias, y cómo van a ser. Luego, en mi imaginación, el médico me dice que, efectivamente, tengo un cáncer, pero puede ser benigno o incurable. A continuación, me voy a tener que tratar con quimio, ¿y cómo se lo digo a mis hijos? ¿Somos conscientes de la cantidad de problemas que hemos tenido que resolver por no haber sabido de la existencia de esa puerta de entrada?

Una alternativa es enseñar a nuestros clientes la defusión cognitiva, o la capacidad de observar los pensamientos como tales sin añadir la creencia de realidad. Los pensamientos son pensamientos, las emociones son emociones, pero no tienen criterio de verdad, sino de especulación. Que yo crea algo, por ejemplo, que soy un inútil, no me transforma en inútil, porque eso es solo una creencia.

Durante mucho tiempo, los seres humanos han intentado liberarse de la mente, intentando precisamente no tener que estar siguiendo esas elucubraciones constantes. Es lo que en el budismo llaman la «mente del mono», de la que hablaremos más adelante. Quizá lo importante no es tanto que ese ruido de mi cabeza se aplaque, sino que lo que estoy escuchando todo el tiempo sea un ruido más. ¿Qué aspectos pueden ser importantes para no engancharse a este proceso de rumiación?

- Identificar esos pensamientos gatillo, reconociendo su estructura y forma.
- Cuando detectemos el bucle, dar siempre un paso atrás y enfocar la atención no al contenido del pensamiento,

sino a su función. Por ejemplo, si descubrimos que estamos enganchados con una discusión que acabamos de tener, y reproducimos una y otra vez el contenido o las frases, trataremos de enfocar: «¿Para qué mantengo ese tipo de pensamiento en la cabeza?, ¿de qué me sirve?, ¿qué quiero resolver en realidad?».

- Si descubrimos que no somos capaces de separarnos del pensamiento, podría ser interesante el cambio de foco. «De acuerdo, voy a seguir manteniendo este tipo de pensamiento, pero además quedo con unos amigos, o me voy a correr». No caemos en la vieja trampa de que tenemos que resolverlo para continuar con nuestra vida, porque la vida sigue, aunque se tengan esas rumiaciones.

- Estar atentos a los ambientes, las noticias, que disparan los pensamientos. Es como hacer dieta y decidir no pasar cerca de la panadería si tenemos hambre.

- Recordar que no debemos cuestionarnos los pensamientos, sino las metacogniciones de tipo 1 y 2 que hemos creado alrededor de ellos, realizando otras afirmaciones. Por ejemplo:

    - Puedo estar preocupado y continuar con lo que estaba haciendo.

    - No tengo que estar preocupado para obtener los resultados que deseo.

    - Puedo no obtener los resultados que deseo y, aun así, ser capaz de aceptar aquellas cosas que no he podido cambiar.

    - Es posible dejar cosas sin resolver o aceptar resultados diferentes de los que espero o esperan.

    - Preocuparme no va a hacerme perder el control, sino que mantendrá mi atención mientras siga considerando que es prioritario, catastrófico e importante.

Trastorno obsesivo compulsivo (TOC)

Si para la ansiedad generalizada la solución intentada más frecuente es la preocupación, en este caso el núcleo del conflicto se encuentra en la reaseguración. El TOC tiene un componente mayor de pensamiento mágico que el TAG.

El trastorno obsesivo compulsivo es una manifestación de ansiedad que afecta, aproximadamente, al 1 % de la población. Como su nombre indica, se caracteriza por la existencia de dos componentes principales:

- Las obsesiones pueden ser pensamientos, ideas, imágenes o impulsos recurrentes y persistentes. Son vividas como involuntarias y producen inquietud, aprensión, preocupación o temor. Se experimentan como invasoras de la conciencia, y es común que tratemos de ignorarlas o suprimirlas, muchas veces sin éxito. Es entonces cuando entran en juego las compulsiones.
- Las compulsiones son pensamientos o conductas repetitivas y estereotipadas cuya principal función es reducir la ansiedad provocada por la obsesión. Mediante ellas se intenta evitar algún acontecimiento futuro asociado a las obsesiones, aunque el sentimiento más profundo es el de resistirse a llevarlas a cabo, ya que se reconoce su falta de sentido. Suele ocurrir que, con el paso del tiempo, se necesiten cada vez más repeticiones para reducir la ansiedad. De esta forma se crea un círculo vicioso, puesto que, aunque en un principio se obtiene una reducción inmediata del malestar, finalmente se refuerza la dinámica del comportamiento.

Vamos a poner algunos ejemplos de cómo se relacionan las obsesiones con las compulsiones:

- En un TOC de limpieza, la obsesión es la posibilidad de contaminarnos si tocamos algunas superficies, y la compulsión puede ser lavarnos las manos cada vez que entramos en contacto con el pomo de la puerta o el apoyabrazos de un sillón.

- En un TOC de verificación, el miedo viene por realizar alguna omisión que pueda desembocar en un desenlace catastrófico, como dejar el grifo abierto, las luces encendidas o no cortar el gas. La compulsión es comprobar una y otra vez que no se ha omitido nada.

- En un TOC de orden, la obsesión reside en algo terrible pueda sucederme a mí o a mis seres queridos si no realizo un ritual en el que todo está simétricamente ordenado. Por otro lado, la compulsión es colocar de manera meticulosa las cosas para que no se cumpla esa maldición que temo.

- En una fobia de impulsión, el miedo se centra en cometer actos violentos o moralmente reprobables que atenten contra mí o contra otros que no puedan defenderse. La compulsión es comprobar si ese pensamiento está o no, e intentar eliminarlo de la cabeza.

- En un TOC sexual, las personas sienten ansiedad por si descubren que tienen una orientación sexual distinta a la que poseen, o que puedan tener imágenes mentales con un contenido perverso. Al igual que la fobia de impulsión, la estrategia viene por intentar no tener ese tipo de pensamientos. En el TOC religioso pasa algo parecido. Las personas temen realizar algún acto que atente contra los preceptos morales de su fe, y la compulsión puede ser la de rezar para expiar la culpa.

- En un TOC de acumulación, se sufre un miedo a la escasez, a no tener cosas que algún día puedan necesitarse, y la compulsión se traduciría en acumular.

Si en el mundo de la ansiedad generalizada la clave está en la anticipación y la preocupación, en el TOC hacemos énfasis en la duda. La duda es uno de los elementos más importantes que tenemos. La ciencia que conocemos nació a partir de la duda. Bertrand Russell decía: «En todas las actividades es saludable, de vez en cuando, poner un signo de interrogación sobre aquellas cosas que, por mucho tiempo, se han dado como seguras». Nuestra relación con la incertidumbre es obligatoria y necesaria; sin embargo, el problema surge cuando no mantenemos una relación adecuada con ella.

Así que podríamos plantear que lo malo no es dudar, sino que las dudas no nos lleven a ninguna parte o, peor aún, que nos atrapen impidiéndonos vivir la vida que queremos.

Quienes sufren alguna obsesión no sienten que han elegido ese pensamiento, sino que lo perciben casi como una imposición externa. Esto es lo que llamaríamos «pensamientos intrusivos»: ideas o imágenes no deseadas que aparecen en contra de nuestra voluntad.

Los neurocientíficos afirman que al menos el 50 por ciento de nuestros pensamientos son espontáneos, y aparecen ante hechos como soñar despierto o en situaciones donde la mente vaga de forma errática. Esta actividad se da gracias a lo que llamamos la «red neuronal por defecto», esto es, un conjunto de estructuras que permanecen activas incluso cuando no parecemos participar en actividades conscientes.

Dichos pensamientos pueden ser neutros al no tener una carga emotiva, como aquella canción del verano que odiamos, pero reproducimos en nuestra mente en bucle a todas horas. No obstante, el asunto se complica cuando la carga emocional de ese pensamiento elicita emociones aversivas como el miedo, la culpa o la vergüenza. Esto, como ya sabemos, genera un deseo inmediato de librarse del pensamiento, con el consabido resultado de ser una enorme fuente de frustración para la persona.

Conviene distinguir en este punto la diferencia que se da entre una duda normal («¿Qué cenaré esta noche?») y una duda obsesiva («¿Y si no he cerrado bien el gas y me explota la casa?»).

- Las dudas normales se dan dentro de un contexto y una realidad contrastables. Las personas generamos una serie de hipótesis; esas hipótesis se pueden validar o invalidar, y para saber si son válidas recopilamos pruebas, hechos y evidencias. Podríamos decir que esos hechos, a través de la observación empírica, son los que nos van a decir si esa hipótesis es válida o no.

- Las dudas normales se resuelven rápidamente una vez se obtiene la información necesaria para ello, ya que, dentro de la duda TOC, solamente es concluyente la compulsión para eliminar la duda.
- Las dudas normales desaparecen una vez que la persona cree haber hecho lo necesario desde un punto de vista lógico, usando el sentido común.
- Las dudas obsesivas excluyen la evidencia desde el momento en el que van más allá del contexto adecuado y la realidad contrastable.
- Las dudas obsesivas aumentan conforme se piensa más en ellas. Y esta es una característica muy importante que nos indica el tipo de pensamiento que estamos manejando.
- En las dudas obsesivas, la persona nunca sabe exactamente lo que busca. Siempre es un «quizá» general.

Aprender a distinguir entre ambos tipos de dudas nos ayudará enormemente en nuestro proceso, ya que lo que falla en alguien con TOC es el establecimiento de una lógica que funciona de manera distinta a la lógica ordinaria, aunque el raciocinio en el resto puede estar perfectamente conservado.

Un concepto que ilustra bastante bien este hecho es la metáfora de la dieta mental. Imaginemos que podemos asemejar los pensamientos a la comida. Normalmente, no podemos impedir tener en nuestra calle un restaurante de comida rápida que arruine nuestra dieta, pero sí podemos elegir entrar y alimentarnos en él. Tenemos apetencia por las comidas con alto contenido calórico y ricas en grasas por la misma razón que nos atraen los pensamientos que nos hacen creer estar en peligro. Una hamburguesa es un alimento que promete darnos combustible en caso de amenaza, mientras que el pensamiento de estar en peligro nos augura salvarnos la vida. Son estímulos muy difíciles de ignorar, dado que estamos programados para ello. Sin embargo, parte de la clave consiste en entender cómo funciona el mecanismo TOC para poder ir más allá de la programación. Como vemos, la ansiedad no desaparece, sino que aprendemos a colocarla en un lugar adecuado.

Vamos a plantear una serie de preguntas a modo de filtro:

- ¿La duda tiene lugar a través de la información directa y en un contexto apropiado?
- ¿La duda se resolverá una vez que obtenga la información necesaria para ello?
- ¿La duda se basa en el sentido común?
- ¿La duda excluye el uso de los cinco sentidos?
- ¿La duda aumenta conforme pienso en ella?
- ¿Sé exactamente lo que estoy buscando?

Las dudas obsesivas tienen un punto crucial en el que la persona con trastorno obsesivo compulsivo siempre se tiene que fijar, y es que nunca están basadas en el aquí y ahora de la persona, sino en la posibilidad.

¿Es posible un ataque extraterrestre a gran escala que acabe con la civilización? Parecer ser que posible es; sin embargo, no suele quitarnos el sueño porque no consideramos que sea muy probable.

Entonces, si seguimos este modelo teórico, nos damos cuenta de que todas las obsesiones que pertenecen al TOC, sea cual sea el contenido obsesivo, no están basadas en el aquí y ahora.

¿Cuál es problema de basarme en posibilidades, es decir, de basarme en la imaginación? Pues que la imaginación no tiene límites y entonces tenemos un problema, porque tiramos del hilo, y como el hilo es imaginario, es posible que nos pasemos la vida tirando, de modo que podemos inventarnos infinitas consecuencias negativas, tantas como imaginación tengamos.

Pero la cuestión es que todas esas consecuencias están basadas en la imaginación, en un mundo paralelo a la realidad. Por lo tanto, estamos hablando de dos mundos diferentes: por un lado, mi mundo real, donde ocurren determinadas cosas y puedo percibirlas con mis cinco sentidos; por otro lado, mi mundo de la imaginación, donde solo me baso en que casi cualquier cosa podría ser posible. Hablamos de dos mundos paralelos y, como en todos los caminos paralelos, pasan cosas que no se cruzan, y esto explica por qué no tiene sentido que hagamos compulsiones.

A efectos prácticos

Actualmente existen dos caminos complementarios que pueden ayudar enormemente en el trabajo con los pensamientos obsesivos:

- La terapia de prevención de respuesta, en la cual se intentan reducir o extinguir las compulsiones que realiza la persona para aliviar el estrés. Es una técnica parecida a la exposición en vivo, solo que el objeto de temor en este caso son los pensamientos. Si nos fijamos bien, lo que mantiene las obsesiones es la creencia de que no podremos tolerar esa sensación, y que solo seremos capaces de reducir la ansiedad si se realiza una compulsión. Sin embargo, empezar a trabajar en la tolerancia a las sensaciones mediante la aceptación o la defusión cognitiva, que son técnicas que aprenderemos más adelante, nos permite restaurar la sensación de control interno.
- La terapia basada en la inferencia. Sara Llorens ha participado en varios programas con nosotros, y es una de las mayores especialistas en TOC que conocemos. La terapia basada en la inferencia trata de proporcionar al paciente una especie de triaje, como el que se da en las urgencias de un hospital. El triaje es una herramienta que intenta separar los casos que requieren asistencia médica inmediata de aquellos que se consideran de menor gravedad. También distingue aquellos casos en los que se puede realizar una intervención de los que desgraciadamente no es posible. La terapia basada en la in-

ferencia pretende entrenar precisamente al paciente en este sentido, para que aprenda a distinguir entre las diferentes probabilidades de ocurrencia, y no se enrede con todos los pensamientos, de tal forma que aprenda cuáles hay que procurar no alimentar.

Otro elemento que podremos trabajar afecta sobre todo a aquellos TOC que tienen un alto voltaje moral. Es decir, cuando el individuo se juzga por tener determinados pensamientos o por no tener otros que sí debería tener para ser una buena persona. Aparece sobre todo en los casos de fobias de impulsión.

Fobias de impulsión

Las fobias de impulsión, un tipo especial de TOC, son un intenso temor a determinados pensamientos que puede llegar a tener el sujeto, como el miedo a la pérdida de control del propio cuerpo o a volverse loco en un momento dado; esto nos puede estar sucediendo cuando pensamos que, a causa de perder el control, física o mentalmente, podemos llegar a hacer algo de forma repentina que resulte ser tremendamente grave o irreversible, como hacer daño a otras personas con las que estamos, empujar a alguien a la carretera o vías de tren, saltar al vacío desde un balcón o lugar elevado... Los pensamientos creados son muy intensos y, además, moralmente muy fuertes, de modo que quien los sufre puede llegar a creer que es una persona peligrosa o incluso una mala personas, pues hará daño a otras más indefensas que ellos. Pero es indudable, desde luego, que el individuo que sufre este tipo de miedos no tiene la intención de hacer nada, no desea en ningún momento que sucedan esos pensamientos que imagina. Estos miedos pueden ser:

- A hacer daño a otras personas con un arma, habitualmente cuchillos.

- A saltar o empujar a alguien por un balcón, a las vías del tren, a la calzada, etc.
- A hacer daño a su bebé, sobre todo se manifiesta el pánico a ahogarlo en el momento del baño.
- A atropellar a alguien intencionadamente mientras conduce un vehículo.

Así, la persona se debate entre unos pensamientos que la aterran enormemente, la mantienen especialmente alerta y además hacen que llegue a cuestionarse su propia moralidad. Existe una tensión constante creada ante la idea de que esto no llegue a suceder de ninguna de las maneras, y en muchos casos esto provocada que el ritmo diario habitual quede interferido por el miedo. Si esta situación se prolonga en el tiempo (y el miedo a la pérdida de control, o locura, y la evitación se dan con frecuencia), se puede producir una fobia de impulsión.

Puede que previamente hayamos visto u oído algún acontecimiento violento o descontrolado que le haya pasado a alguien (ya sea de nuestro entorno o desconocido; en primera persona, en la tele o en cualquier medio de comunicación...). Este acontecimiento lo asociamos a otros tipos de factores, lo que hace que nos planteemos: «¿Eso mismo sería capaz de hacerlo yo también en algún momento si perdiese el control?». De esta manera, se reúnen factores como una noticia impactante para la persona, una predisposición a la ansiedad por parte de esta y el hecho de cuestionarse recurrentemente si cabe la posibilidad de realizar esos comportamientos temidos, entre otros, para dar lugar a un miedo extremo a la pérdida de control y sus posibles consecuencias.

La reaparición de estas ideas estará muy ligada a momentos o periodos de ansiedad más elevados, en los que la persona, al estar más preocupada o nerviosa de lo normal, puede llegar a experimentar con elevada frecuencia e intensidad estos pensamientos de carácter obsesivo, incluso imaginando y viéndose a sí misma llevando a cabo la acción temida. La persona entra en una especie de círculo en el que, a raíz de poseer esos pensamientos e imaginaciones, se asusta y aterroriza por tenerlos, más aún si se suma la posibilidad de llegar a poder hacerlo, lo cual hace que aumente su ansiedad y, a la par, fortalezca la obsesión creada, intentando huir todavía más de todo lo que pueda llegar a ser un desencadenante.

La clave para entender bien este conflicto se da en el hecho de que la persona genera pensamientos de contenido egodistónico, es decir, que están alejados de sus valores y principios. No es realmente lo que la persona quiere hacer, pero confunde el hecho de que pueda tener ese tipo de ideas con que algo en ella esté mal. El cerebro, como hemos dicho, realiza simulaciones continuas, explorando posibilidades, pero eso no quiere decir que pretenda llevarlas a cabo. Trabajar este aspecto será importante, en general, para cualquier trastorno de ansiedad, como veremos.

Por lo tanto, decimos que una obsesión es de carácter egosintónico cuando las creencias que sostiene la persona van en sincronía con su personalidad. Por ejemplo, la hipocondría. En la hipocondría los individuos creen que deben estar preocupados por su salud porque realmente padecen o podrían padecer una enfermedad grave. Decimos, sin embargo, que una obsesión es de carácter egodistónico cuando las creencias que sostienen las personas van en contra de sus objetivos vitales, sus deseos, sus valores, sus principios o sus esquemas de vida.

Por último, hay que entender que la lógica TOC está basada en la literalidad y en la falta de flexibilidad cognitiva, aspectos que, sin duda, van a ser muy importantes en cualquier acción terapéutica que se precie.

La terapia de aceptación y compromiso es una de las técnicas que más ha trabajado este asunto. Consiste en abrirse a la experiencia de esos pensamientos, sensaciones y emociones sin hacer nada para que desaparezcan, ni intentar controlarlos o eliminarlos. La persona aprende que los pensamientos no son más que eso, pensamientos. El enfoque no está en modificar los contenidos de los pensamientos y corregirlos, sino en cambiar nuestra relación con ellos. Es decir, relacionarnos de otra manera con nuestros pensamientos, emociones, imágenes mentales, recuerdos y otros eventos internos. Esta relación distinta con nuestras experiencias internas hace que estas no se conviertan en un obstáculo para la vida que deseamos.

En esta terapia se trabaja la desliteralización, es decir, desmantelar o romper con los significados del lenguaje, sus funciones y su relación con las emociones. En el caso de las fobias de impulsión, el lenguaje interno que tenemos, los pensamientos obsesivos (por ejemplo, estás en el andén del metro cerca de otra persona y te asalta el pensamiento «¿Y si la empujo y la tiro a las vías cuando entre el convoy en la estación?») los interpretamos de forma literal, como si en realidad lo que estoy pensando fuese a suceder (cosa que no es así) y, además, nos lo creemos a ciencia cierta, considerando que las palabras son equivalentes a la realidad.

El estrés postraumático

Aquí volvemos a tener un trastorno cuyo principal mecanismo intentado es el de la evitación.

Sin duda, vivir implica experimentar la riqueza de existir, y durante ese camino atravesaremos por diferentes tipos de experiencias: a muchas de ellas no les prestaremos demasiada atención y pasarán desapercibidas, olvidadas por nuestra memoria porque no resultaron significativas; otras permanecerán en nuestro recuerdo porque nos cargan de gratitud, belleza, libertad... Pero, junto con estos recuerdos agradables, tendremos otros en los que las heridas del dolor y sufrimiento vividos pondrán a prueba nuestra capacidad de resiliencia. Hoy, todos sabemos lo duro que ha sido vivir una pandemia, y aunque cada uno le ha hecho frente como ha podido y con lo que tenía a su alcance, no ha dejado de ser una situación catastrófica que ha dejado secuelas psicológicas en una parte de la población, como el síndrome de estrés postraumático (TEPT).

¿Qué síntomas podrían desencadenarse en la persona a raíz de un evento traumático?

- La experimentación mental repetida y persistente del evento traumático, por ejemplo, mediante sueños, recuerdos intrusos o flashbacks. Se trata de pensamientos, sentimientos y conductas específicamente relacionados con el suceso que se viven como intrusivos, ya que no son deseados por la persona, y que hacen que tenga la sensación de que el acontecimiento traumático está ocurriendo en el presente. Estos episodios de reexperimentación mental pueden desarrollarse después de un periodo de meses o años tras el acontecimiento.
- La evitación constante de los estímulos asociados con el trauma y la disminución de la capacidad general de reacción vital, como la reducción del interés en actividades significativas o atravesar por un periodo de embotamiento afectivo. Los afectados tienden a evitar los lugares, las situaciones o personas asociados al hecho traumático, en un intento por conseguir un distanciamiento psicológico y emocional del trauma. Debido a lo desagradable que les resulta la reexperimentación del suceso traumático, también evitan recuerdos, pensamientos o sentimientos angustiosos que puedan tener relación.
- En los niños, los esfuerzos por evitar los pensamientos y sentimientos relacionados con el evento traumático suelen mostrarse a través de la pérdida de habilidades recientemente adquiridas, regresiones, temor a la oscuridad, evitar conversaciones respecto al suceso, eludir actividades en que aflore el recuerdo y una amnesia parcial o total.
- Niveles elevados y persistentes de activación fisiológica que no se vivían antes del trauma, experimentando síntomas como dificultades para conciliar o mantener el sueño, para concentrarse, ataques de ira, hipervigilancia o respuestas exageradas de sobresalto.
- En niños también se pueden desarrollar dificultades para conciliar el sueño, para terminar una tarea o cambios en relación con el manejo de la agresividad, mayor irritabilidad, incluso explosiones impredecibles o incapacidad para expresar sentimientos de rabia.

Todos los seres humanos, a lo largo de nuestra vida, en cierta medida nos enfrentamos a acontecimientos que nos pueden resultar traumáticos por el impacto emocional que experimentamos; vivir una pandemia es un buen ejemplo de ello. Entonces, ¿por qué unas personas desarrollan un síndrome de estrés postraumático, mientras que otras «simplemente» sufren esa situación abrumadora de estrés transitorio? Esto ocurre porque la reacción psicológica de cada uno dependerá, entre otras variables, de:

1. Las características de la situación vivida: de la intensidad del trauma y de las circunstancias del suceso.
2. Las diferencias individuales: la edad, el historial de agresiones, la estabilidad emocional anterior, los recursos psicológicos propios, la autoestima, el apoyo social y familiar, o las relaciones afectivas actuales con las que cuente la persona.

Todo ello influirá en el proceso de apreciación de lo sucedido, y cada persona tendrá diferente susceptibilidad al trauma. Existen autores que sostienen que la diferencia no radica tanto en el tipo de experiencia en sí, sino que el peso recae mayormente en cómo el individuo maneja la experiencia: quienes desarrollan un síndrome de estrés postraumático, sin ser conscientes del proceso, terminan organizando su vida en torno al trauma vivido; y lo que rige las dimensiones biológicas y psicológicas del síndrome es la persistencia de los recuerdos intrusivos y angustiantes, más que la experiencia del evento traumático.

La percepción que tenemos de nuestra vulnerabilidad es una cuestión central en el desarrollo del estrés postraumático, ya que las amenazas son percibidas como más peligrosas de lo que realmente son, por la cantidad de esquemas cognitivos empleados para hacer esa evaluación.

Sea como fuere, quienes desarrollan este trastorno viven el evento al cual se ha sobrevivido como una demostración de no haber sido capaces de haberse defendido ante el trauma, y por lo tanto quedan conectados casi de manera permanente con sentimientos de vulnerabilidad. Además, si los hechos potencialmente traumáticos son de origen humano, se basan en una relación de crueldad, de destructividad entre iguales, algo que desgarra el tejido de la confianza humana; así que una de las pérdidas más grandes que experimentará la persona es la capacidad de confiar en los demás seres humanos.

Una vivencia íntima y otra se juntan para afianzar una herida emocional importante que perdura en el tiempo, y tiene que ver con dos cogniciones disfuncionales básicas que intervienen en su desarrollo: que el mundo es completamente peligroso, incontrolable, y que uno mismo es del todo incompetente para manejarse en él.

A efectos prácticos

Cuando finalmente se deja atrás la situación traumática (en el tiempo), las personas se reintegran en una nueva forma de vida adaptativa en la que muchas veces tienen que lidiar con un panorama cargado de sobrecogedoras invasiones del presente por el pasado; invasiones de miedos y ansiedades, el entumecimiento de la conciencia y la negación, las reacciones de alerta y los flashbacks repentinos. Es un momento muy complejo para la persona porque las dos realidades que ha conocido (la de antes del trauma y la de después) suelen ser costosas de integrar, y también se pueden desarrollar fenómenos disociativos. Además, aunque en su momento pudiese ser victimizada, en su retorno al entorno social habitual, la propia persona a veces es atacada por la sociedad mediante actitudes de incomprensión, censura o reprobación.

Tengamos en cuenta que, en las experiencias dramáticas, las pérdidas pueden ser de muchos tipos: materiales, de la propia dignidad personal, de la confianza en otras personas, de creencias e ideales de toda la vida, y también pérdidas que implican el excesivo sufrimiento personal. Se trata de mucho más que la pérdida de la dignidad; es la pérdida de la integridad del propio yo, de la propia persona.

Con todo esto, el camino hacia la recuperación será todo un

viaje en el que el individuo necesitará ayuda, especialmente de profesionales de la salud mental, acompañada de la colaboración en la comprensión del problema por parte de las personas de su entorno y todo el apoyo posible que estas le puedan brindar.

El trabajo personal en terapia tratará de identificar esa especie de defensa que la persona ha construido contra un dolor extraordinario, ayudarla a salir del estado de congelación o anestesia emocional en el que se encuentra, acompañándola en el proceso, para juntos llegar a conseguir la asimilación de la experiencia traumática. Porque, aunque pueda parecer paradójico a ojos del lector, resulta fundamental para la curación de la herida del estrés postraumático ser capaz de expresar su impacto emocional. Expresar el duelo hace posible que quienes han visto la cara más oscura de la realidad (y que los demás muchas veces nos esforzamos en ignorar) intenten volver a experimentar el sentimiento de confianza en otras personas, o en la naturaleza misma, y reconstruyan su vida más allá de esa experiencia abrumadora.

Ansiedad y depresión

Muchos de los casos de depresión que encontramos en la clínica tuvieron un comienzo en la ansiedad. Tras los intentos fallidos por intentar resolver el problema, y hallar serias limitaciones, desarrollaron una sensación de indefensión aprendida, de la cual hablaremos en apartados posteriores. Un trabajo realizado por miembros de la fundación universitaria Konrad Lorenz ha llegado a una serie de conclusiones que podrían resultar interesantes:

- Ansiedad y depresión comparten la característica común de presentar una baja sensación de control sobre el entorno de las personas y sobre sí mismas.
- La ansiedad puntuaría más alto en la baja tolerancia a la incertidumbre.

- La depresión, sin embargo, puntuaría más significativamente en el sentimiento de desesperanza.

¿Podríamos apuntar que, en muchas ocasiones, estamos hablando de diferentes etapas del mismo padecimiento? La aparente diferenciación entre ansiedad y depresión, que parecen polarizados en dos extremos como si se tratase de un continuo, es más difusa de lo que estamos dispuestos a aceptar. Lo que no podemos dejar de admitir es la enorme comorbilidad que se da en ambos diagnósticos. En algunos estudios, por ejemplo, se ha encontrado que el trastorno de ansiedad generalizada estaba presente en el 55,2 por ciento de los deprimidos, mientras que el trastorno de pánico se documentaba en el 33,8 por ciento.

El psicólogo estadounidense Aaron Beck, una de las figuras más influyentes en modelos cognitivos enfocados a estudiar la naturaleza de nuestros pensamientos, parte de la premisa básica de que en los trastornos emocionales existe una distorsión o error sistemático en la interpretación de la información. La manera en que procesamos la información que nos rodea nos conduce a una forma de sentir y actuar determinadas; sin embargo, también hay que tener en cuenta que el tipo de procesamiento erróneo que se da en personas con ansiedad o depresión, al igual que los demás síntomas, pueden ser producto de muchos factores, y, así, en las causas pueden estar implicados elementos genéticos, evolutivos, hormonales, físicos y psicológicos.

De cualquier manera, esa forma de procesar la información distorsionada o errónea es una parte esencial de los síndromes emocionales como la ansiedad o la depresión, y funciona como factor de mantenimiento de estos estados. Dirigimos nuestra percepción, codificación, organización, almacenamiento y recuperación de la información del entorno según nos encaje con lo que tenemos ya aprendido, mientras que la información inconsistente se ignora y olvida.

Así, en la ansiedad, la frecuente percepción del peligro y la posterior valoración de las capacidades de uno mismo para enfrentarse a tal peligro (que tienen un valor obvio para la propia supervivencia) aparecen sesgadas: se suele sobreestimar el grado de peligro asociado a las situaciones, mientras que se infravaloran las propias capacidades para enfrentarlo.

Los indicios de peligro se perciben de manera selectiva y se acentúan, mientras que las señales de seguridad se ignoran o minimizan; se piensa de manera dicotómica y absoluta sobre la peligrosidad de una situación (a no ser que una situación sea segura sin ningún asomo de dudas, se considera peligrosa), o resulta imposible distinguir entre los estímulos que señalan peligro y aquellos que indican seguridad. También percibimos de forma generalizada, de manera que interpretamos un gran rango de estímulos o situaciones como amenazantes, basándonos en datos consistentes con la percepción de peligro tanto de las experiencias pasadas como presentes. Por ello, automáticamente se anticipan posibles sucesos amenazantes y peligrosos, que, a menudo, se tornan en preguntas acerca del peligro presente y de las posibilidades futuras (los conocidos «¿y si...?»).

Por otro lado, en la depresión, y como vimos anteriormente, tras un suceso que supone una pérdida o un fracaso, la retirada temporal de todas las emociones o los comportamientos que no tengan que ver con la problemática, con el fin de conservar energía, tiene un valor de supervivencia. Sin embargo, en las personas depresivas aparece una distorsión en la interpretación de los sucesos que implica una pérdida o supresión. Estas valoran excesivamente esos sucesos negativos, los consideran globales, frecuentes e irreversibles, y muestran una visión negativa de sí mismas, del mundo y del futuro. Es esta serie de interpretaciones la que las lleva a retirarse paulatina y persistentemente de su entorno; un comportamiento que, dilatado en el tiempo, resta todo valor adaptativo a la conducta de retirada.

Si en la ansiedad el posible peligro es lo que está más presente, en el caso de la depresión el lugar central lo ocupa la autolimitación o reducción de la realidad percibida. Los esquemas que procesan la información de carácter negativo están más activos que aquellos que se usan para procesar la información positiva, así que la persona la tenderá a valorar la realidad desde un filtro de pérdida, fallo, rechazo, incompetencia y desesperanza, que la inducirá a retirarse de los acontecimientos y conservar energía en respuesta a una negatividad que, para ella, lo invade todo.

Las reglas de pensamiento en la depresión, aunque también se encuadran en un formato condicional, son absolutas, ya que presuponen la fatalidad del resultado, por ejemplo, «Si fracaso, en parte significa que siempre seré un desastre».

En la depresión se atiende selectivamente y se magnifica la información negativa, mientras que se ignora o minimiza la positiva, desechando acontecimientos externos novedosos, o incluso cuando los acontecimientos negativos que la provocaron son ya más manejables. Los errores y fallos se atribuyen directamente como propios de la persona que los comete, como algo que la define, y sus efectos negativos se exageran y sobregeneralizan. De esta manera, las valoraciones negativas terminan siendo globales, absolutas y frecuentes, orientadas al pasado como si esos errores o fallos viniesen predeterminados y contra lo que uno no puede hacer nada.

Alguien que esté experimentando depresión, en lo que dura ese periodo, experimenta casi todos los días ciertos síntomas, desequilibrios con respecto a su funcionamiento habitual, que pueden abarcar áreas tan distintas como el sueño, la alimentación, el afecto, la manera en la que funciona cognitivamente u otras funciones neurovegetativas:

- Puede haber perdido peso sin hacer dieta, con la sensación de que se tienen que esforzar para comer a causa de la disminución del apetito o, por el contrario, haber ganado peso por un ansia de ingerir ciertas comidas, como dulces o carbohidratos.
- También puede afectar al sueño, y sufrir frecuentemente episodios de insomnio o, por el contrario, que la persona duerma muchas más horas de lo que solía resultarle reparador anteriormente.
- Es posible que el individuo se sienta inquieto, incapaz de sentarse, yendo de un lado a otro, agitado o, por el contra-

rio, se muestre enlentecido tanto en su discurso o pensamiento como en movimientos corporales.

- La fatiga o pérdida de energía sin llevar a cabo importantes esfuerzos físicos suele estar presente casi todos los días. Incluso las tareas más pequeñas pueden conllevar un esfuerzo considerable para la persona.
- Le suelen acompañar sentimientos de inutilidad o culpa de forma excesiva, utilizando autorreproches sobre su propia valía constantemente y rumiando pequeños errores del pasado. Los acontecimientos neutros o triviales se pueden vivir como si fuesen pruebas a sus propios defectos personales, un funcionamiento que merma la autoestima.
- Quizá pueda haber percibido dificultad para concentrarse, pensar con mayor claridad o para tomar decisiones. Los afectados se quejan de problemas de memoria y de que se distraen con facilidad.
- En algunas personas la depresión puede llegar a manifestarse en formas más graves a través de pensamientos recurrentes de muerte. No solo hablamos de miedo a morir, sino que pueden surgir periódicamente ideas suicidas sin un plan determinado, o pensar en un intento de suicidio o un plan para llevarlo a cabo.

5

Estudiando el contexto

Charles Mason y Jeremiah Dixon fueron dos topógrafos ingleses famosos por establecer la línea Mason-Dixon en Estados Unidos entre 1763 y 1767. Dicha línea conforma el límite de demarcación entre cuatro estados de ese país: Delaware, Maryland, Pensilvania y Virginia Occidental. En realidad, esta división supuso la demarcación de los estados del norte y los del sur (los abolicionistas y aquellos a favor de la esclavitud). La línea Mason-Dixon resultó ser todo un símbolo en la mente de la gente de la joven nación, y los nombres de sus creadores estarán siempre asociados a esa lucha y su asociación geográfica. Alrededor de esa línea no solo se establecieron separaciones geográficas, sino que se enmarcaron dos contextos culturales muy diferentes. Mark Knopfler, en su carrera en solitario, se inspiró en este hecho para componer su emblemática canción «Sailing to Philadelphia».

Cabe preguntarse qué clase de quimeras terminan conformando las fronteras, cómo siendo líneas imaginarias terminan condicionando tantos factores. De un lado a otro de una frontera se generan idiomas, caracteres, gastronomía. Es increíble la cantidad de diferencias que pueden llegar a esconder ambos lados de la línea.

Hemos recorrido ríos, escalado montañas. Conocemos ya los caminos y las estructuras que nos hacen perdernos en la tierra de la ansiedad, e incluso hemos visitado sus países. Pero todo conocimiento estará incompleto si no conocemos el contexto o los factores que lo condicionan. No vamos a enumerarlos todos, pero sí los más importantes. Intentemos pensar en esta sección como un parte meteorológico que nos indica cómo van a cambiar algunas realidades según el clima que haga, una descripción de los vientos que nos acompañarán en nuestro recorrido. Hablamos de aquellos factores que no se ven pero sí se notan.

Activación conductual

En trastornos de ansiedad de largo recorrido las experiencias pueden haberse limitado enormemente, de tal forma que la persona deja de realizar acciones que la estimulen. Su actividad se reduce a un territorio de supervivencia, que no permite generar recursos necesarios para afrontar los acontecimientos vitales más allá de la autoconservación. Es necesario, como muchas de las personas del centro nos comentan, «pasar de sobrevivir a vivir».

Podríamos utilizar la metáfora de la batería de un coche. Si tenemos un automóvil parado durante mucho tiempo, la batería se descargará porque esta se alimenta del funcionamiento del motor. El movimiento del motor genera, a su vez, el movimiento de la batería. Y siguiendo con la comparación, cuando dejamos de vivir experiencias cotidianas, nuestras expectativas y nuestra motivación se adaptan a la nueva situación. Uno puede dejar de desear, planificar o encontrar excitantes experiencias que antes resultaban serlo.

La paradoja es que se produce una identificación con la nueva situación como si hubiese cambiado una forma de ser, y, recordemos, lo que ha cambiado es una forma de estar. Ante este hecho, y aunque la técnica de activación conductual esté diseñada para la depresión propiamente dicha, hemos de recordar que con frecuencia la ansiedad lleva a estados de ánimo de apatía y falta de energía que bien pudieran pasar por un estado de ánimo depresivo.

En esencia, las técnicas de activación conductual intentan reducir el impacto de ese bucle de inacción, de apatía, introduciendo estímulos y actividades que hagan que esa batería desgastada comience a funcionar. El movimiento genera movimiento. Pero, claro, no es tarea fácil. Es como decirle a alguien que tiene fiebre que se levante de la cama y empiece a hacer cosas, o que se meta en una bañera de agua fría para reducir la temperatura corporal. Este símil de la fiebre puede ser muy esclarecedor para quien no tenga ansiedad, pues nos da una perspectiva de la sensación de impotencia por la que puede pasar alguien que sí la padezca.

Hay que entender que todo está relacionado con una estrategia de evitación. Al principio se trata de una evitación consciente para evitar aquello que se teme; sin embargo, poco a poco se produce un cambio hacia una sensación de imposibilidad, al instalarse la creencia de que las dificultades y los miedos forman parte de la estructura de personalidad. Por ejemplo, las personas con agorafobia se dicen que son cobardes o que no les gusta viajar, y quienes tienen ansiedad social se terminan describiendo como personas asociales. Casi siempre el miedo y el deseo forman parte de la realidad, y no son exclusivos. Se puede desear viajar y, a la vez, tener miedo a diferentes situaciones que se puedan presentar en el viaje.

La dificultad estriba en que la persona tiene en esos momentos una muy baja tolerancia a la frustración, y es muy fácil que se produzca un alto porcentaje de abandonos cuando empieza a realizar las actividades. Pero, por otro lado, si el individuo continúa inactivo, sigue alimentando su bucle de inactividad-apatía. Saber dosificar, recuperar espacios y volver a experimentar sensaciones placenteras nos permite activar circuitos de recompensa que llevaban tiempo cancelados. La activación de estos circuitos lleva a que se genere acción, que a su vez nos ayuda a encontrar sensaciones estimulantes.

Virginia Woolf escribió un ensayo fantástico en 1929 que tituló *Una habitación propia*. En él realiza una serie de reflexiones ante la pregunta formulada en algunas entrevistas donde se le pedía consejo acerca de lo que necesita una mujer para empezar a escribir. La respuesta es: «Para empezar, tener una habitación propia [...] era algo impensable aun a principios del siglo XIX, a menos que los padres de la mujer fueran excepcionalmente ricos o muy nobles». Woolf reflexiona sobre la necesidad de tener un espacio donde se puedan generar oportunidades para escribir; pero, si ampliamos el concepto, podemos entender que es necesario ganar experiencias para extraer material con el que crecer. Como iremos viendo en el capítulo 9, los seres humanos no desaprendemos, sino que adquirimos nuevos aprendizajes que pueden ser más relevantes y significativos.

¿Y si precisamente generar nuevas experiencias es lo que intentamos evitar? La ansiedad sigue una estrategia conservadora en la que lo nuevo siempre puede resultar una amenaza. No obstante, necesitamos lo nuevo para ampliar nuestra visión acerca de lo que nos está pasando. Si hasta ahora hemos empleado los mismos ingredientes para cocinar, no podremos generar alternativas para desarrollar otros sabores, y sin embargo los necesitamos. Necesitamos nuevos ingredientes para colocar las experiencias, los pensamientos y las creencias que experimentamos con la ansiedad. La inconsciencia implica hacer lo mismo una y otra vez y esperar resultados distintos, por lo que, si no ampliamos nuestra mirada, nuestra consciencia, siempre obtendremos resultados similares.

Otro de los errores en los que se suele caer es en la idea de que necesitamos encontrar motivación para empezar el movimiento. Sin embargo, nos encontramos con un problema similar al que describíamos con la batería del coche, pues no tenemos una base mínima para generarla. Así que, en determinados casos, el movimiento es el inverso. La palabra «motivación» proviene del latín *motivus*, que significa «causa del movimiento», pero, como veremos más adelante, la voluntad no es suficiente. Es necesario un plan sistemático como este, que contemple varios elementos del contexto.

Los otros

Las dinámicas familiares y de pareja durante la ansiedad

La naturaleza de la ansiedad puede complicar enormemente las ya complicadas dinámicas familiares y de pareja, ya que en la permanencia de la sintomatología ansiosa de la persona hay una frase desoladora: «Tú solo no puedes». Sentir que uno está solo, o que no va a poder recibir ayuda si la necesita, es lo que dispara todas las alarmas, así que el individuo va a desplegar todo tipo de recursos manipulativos para no tener que vivir esa experiencia.

«Él padecía claustrofobia, y ella, agorafobia. Era solo por eso por lo que fornicaban en los umbrales». Lo que transcribo es un microcuento de Mario Benedetti que ejemplifica hasta qué punto uno pierde la perspectiva sobre lo que quiere o no, y se ciñe a lo que cree que puede... o no. Había otra historia de Anthony de Mello, un jesuita que vivió en la India y recopiló cuentos populares, en la que contaba cómo un mago muy poderoso, que poseía un miedo extremo a la noche, había ordenado al Sol que se detuviera, para que pudiese llegar hasta un lugar sin que se fuese la luz. Un hombre que observaba no pudo evitar decir: «¿Y no habría sido más fácil que hubiese perdido su miedo a la noche?».

En el caso de la pareja podría suceder que este miedo transformase a sus miembros, y ambos se adhiriesen a un tándem cuidado-cuidador, que puede perjudicar seriamente la naturaleza de la relación. Por otro lado, en el caso de la familia, podría ocurrir que quien padece agorafobia se transformase en el enfermo crónico, y sus miembros, en los cuidadores, lo que generaría un entorno plagado de manipulaciones y culpabilidad. Veamos algunos puntos muy importantes, que deben ser necesariamente abordados.

La ansiedad ni es enfermedad ni es crónica, pero podemos hacer entre todos que sea así. En México dicen que, si a uno le llaman «caballo» una vez, que se enfade; si le llaman «caballo» dos veces, que proteste; pero, si le llaman «caballo» tres veces, que vaya poniéndose la silla. Así que la persona que la padece no es una enferma, pero podemos mirarla como una enferma, cuidarla como una enferma y tenerla en cuenta como una enferma.

Ni el enfermo está tan enfermo ni el sano está tan sano. Y si polarizamos esos papeles en la familia o pareja, terminarán sirviendo para justificar el trastorno. Así, por ejemplo, podemos achacar todas las desavenencias, o los conflictos, al hecho de que el otro está mal, y tenemos que darnos cuenta de que hay vida después de la ansiedad. Una parte muy importante del comportamiento ansioso es el de una necesidad obsesiva del control para mantenerse a salvo, y puede ejercer un enorme control sobre los miembros de la pareja o familia a través de sus síntomas. ¿Quién lleva el control?

William Fry, uno de los fundadores de la terapia sistémica, hablaba de que las fobias a menudo no protegen a las personas, sino que las reúnen. Hay un paciente, pero, en ocasiones, la ansiedad es compartida por diferentes miembros de la familia, o por la pareja. Es muy importante que entre todos reconozcamos la angustia de separación que se halla tras los síntomas de la familia o la pareja con ansiedad. La separación en algunos casos es vivida como muerte, sintiendo el alejamiento físico como alejamiento emocional. Muy a menudo se juega con un doble vínculo, como explicaba Giorgio Nardone, donde se le dan dos mensajes simultáneos a la persona:

«Yo te ayudo y te protejo porque te quiero».
«Yo te ayudo y te protejo porque estás enfermo».

Cuando el vínculo se basa en la segunda propuesta, estamos perpetuando la ansiedad, y la profecía termina por ser autocumplida.

Culpa, impotencia, enfado y miedo al cambio en el entorno

Las cuatro son reacciones naturales que se dan entre «los otros». El hecho de que aparezcan no quiere decir que estemos actuando erróneamente, ya que somos humanos. Lo importante es saber cómo gestionar estas emociones. El hecho de hacerlas tabú provoca más reacciones de culpa, impotencia, enfado y miedo al cambio.

A veces la persona se compara con la concepción del cuidador ideal que ni sufre ni padece, que siempre está apoyando, que no tiene intereses contrapuestos, que no le duele dar ni dedicar tiempo, que es abnegado, atento, y puede responder con eficacia e inteligencia a todas las situaciones que se presentan.

La culpa y la impotencia se presentan normalmente de forma

conjunta. Esto puede recordar un poco al polémico método Estivill que se aplica para conseguir que los niños duerman a sus horas (y molesten menos); si recordáis el método, básicamente consiste en dejar al bebé en la cuna y si llora, que llore. Luego, se permite que los padres se acerquen cada cierto tiempo con un osito o se asomen a la habitación y digan algo así como «Cariño, mamá te quiere mucho, pero tienes que dormir solito».

Lo malo de la sensación de culpa es que podemos ser manipulados y ceder a esa manipulación para no sentirla. Y lo que más ayuda a la persona es que no permitamos que la use para salvar su miedo. Esto, por supuesto, tiene un límite; no funciona que la arrastremos de los pelos ni que la hagamos sentir culpable por no hacerlo. Por ejemplo, las siguientes frases no ayudan nada:

«Eres un cobarde, no te has atrevido a hacerlo».
«Si te importásemos de verdad, lo harías».
«Tienes que echarle narices, eres un flojo».

Afirmaciones como estas acrecientan la sensación de culpa en la persona, con lo que se va a hacer más difícil la recuperación. La culpa lleva posteriormente, si no se maneja bien, a la sensación de desidia e indefensión.

La impotencia aparece cuando el contexto hace suya la ansiedad que siente la persona y no dejamos que la tenga el otro. O también cuando creemos que está en nuestra mano la salvación. Por ejemplo, imagina que tú eres muy bueno montando decorados, y que además te dedicas a ello. En ese caso, te recomendaría que hicieras los mejores decorados que supieras, pero recuerda que la obra la representa otro. Si no, corres el riesgo de sobrecargarte por hacerte cargo de tareas y funciones que no son las tuyas.

El enfado es muy habitual, y si prestásemos atención veríamos que una gran mayoría de los enfados están causados porque la persona no está actuando o trabajando como nosotros lo haríamos. Aun así, tenemos derecho a enfadarnos, pero se podría recomendar hacer del enfado algo provechoso, ya que puede servirnos, por ejemplo, para plantarnos ante una determinada situación en la que creamos que es importante no ceder, o darnos cuenta de las manipulaciones del otro. Podemos enfadarnos con la situación, pero dejemos la persona a un lado.

Las frases culpabilizadoras, de las que hablábamos antes, podrían aparecer cuando nos encontremos rabiosos, hayamos asumido una responsabilidad que nos sobrepasa, o consideremos que hayamos hecho un sacrificio que no queríamos hacer en un momento dado. Esto último es importante: no hagas cosas que no quieres hacer, o de las que no estés convencido, si no quieres generar más enfado hacia la persona.

Por último, el miedo al cambio suele darse entre diferentes miembros de la familia o pareja. En ocasiones, la persona con agorafobia podía resultar «cómoda» en algunos aspectos. Era una persona que pasaba tiempo en casa, se ocupaba de tareas que otros no querían hacer, no se iba a ir y abandonarnos. En fin, una persona para toda la vida.

Cuando los individuos cambian, y tienen alas, pueden usarlas o no, y eso puede hacer la situación menos cómoda. Por ejemplo, una paciente se encargaba de su madre, y todos los hermanos, a cambio, la protegían. Pero sucedió que, a medida que la persona descubría que podía hacer otras cosas, además de cuidar a su madre, empezó a demandar que los otros hermanos se ocupasen también de la situación, con lo que se generó un nuevo conflicto. Se puede producir un doble vínculo agorafóbico en las parejas o los familiares que piensan o sienten que las personas los abandonarán si llegan a curarse, así que, si hay mejoría, serán ellos los que tendrán miedo a quedarse solos.

Nos pasamos la vida hablando de la libertad; se hacen guerras, revoluciones, y deseamos que todos los seres de este mundo sean libres, pero la libertad también conlleva responsabilidades con uno mismo, y puede ser incómoda para uno mismo y para los que nos rodean.

Las crisis pueden ocurrir porque hay cambios en los papeles que cada uno desempeña en la pareja o en la familia. Así que el sistema tiene que adaptarse a esos cambios. «Crisis», repetimos, no tiene por qué significar «ruptura», sino «cambio» o «crecimiento».

Altibajos

Casi ningún proceso sigue un curso lineal ascendente. Lo usual es que aparezcan dientes de sierra en la progresión, y cómo manejemos estos picos no deja de ser parte del trabajo natural que debemos realizar.

Es común que las personas vivan su realidad de manera polarizada. Así, en sus expectativas iniciales, terminan curándose del mal que las aqueja, imaginan una vida feliz y sin complicaciones, como el que ha escalado una montaña y después no tiene que volver a subir. Cuando esas expectativas no se cumplen porque se encuentran con dificultades, o vuelven a sentir ansiedad, entonces sienten su progreso desmoronarse como un castillo de naipes, imaginan una vida de condena a una realidad impuesta desde la ansiedad, y asisten impotentes como espectadoras a los vaivenes de sus síntomas y desórdenes emocionales.

Toda esta visión ingenua de lo que es un proceso de ansiedad, con expectativas infladas y caídas al punto de partida, son el pan nuestro de cada día, así que no podemos pasar de largo en este punto y necesitaremos dedicarle un espacio.

Ahora bien, ¿por qué aparecen las recaídas por ansiedad? ¿Por qué llegamos hasta esta situación? Es muy frecuente que, cuando vemos que «ya estoy bien», se nos olviden las estrategias que nos ayudaron a solucionar el problema porque «ya no las necesito». Y en este punto es necesario recalcar una idea clave: las estrategias aprendidas nos van a servir siempre a lo largo de toda nuestra vida, no son una «muleta» temporal que utilizar solo en caso de emergencia. Por lo tanto, en la mayor parte de las ocasiones, básicamente, las recaídas se producen porque dejamos de utilizar las estrategias de afrontamiento aprendidas y volvemos a comportamientos previos al primer episodio. Y, después del primer episodio, es habitual que adoptemos una actitud negativa ante lo sucedido: «Otra vez he vuelto atrás, todo el esfuerzo que he hecho no sirve para nada, nunca conseguiré superar el problema...», lo cual puede facilitar que aparezcan nuevos episodios, retroalimentando el proceso («Si ya, total...»).

Pero tenemos una buena noticia: las recaídas por ansiedad son reversibles, se pueden solucionar. Basta con prever que puedan ocurrir (saber qué las desencadenan) y estar preparados de antemano con nuestras estrategias de afrontamiento para manejarlas de forma eficaz, o bien, cuando ya han ocurrido, darnos cuenta, analizar y aprender por qué han vuelto a aparecer nuevos episodios, no adoptar actitudes negativas y volver a utilizar las estrategias para prevenir los episodios que puedan surgir otra vez.

Un tropiezo no es una recaída: eso sería lo primero que deberíamos tener en cuenta. No podemos asegurar que no volvamos a experimentar ansiedad ante determinadas circunstancias; lo que sí podemos hacer es decidir qué vamos a hacer después de experimentarla. Y aquí necesitamos hacer un inciso porque la ansiedad permanece mientras tiene sentido. Quizá a estas alturas podamos rebatir indignados asegurando que la ansiedad no tiene ningún sentido ni lo queremos encontrar, pero intentemos profundizar un poco sobre esta premisa.

Un ataque de ansiedad, por ejemplo, no es algo físico, no es un paquete de instrucciones, síntomas y pensamientos que se disparan como cuando alguien ha ingerido un medicamento, sino que es una creación. Necesita del elemento peligro y la búsqueda de esa salvación; el sentido de la ansiedad es el de salvarnos, manteniéndonos cerca de la salvación y alejados del peligro. Pero ¿y si decidimos que no vamos a salvarnos?

Cuando alguien va a subirse en un avión, los momentos más angustiosos se producen antes de que cierren la puerta de la aeronave, cuando todavía se puede evitar la tormenta emocional que está a punto de desatarse. Una vez en el aire, poco se puede hacer para escapar, y curiosamente la ansiedad suele disminuir porque las estrategias de evitación no pueden tener demasiado efecto. La llama deja de tener combustible, y, si dejamos el tiempo suficiente, la intensidad de ese fuego disminuye hasta que solo quedan los rescoldos. La llama se reavivaría si de nuevo volvemos a reproducir el elemento peligro y el elemento salvación. ¿Cómo? Imaginando que debemos conservarnos y mantenernos vivos hasta el final del trayecto, como si tuviésemos que resistir a alguna fuerza irresistible.

A efectos prácticos

A continuación, presentamos una serie de puntos que hay que tener en cuenta:

1. **Tropezar no es recaer.** Nada nos exime de volver a sentir ansiedad o tener una crisis de pánico; sin embargo, es la actitud ante la ansiedad la que puede hacernos recaer. Tropezar puede pasarle a cualquiera, victimizarse, decir que nada puede hacerse, encerrarse y enfadarse con uno mismo o con el mundo, dañarse, pensar: «Otra vez igual», eso... no es algo inevitable.
2. Cuando estemos en una época en la que aumenta la ansiedad, no significa que no hayamos aprendido nada, sino que **aún nos quedan cosas por aprender.** A veces se cruza un río por un puente, otras hay que saber nadar o mantener el equilibrio entre las piedras.
3. Por lo general, **la aparición de nuevas crisis se relaciona con cambios,** vuelta a antiguas maneras de gestionar las relaciones, encontrarnos con situaciones familiares... Aprender a saber cuándo está cambiando el tiempo es útil para que la lluvia no nos coja sin refugio.
4. Cuando uno avanza en el proceso, se da cuenta de que **la ansiedad no es un enemigo sino un mensaje.** Párate y reflexiona sobre qué presiones has venido generando, qué pensamientos negativos estás creando, en qué has descuidado tu cuerpo, qué cosas estás evitando y necesitas enfrentar, qué emociones te estás guardando...
5. **Analiza si hay causas físicas detrás,** como cambios de medicación, anemias, hipoglucemias, alergias, agotamiento físico, cambios hormonales...

Hiperconectados

¿Son más frecuentes los trastornos de ansiedad en la época en la que vivimos, o simplemente se diagnostican más casos? ¿Cómo explicamos precisamente el aumento de diagnósticos? ¿Afectó la reciente pandemia al aumento de casos de ansiedad? ¿Nuestros estilos de vida actuales propician que aparezcan más trastornos en este sentido?

¿Qué nos ha enseñado sobre la ansiedad la reciente crisis de la COVID-19? Un reciente informe apunta a que los casos de ansiedad y depresión aumentaron un 25 por ciento durante la pandemia que se inició en el 2021. Las mujeres y los jóvenes fueron los más afectados. Una de las razones que proporcionaron los autores de este estudio de la Universidad de Queensland es que, al empeorar las condiciones económicas, estas influyeron en un aumento de personas con ansiedad y depresión. Solo en España, se produjo un aumento de un 26 por ciento. En el caso de los niños y jóvenes, el cierre de los colegios limitó el acceso a la interacción social, que no podía ser sustituida eficazmente por las nuevas tecnologías. Esto nos demuestra hasta qué punto el apoyo psicoemocional es necesario, y cómo su ausencia dispara los trastornos vinculados a la salud mental.

Si en 1991, la guerra del Golfo fue la primera en ser televisada y retransmitida, en la pandemia del 2021 nos encontramos con un seguimiento de la crisis sanitaria en formato 24/7. Cada media hora podíamos comprobar una nueva actualización del panorama, teníamos partes de hospitalizados constantemente. Los medios terminaron por transformarse en una lupa de la realidad de la que era muy complicado apartar la visión. Todo ello provocó, precisamente, esa búsqueda imperiosa de noticias relacionadas que parecían ofrecernos diferentes miradas constantemente, pero todos mirábamos lo mismo. Si esto lo unimos a que teníamos pocas perspectivas de control de la propia situación, que no iban más allá del aislamiento y lavarnos las manos, se produjo un caldo de cultivo perfecto para que nuestra parte más obsesiva campara a sus anchas.

El ser humano, como hemos visto hasta ahora, no es independiente de su contexto, a pesar de que exista una hiperindividualización que dibuja al sujeto como la causa primera y última de su malestar. En los extremos se encuentran las proclamas repetidas hasta la saciedad del «si tú quieres, puedes», que incluso terminan culpando a la persona de bajos recursos económicos de su situación debido a que tienen una mentalidad «empobrecida». Cada vez nos repiten más que el éxito o el fracaso son cuestión de actitud, y podemos suscribir esto en una parte importante, pero siempre es más interesante acudir a una estrategia que englobe al ambiente y nos permita utilizar sus características.

No es cuestión de determinismo, sino de tratar de entender que los resultados que queremos conseguir no se pueden basar en un concepto tan abstracto como el de nuestra propia fuerza de voluntad, que, por cierto, es un recurso finito. Si, por ejemplo, queremos iniciar una dieta, es mucho más interesante utilizar estrategias que nos permitan precisamente no poner esa fuerza de voluntad siempre a prueba. Es más rentable tratar de hacer la compra y tener en casa alimentos sanos que ver unas patatas fritas que hemos comprado para cuando vengan las visitas y estar luchando contra el mismo pensamiento. Los pequeños detalles que realicemos en nuestra rutina pueden marcar una enorme diferencia.

La inmediatez hacia la que nos dirigimos como consumidores provoca que nuestros ciclos de recompensas sean cada vez más cortos e insustanciales, por lo que buscamos nuevos estímulos, amparados en la novedad o espectacularidad. Confundimos la euforia con la felicidad, y eso nos lleva a convertirnos a nosotros mismos en objetos de consumo. Cuando empezamos a tratar a las personas como cosas y terminamos humanizando los objetos de consumo, empezamos a tener un problema. Fomentamos una conexión hacia fuera mientras nos desconectamos nosotros mismos. Y eso implica que tan solo nos prestemos atención cuando aparece una sintomatología lo suficientemente espectacular como para hacer un alto. Pero entonces, en lugar de escuchar el mensaje, como señalábamos, escuchamos la alarma.

Un factor que no podemos pasar por alto es el impacto de las redes sociales y cómo estas han cambiado la manera de ver el mundo. Nunca nuestra mirada ha abarcado tantas realidades, y, a la vez, ha corrido el riesgo de polarizarse tanto. Numerosos estudios apuntan a cómo las redes terminan generando opiniones más sesgadas y extremas de la realidad, que resulta cada vez más dicotómica. Cuando Facebook introdujo el botón «me gusta» en 2009, las personas pasaron de comentar y argumentar una opinión a colocarse entre dos polos que explicaban todo lo que había que decir; ya solo podíamos estar a favor o en contra.

En su libro *¿Por qué las cebras no tienen úlcera?*, Robert Sapolsky nos cuenta su exhaustiva búsqueda para conocer los niveles de cortisol existentes entre diferentes grupos de babuinos diseminados por el continente africano. Sapolsky comprueba que los que poseen mayor cantidad en sangre no son los que carecen de alimentos, o los que están más amenazados por depredadores, sino aquellos que, por encontrarse en parajes privilegiados, tienen la posibilidad de dedicar más tiempo a las interacciones sociales y, por ende, a la comparación.

La unidad de medida no es el individuo, sino el grupo, y en qué medida estamos mejor o peor situados que quienes nos rodean. En un estudio realizado en tres universidades diferentes, se preguntó a los encuestados si preferían ganar 50.000 dólares mientras que las personas de su entorno ganaban 25.000, o ganar 100.000 mientras que su círculo cercano ganaba 250.000. Las personas preferían ganar más que su círculo a ganar más dinero. Parece que somos más felices si el resto no lo es tanto.

Sin embargo, las redes son escaparates de felicidad. Se sabe que los usuarios de Instagram o TikTok tienen una mayor probabilidad de padecer trastornos alimentarios.

La medicación

Antes de proseguir, aclararemos que esta sección es meramente orientativa, y en ningún caso se debe tomar una decisión sobre tomar o dejar de tomar una medicación sin la supervisión del psiquiatra o médico de cabecera. Asimismo, tampoco debe servir para elegir una u otra medicación, o probar alguna sustancia de las mencionadas sin la autorización de un especialista.

Deberíamos ser muy juiciosos antes de estar a favor o en contra de la toma de medicamentos porque no tendría sentido prescindir de sus beneficios si hay una buena prescripción médica, ya que hemos descubierto muchos casos en los que esta ha llegado a ser un impulso muy beneficioso, y ha ayudado de forma muy notable a la recuperación del paciente. Sin embargo, la medicación en ocasiones puede servir para únicamente mantener el *statu quo* del paciente, añadiendo una carga más a la lista de dificultades cotidianas, e incluso complicando el progreso en el tratamiento. Del uso adecuado y con consciencia de la medicación es de lo que va a tratar este apartado.

En ciertos momentos del proceso puede plantearse la utilización de psicofármacos que puedan posibilitar avanzar o recuperarse de determinadas recaídas. Intentaremos explorar la relación que la persona puede tener con respecto a la medicación con una metáfora. Imaginemos que nos hemos pillado la mano con una puerta, y debemos encontrar la manera de solucionar el problema. Uno de nuestros principales enemigos para saber cómo maniobrar y liberarnos va a ser el propio dolor. La medicación no hace que sepamos cómo quitar la mano de la puerta, solo calma el dolor. Sin embargo, la sensación de malestar puede ser tan acusada que impida a quien la padece pensar con claridad para liberarse de la puerta.

Las dos familias de medicamentos más utilizadas en el caso de los trastornos de ansiedad son los ansiolíticos y los antidepresivos.

Los ansiolíticos

La primera gran familia de medicamentos que se usan en el tratamiento de los trastornos de pánico y agorafobia son los ansiolíticos. Entre los principios activos de esta familia se encuentran, por ejemplo, el alprazolam, el diazepam o el lorazepam.

Se sabe que España es el primer país en consumo de ansiolíticos por habitantes. Por experiencia, nuestro sistema de salud es mucho más laxo a niveles de atención primaria a lo hora de recetar este tipo de medicamentos que otros países, donde son más restrictivos.

Los ansiolíticos se encuentran en la primera línea de fuego en la lucha contra la ansiedad. Son rápidos y efectivos, y producen un alivio de los síntomas y pensamientos catastróficos. Actúan sobre el complejo GABA, que es un neurotransmisor que bloquea los impulsos sinápticos, es decir, la comunicación entre neuronas. Eso quiere decir que con ellos enlentecemos la comunicación, de tal forma que reducimos la carga de ansiedad, pues entramos en un proceso de hibernación.

Cabría preguntarse por qué muchos ansiolíticos se prescriben tanto para estados de ansiedad o como para contracturas y lesiones, como relajantes musculares. Se ha descubierto que, cuando experimentamos ansiedad, no lo hacemos simplemente desde la interpretación racional, sino que la activación del propio cuerpo también nos induce a la ansiedad. Cuando tenemos la percepción interoceptiva de encontrarnos agitados, la lógica de nuestro cerebro es la siguiente: «Si detecto alteraciones en el pulso cardiaco, en la respiración, o en otras constantes, significa que debo hallarme en peligro». Cortar esa espiral con un ansiolítico, en el caso de que se esté experimentando una alta activación y no se disponga de técnicas de reducción de la ansiedad, ayuda a poner fin a ese ciclo. Romperlo no solo desactiva el estado presente, sino que previene estados futuros.

Hay tres pautas a la hora de tomar los ansiolíticos hoy en día. La primera manera es tomarlos de forma regular según la prescripción realizada por el psiquiatra o el médico de cabecera; la segunda es tomarla como recurso de emergencia en el momento de las crisis. Hay una tercera forma de uso en la que la persona no se toma el ansiolítico, pero lo tiene conservado casi en formol, en la cartera o el bolsillo, por si acaso tiene ansiedad, pero nunca llega a tomarlo.

La gran ventaja de los ansiolíticos es su eficacia casi inmediata para actuar sobre la ansiedad, y cumple su papel bastante bien. Su desventaja, en cambio, viene dada por cuatro factores:

1. **Posible aparición de efectos secundarios.** Somnolencia y la incompatibilidad con trabajos que requieran mucha concentración. También hay que tener precaución con la conducción.
2. Se trata de **una medicación altamente adictiva.** Si se retira de forma brusca, aparecerá un síndrome de abstinencia.
3. **Desarrollo de tolerancia,** es decir, la necesidad de consumir dosis cada vez mayores para conseguir el mismo efecto.
4. Otra gran desventaja, por paradójico que pueda parecer, es que **funcionan,** y precisamente por ello olvidamos encontrar una manera de manejar la ansiedad y optamos por aliviarnos de ella.

Las personas suelen tranquilizarse al tener ansiolíticos porque se sienten menos desnudas ante la crisis, y les da la sensación de contención. De entre las pautas que hemos descrito antes, con la que menos estamos de acuerdo en AMADAG es aquella en la que el paciente toma el ansiolítico a voluntad, en el momento en el que empieza a notar los síntomas de ansiedad. En nuestra opinión, se está evitando todo contacto experiencial con el miedo, con lo que no se permite aprender de la experiencia, sino que solo nos quedamos con la sensación de haberlo evitado. La persona no solo puede fabular todo lo que quiera acerca de lo horrible que es el pánico, sino que, además, tiene la posibilidad de imaginar cuán terrible habría sido si la pastilla no hubiese hecho efecto.

Los antidepresivos

Los antidepresivos han mostrado eficacia, quizá no toda la que se esperaba, pero hay una parte de la población que parece beneficiarse de su uso. Pero la realidad es que aún estamos lejos de obtener los resultados ideales. De hecho, solo un tercio de los pacientes con depresión o ansiedad responden de modo satisfactorio a estos tratamientos, lo cual es un problema grande, porque significa que los otros dos tercios solo responden parcialmente o no responden en absoluto.

La realidad, aunque pueda parecer sorprendente, es que nunca se ha sabido exactamente por qué funcionan y, como en casi todo lo referido a nuestro gran jefe, el cerebro, siempre se ha hablado más a base de hipótesis que de certezas.

Lo que sí sabemos es que, desde años atrás, diferentes estudios han aportado información sobre hechos empíricos para los que antes no había explicación alguna. Por ejemplo, los antidepresivos clásicos, como la fluoxetina (conocida, sobre todo, como Prozac®), tardan normalmente semanas en empezar a actuar, es decir, en mostrar mejoría. Pero a nivel sináptico sabemos que estos fármacos comienzan a incrementar la concentración de serotonina al instante. ¿Qué ocurre, entonces?

También sabemos por diferentes estudios poblacionales que parte de la gente que consume antidepresivos no solo no responde de manera adecuada a la ingesta, sino que incluso empeoran.

Otro estudio muy interesante ha conseguido asociar cómo los antidepresivos son más eficaces cuando la clase social de quienes los toman es más alta. Se pudo observar como los individuos que estaban en una situación más acomodada se recuperaban en un porcentaje mucho mayor que aquellas personas que pertenecían a clases más modestas.

¿A qué responden todos estos datos? Pues no hace mucho la revista científica *Cell* publicó un artículo totalmente revolucionario. Este estudio, dirigido por Plinio Cassaroto y Eero Castrén, dos neurocientíficos de la Universidad de Helsinki, ha encontrado una nueva prueba que podría resolver las grandes dudas que ha habido en torno a la eficacia de los antidepresivos y que tal vez ayude a resolver el enigma.

La historia moderna de la terapia antidepresiva comenzó a mediados del siglo xx con la observación empírica de que un fármaco con estructura tricíclica inicialmente desarrollado para el tratamiento de la tuberculosis mejoraba el estado de ánimo.

De estas observaciones surgió la teoría monoaminérgica de la depresión que plantea que problemas como la depresión o la ansiedad están relacionados o causados por una reducción de la actividad monoaminérgica, es decir, que la depresión o la ansiedad están provocadas por un déficit en el nivel de neurotransmisores como la serotonina, la noradrenalina y la dopamina. De hecho, no es extraño encontrarnos a personas que afirman (así se lo han hecho creer) que tienen la serotonina baja y por eso tienen ansiedad. La realidad, como mencionábamos anteriormente, es que esto solo es una hipótesis y que no existen marcadores que indiquen si las personas tienen o no bajo el nivel de neurotransmisores. A partir de ahí se postuló que la acción antidepresiva de diversos fármacos se podría deber a una potenciación de la neurotransmisión como consecuencia del incremento de la concentración de monoaminas en el espacio sináptico.

En teoría, estos medicamentos eliminarían el problema al elevar la concentración de estas sustancias en el cerebro. Sin embargo, esto no es lo que siempre acaba sucediendo. Pese a que el mundo científico lleva muchos años diseñando fármacos que tienen como diana estos sistemas de neurotransmisores, aún estamos lejos de obtener los resultados deseados.

La realidad es que desde el siglo pasado ya sabemos que no podemos simplificar la ansiedad o la depresión como el resultado de un nivel bajo de neurotransmisores, sino que hay muchísima más variabilidad.

Más recientemente han aparecido diferentes estudios que podrían mostrar cuál es el verdadero potencial de los antidepresivos. Entre ellos, hay un estudio que me parece especialmente revolucionario porque muestra la paradoja de los antidepresivos, sobre todo de los inhibidores selectivos de la recaptación de serotonina (ISRS). ¿En qué consiste esta paradoja? Pues en que estos medicamentos consiguen aumentar los niveles de serotonina a corto plazo, pero las mejorías clínicas no se ven hasta después de dos o tres semanas. Se pensaba que esto se debía a que estos antidepresivos actuaban de forma preferente o provocaban el aumento de serotonina en unas determinadas zonas de la neurona y que los efectos antidepresivos se veían una vez que se habían producido cambios en unos receptores que están en otra zona de la neurona, es decir, que requería una acción más a largo plazo.

Lo que se ha propuesto en el artículo mencionado es que, probablemente, las acciones de los antidepresivos estén mediadas por otro tipo de moléculas que conocemos como los factores de crecimiento neural, que permiten que las neuronas crezcan y establezcan nuevas conexiones entre ellas, es decir, favorecen la neuroplasticidad.

La neuroplasticidad hace referencia a la flexibilidad que tiene el cerebro para adaptarse a los cambios a través de redes neuronales. Cada vez que se aprende algo, las propias neuronas forman redes para comunicarse y dar señales de una a otra mediante sinapsis. Cuando se practica lo aprendido, mejoran las comunicaciones entre esas neuronas, lo que facilita el mejor desarrollo de las tareas.

En el año 2008 se llevó a cabo un estudio revolucionario con ratones. Estos ratones eran ambliópicos, es decir, no veían bien, de forma similar a los niños con síndrome del ojo vago, en los que un parche busca potenciar que ese ojo vago haga las conexiones adecuadas en el sistema primario visual para que ambos ojos tengan una misma agudeza. Los estudios mostraban que los ratones adultos, aunque se les pusiera el parche, no mejoraban como ocurre con los niños, cuya plasticidad neuronal ofrece unos resultados mucho más activos. Sin embargo, con el uso de la fluoxetina se logró recuperar funciones visuales en ratones ambliópicos adultos.

En otro estudio de 2011, publicado por *Science*, se demostró que el tratamiento crónico con fluoxetina incrementaba la plasticidad en circuitos neuronales involucrados en la respuesta al miedo, facilitando la «psicoterapia» para ratones, que los hacía mostrarse menos estresados en situaciones que asociaban con un estímulo negativo. Sin embargo, y esto fue lo más interesante, los ratones tratados con fluoxetina que no tuvieron sesiones de «psicoterapia» no respondieron igual, sino que se mostraron mucho más estresados. Los científicos tradujeron esto como que los antidepresivos solo tienen efectos terapéuticos cuando se combinan con psicoterapia.

Lo que los estudios empiezan a demostrar es que los fármacos por sí solos no tienen por qué mostrar una gran mejoría en la persona, y que la clave estaría en la combinación de estos con la terapia.

Como afirma uno de los científicos participantes en el estudio de 2011, «todas estas drogas lo que nos están haciendo es más sensibles a nuestro entorno». Si estos medicamentos funcionan a base de incrementar la plasticidad del cerebro adulto, lo que básicamente hacen es incrementar el efecto que el entorno tiene sobre el cerebro. Administrar estos fármacos no tiene por qué ser terapéutico, solo incrementan esa neuroplasticidad.

Si se incrementa la plasticidad del cerebro adulto, nos hacemos más sensibles a nuestro entorno; si los factores ambientales son positivos, maravilloso, eso es lo que va a hacer el efecto terapéutico y esto explicaría por qué la combinación de psicoterapia con antidepresivos es el tratamiento más eficaz, más que cualquiera de los dos en solitario. También explicaría por qué hay tanta parte de la población que no se beneficia del efecto de los antidepresivos, hipotetizando que no se producen en el ambiente los cambios necesarios. Y, por supuesto, explicaría por qué las personas de clase alta mejoran más con la toma de estos fármacos. Los cambios ambientales o vitales suelen ser más sencillos de realizar.

Ansiedad por dejar la medicación: ¿por qué?

MIEDO AL SUFRIMIENTO

Miedo a «pasar el mono», a sentir ansiedad por ello, a padecer sintomatología, a no poder dormir; en resumidas cuentas, miedo a sufrir efectos secundarios. Es bien sabido que la retirada de los antidepresivos o ansiolíticos (tratamiento de elección para los padecimientos ansiosos) debe producirse de manera pautada y progresiva para no provocar los temidos efectos rebote. Dejar cualquiera de los psicofármacos mencionados de manera repentina puede provocar ansiedad, dolores de cabeza, náuseas o taquicardias, entre otros efectos. Ahora bien, dejar un psicofármaco y no sufrir es posible, y debe ser la opción. Para ello, como hemos mencionado, es importante que la retirada del fármaco se produzca progresivamente y que la comunicación con el profesional encargado sea fluida y sincera, con el fin de informar, en caso de que aparecieran efectos secundarios. No todos los organismos reaccionan igual, y el fin es facilitar que la persona tenga una retirada amable y carente de padecimiento, aunque esto suponga un alargamiento en los tiempos de retirada de la medicación.

Miedo a las recaídas

«Ha ido todo bien gracias a la medicación», dicen muchos pacientes, como si el fármaco se hubiese introducido en ellos y tuviera la capacidad de tomar decisiones o llevar a cabo acciones. El fármaco ayuda, proporciona un margen de reacción, pero quien ejecuta los pasos en la recuperación es la persona, y no resulta del todo justo darle el mérito al fármaco. Teniendo en cuenta esta idea común que se baraja en muchos de nuestros pacientes, es normal que la retirada de la medicación se pueda vivir como un paso hacia el abismo. La intervención más acertada requiere una comunicación entre el psiquiatra y el psicólogo que atienden al sujeto, por lo que lo honesto es que el psiquiatra sepa que la persona no solo se encuentra mejor, sino que reacciona y enfrenta los escenarios que antes eran ansiógenos de una manera efectiva. Ciertamente, si la retirada del fármaco se produce tan solo porque la persona percibe de manera subjetiva una mejora en su estado, pueden producirse recaídas al retirar el medicamento, por lo que es fundamental que no solo se perciba menos ansiedad, sino más recursos en el sujeto.

Puede darse igualmente la tesitura de que se manifieste un empeoramiento claro ante la retirada; será un escenario idílico para observar qué partes hay que seguir trabajando, por lo que no debe entenderse esto como un fracaso, sino como una oportunidad de seguir trabajando aspectos que podían parecer aprendidos.

Dejar la medicación es acabar, significa que estoy bien, que ya no puedo volver atrás. Por lo tanto, dejar la medicación acaba siendo casi una tortura por la que me someto al ultimátum de no poder volver a encontrarme mal. Difícilmente en esta tesitura uno va a encontrarse bien. Por lo tanto, trabajar la flexibilidad es importante. Quizá sea más interesante dejar la medicación como una manera de probarse, de poder evaluar cómo se maneja uno manejo sin «muletas» y entender que, en caso de que sea necesario, se puede volver a recurrir a ella. Porque, como comentaba al inicio del apartado, a veces lo que más hace sufrir no es tener que volver a ingerir un fármaco, sino todo lo que uno ha construido acerca de ello: «Nunca podré estar sin medicación», «Todo lo aprendido ha sido una mentira», «Otra vez a empezar de cero»...

La alimentación

En la mayoría de nuestras familias, desde pequeños, nos han enseñado a calmar nuestras emociones comiendo (lloramos y nos dan gusanitos, nos premian con helados, etc.). En el momento en que comenzamos a asociar la comida con la única manera de regularnos emocionalmente, estamos generando una dependencia emocional. De adultos, si no hemos aprendido otra manera de calmarnos, lo más probable es que, cuando tengamos un problema, necesitemos recurrir a ciertos tipos de alimentos para recuperar el equilibrio.

Una de las respuestas más frecuentes que realizamos para aliviar de manera «rápida» la sensación de malestar que produce la ansiedad es comer. La comida en estos casos está actuando como compulsión. Donde teníamos un problema, ahora tenemos dos: aquello que nos ha sucedido y la necesidad de comer con urgencia. Además, cada vez que nos calmamos comiendo, le estamos diciendo a nuestro cerebro que no tiene la capacidad de afrontar las cosas por sí solo.

Los alimentos que solemos comer suelen ser altos en azúcar, grasa o sal, y pensamos que estos influyen positivamente sobre el estado de ánimo por su apetecible sabor y el efecto beneficioso a corto plazo. Esto se debe a que producen la liberación de endorfinas, que consigue que entremos en un estado de paz, y a la liberación de adenosina, que actúa activando el sistema parasimpático, lo que implica relajación.

Pero realmente no solucionan la ansiedad, y su efecto real es negativo sobre la salud y el estado de ánimo, ya que, igual que otros alimentos ultraprocesados (altos en azúcar, grasa o sal), están relacionados con el surgimiento de diabetes, desajustes en el colesterol, enfermedades cardiovasculares, aumento de la probabilidad de ciertos tumores, enfermedades crónicas, etc. También generan culpa después de la ingesta y estados de ánimo negativos, lo que puede desencadenar a largo plazo en trastornos psicológicos, como la depresión.

Por otra parte, se ha visto que los alimentos que mejoran nuestro estado de ánimo son las frutas y las verduras. Estos alimentos nos aportan diversos nutrientes, entre los que destacamos el triptófano (precursor de la serotonina, que aumenta el estado de calma y saciedad), el omega 3, el magnesio y aquellos que ayudan al equilibrio de la glucosa, como la fibra. Los nutrientes anteriormente nombrados hacen que:

- Disminuya el deseo de comer compulsivamente.
- Aumente el optimismo y la autoeficacia.
- Disminuya la angustia psicológica y la depresión.

Estos nutrientes que nos hacen sentir mejor se encuentran en alimentos como:

- Pescado azul.
- Frutos secos: cacahuete, nueces, semillas...
- Legumbres: garbanzos, judías, lentejas...
- Cereales integrales: arroz integral, pan integral, quinoa...
- Fruta: especialmente piña, plátano, aguacate y cítricos.

- Verdura: sobre todo brócoli y hojas verdes, como las espinacas crudas.
- Cacao puro.

Hábitos cotidianos para reducir el estrés

Se cuenta que a un rey muy amado por su pueblo se le ocurrió la manera de evitar que sus conciudadanos pagasen impuestos. Su reino se ubicaba en una provincia vinícola muy próspera, donde la totalidad de sus diez mil ciudadanos se dedicaba al cultivo de la vid y la producción de vino.

El monarca planteó que cada ciudadano aportara una jarra de su mejor vino, y con el resultante de esas diez mil jarras el reino tendría el capital necesario para los gastos de la Corona, la educación, etc. Se marcó que un día al año todos los habitantes depositaran el contenido de la jarra en un gran tonel fabricado para la ocasión, y después se vendería ese vino a diferentes comerciantes.

Cuando llegó el día señalado, todos los ciudadanos realizaron una larga fila y fueron vertiendo el contenido de sus jarras en el tonel, hasta que finalmente llegó el momento de probar el resultado de la mezcla. Para eso convocaron al catador oficial del reino, que cuando se llevó la copa al paladar descubrió con sorpresa que ese caldo no sabía a nada, no tenía color, ni sabor ni aroma. ¿Qué clase de extraña magia había operado en este caso?

Al final se descubrió que ninguna. Cada uno de los habitantes pensó: «Si echo agua en vez de vino, ¿quién notará la diferencia entre diez mil jarras?». El problema fue que todos pensaron lo mismo.

Las pequeñas acciones no deben ser desdeñadas ni para lo bueno ni para lo malo. Es la suma de esas acciones las que dan el resultado final, y ni la realidad ni los procesos de ansiedad dependen por lo general de una única acción, sino del resultado de miles de ellas entremezcladas a través del tiempo. Infravaloramos la potencia de estos gestos y buscamos resultados en otros acontecimientos que consideramos que van a ser definitivos. A continuación, presentaremos ese conjunto de hábitos y acciones que pueden contribuir a mejorar nuestra vida.

Ninguno de estos trucos por sí solos van a hacer que mejoremos, ni pretenden ser una solución definitiva porque solo estamos hablando de pequeños cambios que, en conjunto, pueden hacer que reduzcamos el nivel basal de ansiedad.

Estamos hablando de cómo la suma de pequeños cambios puede marcar una gran diferencia en el resultado final. Nos pasamos mucho tiempo preocupados por la cantidad de estrés y cortisol que podemos acumular en nuestro día a día, y sin embargo esa preocupación rara vez suele transformarse en acciones efectivas dirigidas a equilibrar nuestros niveles de ansiedad.

No nos referimos a acciones individuales, sino que estamos más interesados en formar hábitos que terminan automatizándose y pueden marcar una diferencia significativa en nuestro bienestar. La propuesta es que dichos hábitos estén sustentados por estudios contrastados que demuestren su eficacia a la hora de reducir nuestros niveles de cortisol en sangre.

Los beneficios de andar

El sedentarismo no ayuda a aliviar el estrés. Simplemente con caminar de cuarenta a cuarenta y cinco minutos diarios podemos obtener todos estos beneficios:

- A partir del minuto veinte se queman grasas. Sabemos que hay cerca de cuatrocientos genes que influyen en el aumento de peso. Investigadores de Harvard han logrado clasificar en qué grado podrían influir treinta y dos de esos genes. Por ejemplo, hay algunos que afectan al apetito; otros, a la saciación; y otros, al acumulo de grasas. Estos investigadores descubrieron que caminar una hora reduce estos efectos a la mitad.

- Caminar reduce el cortisol y, además, se produce una reducción de la actividad neuronal en el córtex prefrontal, que, como recordamos, es el área del cerebro más planificadora, pero también la más angustiada, además de que su sobreactivación está relacionada con el riesgo de trastornos como el TAG o el TOC.
- Científicos de la Universidad de Princeton han descubierto que la caminata desactiva la excesiva actividad del hipocampo al favorecer la producción de endorfinas.

Los beneficios del verde

Poner una planta en nuestra vida puede suponer más beneficios de lo que nos imaginamos. Con solo media hora dedicada a cuidarlas ya podríamos obtener una bajada de cortisol. Cuidar de nuestros ficus o enredaderas implica un ejercicio de atención focalizada, y un ejercicio de paciencia donde los resultados no se observan en cinco minutos.

Algunas plantas también tienen efectos calmantes cuando las infusionamos, como la melisa, el azahar, la amapola de California o la raíz de valeriana, que en estudios controlados han demostrado ser superiores al placebo. El aroma de algunas flores como el jazmín induce también a la calma, ya que contienen linalool. Akio Nakamura, un investigador japonés, ha demostrado que la inhalación de este compuesto en ratas disminuye la actividad de más de cien genes vinculados a la ansiedad.

Tener un amigo peludo

Erika Friedman y sus colegas de la Universidad de Maryland han demostrado que tener una mascota disminuye la presión arterial en unos veinte milímetros de media, y contribuye a mejorar el curso de los trastornos de ansiedad y depresión. Cabe decir que, de entre todas las mascotas, han sido los perros los que han salido mejor parados en estos estudios, por diferentes razones:

- Los dueños de los perros tienen una socialización mucho más intensa que quienes poseen otras mascotas, y el efecto de esta socialización es uno de los factores más beneficiosos. En algunos estudios se muestra como los dueños de los labradores y los golden retriever son los que más se benefician de esta interacción; por el contrario, las razas consideradas más agresivas no pueden contar tanto con este factor.
- Por otro lado, los dueños andan más, por lo que habría beneficios añadidos por la actividad física. Cuidar adecuadamente a un perro implica realizar largos paseos.
- Se ha demostrado que acariciar un perro aumenta los niveles de oxitocina. Se ha comprobado que interactuar, acariciar y jugar con un can influye en este aspecto, tal y como ha quedado patente en los análisis de orina realizados tanto a los perros como a sus dueños. Mirar a nuestro perro, estableciendo un contacto visual prolongado, también es una técnica eficaz para disminuir el estrés de ambos. De hecho, hay toda una teoría que defiende que los perros, al interactuar visualmente con nosotros, se han convertido en partes integrantes de nuestra sociedad.

El olor del café y de otras muchas cosas

A pesar de que muchas personas con ansiedad mantienen esta bebida a raya porque temen sus propiedades excitatorias, el aroma del café es otro cantar. El olfato es un sentido que ha perdido terreno en nuestras sociedades modernas. Sin embargo, su influencia sobre nuestro estado de ánimo puede ser notable. Muchos de nuestros olores cotidianos están cargados de significado emocional, y si bien los estudios sobre aromaterapia no resultan concluyentes, lo cierto es que se produce una asociación de determinados aromas con escenas vitales agradables o desagradables. Es una simple cuestión de asociación, como definiremos más adelante en el apartado correspondiente. Otros olores como los cítricos, las frutas veraniegas, las hierbas aromáticas, las infusiones o las especias pueden cumplir objetivos similares.

Tener un hobby

Cuando hacemos lo que nos apetece, divierte y gusta, nuestro cerebro segrega endorfina y serotonina, las llamadas «hormonas de la felicidad», que nos aportan sensación de bienestar y ayudan a reforzar nuestro sistema inmunitario.

- Un hobby puede actuar como regulador emocional. Cuando nos vemos sumidos en un maremágnum de emociones intensas desagradables (ansiedad, estrés, culpa, enfado, tristeza...) hasta tal punto de llegar a desbordarnos, coger por banda nuestra afición nos ayudará a que la intensidad de la emoción que estamos sintiendo descienda a niveles más manejables, incluso pueden llegar a ser sustituidas por emociones que nos resulten más agradables (calma, tranquilidad, serenidad, alegría...).
- Si estamos inmersos en un proceso de rumiación (un sinfín de pensamientos negativos constantes), nuestro hobby será nuestro mejor aliado para frenar el bucle. El motivo es que, de nuevo, entra en juego la focalización de la atención, que dejará de estar centrada en nuestros pensamientos y se dirigirá hacia la tarea que realicemos. Por lo tanto, nuestro bucle será sustituido por pensamientos específicos dirigidos a la tarea.
- Con nuestro hobby podemos entrar en el estado de *flow*. Se trata del estado en el que uno se siente totalmente absorto en una actividad para el propio placer y disfrute, mientras el tiempo parece volar y las acciones, pensamientos y movi-

mientos se suceden sin pausa. Todo nuestro ser está concentrado en la tarea y utiliza sus destrezas y habilidades llevándolas hasta el extremo. En este estado se experimenta una enorme satisfacción, parecida a la de la felicidad estática.

- Llevar a cabo las aficiones hace que nos sintamos realizados como persona en otro ámbito que no sea el profesional. Si tocamos la guitarra de maravilla o hacemos los mejores postres, nos sentiremos muy bien porque hemos obtenido la satisfacción de haber ejecutado nuestra tarea de forma óptima, de tal manera que nuestra autoestima se vea reforzada.

Escuchar música

Aunque, como ya sabemos, no existe el famoso efecto Mozart y la música no puede potenciar nuestras capacidades neuronales, este mismo proceso de asociación puede ayudarnos. Por otro lado, la escucha activa de la música, en la que tratamos de distinguir los diferentes instrumentos y líneas armónicas, no deja de ser un ejercicio de concentración que nos acerca al aquí y al ahora.

Se han realizado multitud de estudios en hospitales, colegios y entornos de trabajo que han demostrado la capacidad que tiene la música para movilizar nuestras emociones. El efecto es mayor cuando presenciamos música en vivo, y está vinculado a la memoria autobiográfica de la persona.

6

Cultivando la atención

Una de las principales dificultades con las que se encuentra un cartógrafo a la hora de representar la realidad es la de adaptar una superficie esférica a una superficie plana. En realidad, cualquier mapa supone una distorsión de la realidad más que una representación fidedigna de ella. La imagen clásica del mundo se la debemos a Gerardus Mercator, quien en 1569 descubrió una nueva proyección aplicable a los mapas. Creyó que sería mucho más útil imaginar la Tierra como un cilindro, en lugar de partir de la incómoda esfera, simplificando el proceso, a costa de asumir determinadas distorsiones.

El resultado del trabajo de Mercator sitúa a Europa en el centro y aparenta mucho más tamaño que el que realmente tiene. Algunos críticos han acusado a Mercator de haber promovido una visión eurocentrista, en la que se intenta justificar la labor de conquista realizada en América y África, que aparecen representadas más pequeñas de lo que son en realidad. No está demostrado que fuese un error deliberado, sino que simplemente su sistema hace más pequeños a los países conforme se van alejando del ecuador. Quizá la lección más interesante que podemos sacar del cartógrafo es que lo importante no es tanto la proyección, sino el uso que queremos hacer de los mapas.

El peso de la ansiedad

La ansiedad requiere de nuestra atención: no existe si no se la mira; no se construye sin arquitecto. No es algo que previamente existiese. El miedo necesita un combustible para seguir con vida, y, aunque no lo creamos, mientras no manejamos nuestra mirada interior le estamos dando toda la madera que necesita.

La lucha del hombre, una vez resuelta la supervivencia, es la lucha contra el sufrimiento. La etimología del sufrimiento nos dice que esta palabra es un derivado del latín y se traduciría como «llevar, soportar (o mantener) un dolor por debajo». Como Atlas sosteniendo el mundo, parecería que quien padece un dolor no solo lo está vivenciando, sino que de alguna manera lo lleva sobre los hombros, lo sostiene. El pobre Atlas fue obligado a sostener el peso del cielo sobre los hombros cuando perdió su batalla contra los dioses del Olimpo. No sabemos exactamente cómo hemos llegado a sostener el peso de la ansiedad, pero si hay algo claro es que lo mantenemos sobre nuestros hombros, y parte de las razones por las que esto es así tiene que ver con nuestra mirada, por cómo mantenemos esa quimera en nuestra ventana de atención.

Históricamente, la concepción del cerebro nos llevaba a la creencia de que, cuando no realizábamos una actividad consciente, este permanecía en un estado de reposo. Con la aparición de las técnicas de neuroimagen, somos capaces de observar como muchas áreas se iluminan en los momentos en los que no estamos realizando ninguna tarea. Ese estado de «piloto automático» que aparece cuando divagamos, o soñamos despiertos, se denomina «red neuronal por defecto» (RND). El descubrimiento de la RND nos permite entender cómo encontramos de pronto, mientras estábamos tranquilamente en la ducha, una solución ingeniosa a un problema que nos llevaba rondando días. Esto significa que nuestro encéfalo estaba trabajando en ello, aunque no fuésemos completamente conscientes.

Nuestro encéfalo es una ciudad que nunca duerme, y aun se ilumina por la noche, cuando creemos que debería descansar. Soñamos dormidos y soñamos despiertos, y aunque esto supone una ventaja para encontrar soluciones a problemas complejos, también explica la aparición de estados obsesivos y rumiaciones. Es un ruido que no cesa, una búsqueda de patrones sin descanso. El vagabundeo mental exige casi tanta energía como el procesamiento enfocado. De este modo, tratar de suprimir la voz de nuestro cerebro resulta una tarea inútil e infructuosa.

Quizá confundimos la gestión de nuestra atención con el control. Deberíamos tener en cuenta la diferencia de estos dos términos. Es como el falso mito de intentar concebir la meditación como «dejar la mente en blanco», que tantas frustraciones causa entre quienes intentan hacer realidad esta expresión. Nadie deja la mente en blanco, sino que, mediante la observancia del flujo de nuestros pensamientos, somos capaces de verlos sin identificarnos con ellos. Y es que, en el momento en que podemos observar algo, dejamos de ser eso que estamos observando.

Podríamos elaborar una metáfora que nos ayude a entender este hecho con una mayor profundidad. Imaginemos que nuestra mente es nuestra casa en completa oscuridad. No somos capaces de ver nada porque no existe actividad consciente. No conocemos la distribución de los muebles ni la dimensión de las habitaciones. En algún momento de la historia la evolución nos dotó de una maravillosa linterna llamada consciencia, y por primera vez tuvimos una mirada interior, y fuimos capaces de contemplar el contenido de esa casa, y pudimos observar esas habitaciones y muebles. Y, maravilla de las maravillas, de pronto fuimos capaces de observar el contenido de los pensamientos sin ser esos pensamientos. Desarrollamos una capacidad metacognitiva, esto es, la capacidad de reflexionar sobre nuestros propios procesos internos, las producciones de nuestra propia mente. Esa milagrosa linterna nos dotó de una libertad sin parangón, pues podíamos dejar de ser esclavos de nuestros pensamientos y emociones; ahora podíamos observar su flujo, su intensidad, su dirección.

Nuestra mirada interior nos proporcionó la capacidad no tanto de elegir nuestros pensamientos como de entender que no somos ellos, dándonos la posibilidad de no estar fusionados con nuestra rabia o miedo. Éramos capaces de observar al observador. Podríamos poner dos ejemplos de cómo aplicamos esta capacidad:

«Estoy enfadado con mi hermano porque no me ha tenido en cuenta».
«Estoy generando pensamientos que me llevan al enfado porque me he sentido ignorado por mi hermano».

Si observamos el enfado en la primera oración, este es inevitable, pues se nos ha presentado una realidad indiscutible, que nos ha hecho generar una reacción lógica. Es una reacción casi automática. El segundo caso es mucho menos determinista, ya que una sucesión de pensamientos nos ha llevado a generar una serie de creencias que han hecho aflorar un sentimiento de indignación debido a cómo hemos interpretado esa situación. Veamos dos ejemplos más:

«Tengo un ataque de pánico y siento que me voy a morir».
«He generado una ansiedad muy intensa con la creencia de que la muerte podría sobrevenir de una manera inminente».

El primer diálogo relaciona la ansiedad con la muerte. Sentimos que, si sufrimos un ataque de ansiedad lo suficientemente potente, entonces podríamos llegar a morirnos. Pero, si observamos bien, estamos dotándonos de capacidades adivinatorias infundadas. Sentir que nos morimos es una creencia, no una certeza determinista. Un ataque de ansiedad no nos matará porque sentimos que es así; de hecho, comprobaremos que lo pasaremos mal porque tenemos miedo a que esa espiral nos lleve a la muerte. Pero... ¿cuál es exactamente ese proceso?, ¿y por qué se da? Una vez más, no tenemos respuesta, sino que sentimos que es así.

El lado oscuro de la mirada interior

Pero volvamos a nuestra metáfora de la linterna. Al observar a las personas que padecen ansiedad podríamos comprobar dos diferencias con respecto a quienes no están pasando por un proceso de este tipo. En primer lugar, esa linterna las hace mirar, pero no tienen la sensación de que puedan dirigirla. Así, están condenadas a vivir una sucesión de imágenes mentales que, para colmo, creen que van a ser ciertas por el simple hecho de estar observándolas. Por otro lado, al igual que la miopía o el astigmatismo hacen que contemplemos una realidad deformada que nos puede llevar a confusiones, en este caso la linterna, al encontrarse desenfocada, proyecta sombras que nos asustan y nos hacen creer que cualquier cosa es posible.

El lado oscuro de nuestra metacognición es esa hiperreflexividad tan característica de los trastornos de ansiedad. Porque no podríamos concebir ninguno de estos trastornos sin esa mirada interior. No solo tenemos creencias sobre el mundo y sus causas. También tenemos creencias sobre nuestros propios pensamientos y hacia dónde pueden llevarnos. En esencia, tememos nuestra capacidad de crear estados de sufrimiento y que esta experiencia la podemos prolongar en el tiempo, aunque la paradoja es que no queremos hacerlo conscientemente. Si es así..., ¿hablamos de un oscuro genio que habita en nuestro cerebro? ¿Será cierta la idea de que hay un fantasma en la máquina?

Cuando Robert Louis Stevenson creó a su famoso doctor Jekyll, el Reino Unido se hallaba en plena era victoriana, un periodo dicotómico en el que parecer virtuoso era la más alta aspiración; mucho más que serlo, por supuesto. Estas rígidas normas morales provocaban dilemas internos que podían escindir al individuo. Así nació Mr. Hyde, la versión malvada del doctor, que dio lugar a uno de los libros más interesantes para analizar desde una perspectiva psicológica.

La división interna que padece el personaje de Stevenson puede ser similar a la que experimenta alguien con trastorno de ansiedad, como ya hemos hablado en capítulos anteriores. Y esta división produce temor. El cultivo y el manejo de la atención nos ayuda a entender que ese temor no se debe tanto a una división real como a que carecemos de una visión unitaria de nosotros mismos. Cuando somos capaces de vislumbrar lo que nos sucede desde una perspectiva más desapasionada, podemos entender que ni esos pensamientos ni esas emociones tienen entidad propia, y mucho menos la intención de dañarnos. Al contrario, intentan protegernos, aunque esa protección surge de una serie de creencias equivocadas.

Los intentos por entender precisamente esa mirada han formado parte de la historia de la humanidad. Tenemos registros que datan de hace más de dos mil años donde ya se referencian dichas prácticas en la religión védico-hinduista. Ya los sabios y los ascetas de aquel entonces se dieron cuenta de que el principal problema con el que debían enfrentarse el ser humano y la sociedad tenía que ver más con lo que pasaba por dentro que con lo que pasaba por fuera.

La aparición más adelante de las grandes religiones potenció la inclusión de este tipo de técnicas para buscar la trascendencia. Así, el budismo desarrolla un método para alcanzar la liberación o el nirvana, e incluye el estudio de la meditación para alcanzar dicho fin. Paralelamente, en el siglo IV aparecen una serie de prácticas ascéticas en la religión cristiana, de mano de los primeros monjes, los llamados «Padres del desierto». Estos monjes repetían una plegaria conectada al ritmo respiratorio, así buscaban liberar la mente y enfocar la atención a Dios.

La cábala judía también incluye la meditación para aquietar la mente y centrar la atención en un único tema. También los sufís, la corriente mística musulmana, persigue el objetivo de librarse del estafo errático de la mente. En España, conservamos un rico legado de este tipo de prácticas en figuras como los místicos san Juan de la Cruz, santa Teresa de Jesús o Miguel de Molinos.

El deseo de manejar la mente y orientarla a un objetivo ha sido prácticamente un anhelo universal del ser humano, pues se ha dado cuenta de que el mismo instrumento que le ha llevado a dominar la naturaleza y colocarse en el escalafón más alto de la cadena tiene un reverso: la fuente de la angustia y preocupación.

Tenemos en nuestro poder un instrumento poderosísimo que puede volverse en contra, por lo que es imprescindible aprender su funcionamiento y adquirir las habilidades necesarias para utilizarlo y no, como suele ocurrir, que sea la mente la que nos acabe utilizando.

La ciencia ha rescatado este tipo de técnicas, despojándolas del aspecto religioso e ideológico y ha valorado su importancia y utilidad en el ámbito de la psicología y la psiquiatría modernas. La neurociencia nos ha proporcionado una extraordinaria manera de observación que nos ha permitido comprender cómo funcionan estos métodos, corroborando los enormes beneficios que estos tienen sobre la salud mental y física.

Las investigaciones del médico Jon Kabat-Zinn y su desarrollo del *mindfulness* han vuelto a poner en la palestra la meditación y la vivencia del aquí y ahora como herramientas y aprendizajes de gran valor. Kabat-Zinn ha realizado mediciones con técnicas de neuroimagen y realizado investigaciones en muy diferentes ámbitos, como poblaciones carcelarias u hospitales, ambientes multiculturales, corporaciones..., demostrando las posibilidades de estas técnicas para la gestión de la ansiedad y un desarrollo emocional adecuado.

¿Son las personas con ansiedad más o menos aptas para utilizar estas técnicas?

Los pacientes aquejados de trastornos de ansiedad suelen vivir la práctica de este tipo de prácticas como una dificultad extra, y a menudo creen que su condición o su organismo están menos preparados para la práctica de la relajación y la meditación. Nada más lejos de la realidad. De hecho, son unos candidatos idóneos en este campo, ya que suelen poseer una serie de peculiaridades que pueden facilitar su iniciación y profundización:

- **Están sufriendo.** El sufrimiento puede ser uno de los mayores agentes de cambio que podamos encontrar en nuestro camino. Nadie está dispuesto a pasar por un proceso tan tedioso como es el entrenamiento en relajación y meditación si no es porque esperan encontrar una respuesta en él. La motivación bien orientada puede dirigirnos hacia el objetivo del bienestar; sin embargo, la búsqueda de respuestas rápidas o la falta de paciencia pueden ser un grave obstáculo para este fin. A menudo observo a mis compañeros de profesión utilizar eufemismos para no llamar a sus «pacientes» así, y prefieren referirse a ellos como clientes o buscadores. Yo sigo llamándolos pacientes, pues, si atendemos a su etimología, nos da una doble interpretación, ya que, por un lado, se refiere a aquel que padece, pero, por otro, al que tiene paciencia, y este es uno de los elementos clave para la consecución de nuestro objetivo.

- Se ha comprobado que muchas personas con ansiedad tienen **una percepción más concisa del yo,** lo que denominamos «propiocepción» o la «capacidad de sentirse a sí mismos». Es muy posible que esta propiocepción mal entendida, y vivida como una amenaza, sea una de las causas de la ansiedad.

- Las personas con ansiedad suelen tener **una capacidad de visualización mayor de la normal.** Su imaginación puede ser desbordante, y es tan efectiva que son capaces de revivir y sentir las situaciones temidas con tanta intensidad que parecen estar sintiéndolas de verdad.

- **Predominan los rasgos obsesivos** en dichos pacientes. Tienen la capacidad de centrar su atención en una posibilidad o un síntoma con tanta minuciosidad como la que se necesita para provocarse un ataque de ansiedad, una sensación de muerte inminente, de locura, una asfixia, un delirio hipocondriaco... Todo es consecuencia de una concentración tan precisa como ineficaz. Otro asunto es que usen ese don para hacerse más daño que beneficio, está claro. Algunas personas tienen una alta capacidad de concentración, sin embargo, no son capaces de enfocar el pensamiento de forma nítida. Es como poseer un telescopio de muchos aumentos, pero, a la vez, no tener la capacidad de ver correctamente, como si la lente estuviese desenfocada.

Así pues..., no partimos de tan malas condiciones como imaginábamos, ¿verdad?

La respiración

La respiración forma parte de nuestra manera de relacionarnos con el mundo. Para algunas culturas la respiración es la comunicación más íntima con lo que nos rodea. Y es de sobra conocido el efecto calmante que ejerce sobre nuestro estado de ánimo.

Los primeros filósofos griegos se empeñaron en buscar el origen de todo, lo llamaban *arkhé*. Anaxímenes defendía el aire como el principio originario; el aire mantiene, domina y sostiene unido al cosmos. Las religiones del libro (cristiana, judía y musulmana) hacen constante referencia al aliento de Dios como el principio de todas las cosas. Así pues, estamos imbuidos de esa sustancia invisible y facilitadora de la vida.

Las emociones están estrechamente vinculadas a los cambios que se producen en la respiración. Si observamos a alguien que está triste, comprobaremos que su respiración es lenta, y esa lentitud reduce su energía. Por el contrario, emociones como el enfado o el miedo suponen cambios en la respiración que conducen a un estado de activación. La sorpresa, por ejemplo, realiza una parada, y es muy congruente con la función que desempeña: la de esperar y reaccionar. Así, podemos concluir que las emociones llevan a cambios respiratorios. ¿Podríamos inferir la relación contraria, en la que variaciones de la respiración pueden condicionar cambios emocionales?

Hay una vieja historia que ilustra muy bien un tema por el que debemos empezar.

Un samurái llegó a la casa de un afamado maestro de jiu-jitsu y le pidió que le enseñara el secreto de derribar al adversario sin tocarlo. El samurái le dijo que era un maestro en el manejo de la espada, el arco, el bo y el jiu-jitsu, y que estas artes ya no tenían secretos para él. Después continuó hablando sobre sus grandes conocimientos. Al final, el maestro le dijo: «Si estás tan lleno, no puedo enseñarte más, porque no te cabe nada más. Primero, tenemos que vaciarnos un poco».

¿Cómo podemos trabajar para conseguir una respiración que nos ayude a desactivarnos?

Un primer aspecto es que, normalmente, queremos empezar a respirar cuando estamos llenos, pero estamos partiendo de un punto de vista erróneo: hay que vaciar el aire que sobra. Damos demasiada importancia al acto de llenar y olvidamos que igual de importante es saber vaciarse. Empecemos soltando el aire despacio. No vale de nada realizar una correcta inhalación si soltamos el aire de golpe. A la hora de expulsar el aire siempre hago esta analogía: imagina que tienes una vela frente a ti. Tienes que soltar el aire de tal forma que la llama oscile sin apagarse.

Un segundo aspecto importante es la lentitud. Tenemos como ideal de respiración a un tipo atlético que se pone a realizar inspiraciones enérgicas mientras mueve los brazos, y esto si estás haciendo ejercicio está bien, pero en caso contrario hiperventilarás con toda seguridad. Por lo tanto, es importante la lentitud y la paciencia, y sobre todo no hacer caso al «hambre de aire» que surge cuando queremos aprender a respirar. Con «hambre de aire» me refiero a la necesidad psicológica de aire que camufla la que realmente nos hace falta. Cuando pasa el tiempo, el hambre de aire se adapta a nuestro ritmo: si respiramos despacio, se hará más pequeño; si respiramos deprisa, nos pedirá más y más y entraremos en el conocido fenómeno de la hiperventilación.

Un tercer aspecto radica en que probablemente estamos acostumbrados a respirar con la parte superior de los pulmones. Esto es lo que se llama «respiración del guerrero», y dicho patrón aparece cuando estamos en situaciones de riesgo y requerimos oxígeno para poder funcionar. A veces podemos mantener este patrón durante un tiempo, y eso puede dar lugar a una hiperventilación casi permanente. Por el contrario, para conseguir una respiración tranquila tenemos que aprender a respirar con el diafragma. Coloquemos el pulgar en la boca del estómago y pongamos cuatro dedos hacia abajo. Esa zona es el diafragma. Si aprendemos a respirar llenando primero esa zona, conseguiremos hacerlo de forma correcta. Cuando somos pequeños, es un movimiento natural. Si observamos la respiración de un bebé, nos daremos cuenta de que mueve esa zona del cuerpo cuando no está llorando o inquieto. Lo que sucede es que, a medida que crecemos, vamos bloqueando la respiración en esa zona y mantenemos un estado de mayor alerta. Las personas con ansiedad se caracterizan por utilizar la parte superior de los pulmones.

Un cuarto aspecto relacionado con la respiración, si queremos potenciar su efecto, es el de retener el aire en el momento en que respiramos. De esta forma, se respira unas tres veces por minuto, y se produce cuando estamos muy activados. La retención del aire estimula el nervio vago, el cual forma parte del sistema parasimpático, que se encarga de reducir la actividad.

Hemos diseñado ejercicios con diferentes patrones visuales para ayudarnos a conseguir este objetivo y que se pueden encontrar en la web.

Atentos a los movimientos de la respiración

Cuando estamos nerviosos, y nuestra respiración no es la adecuada, pueden darse determinados fenómenos o movimientos de la respiración que hagan que hiperventilemos aún más:

- Con mucha frecuencia aparecen bostezos. El bostezo es un mecanismo automático que se da cuando nuestro cuerpo necesita «acción». En realidad, es una especie de recarga de energía, y en ese momento recogemos muchísimo oxígeno. El bostezo, finalmente, terminará incrementando nuestras sensaciones.
- Aconsejamos no hablar rápido ni comer deprisa. A menudo, las personas tienen este tipo de comportamiento cuando se

ponen nerviosas. Existe una especie de hiperactividad que dispersa la atención; además, hablar rápido hace que traguemos más aire del que necesitamos, y pueden aparecer gases, aparte de la mencionada hiperventilación.

- También es común que las personas que estén obsesionadas con su ritmo respiratorio suspiren. El suspiro conduce a la obtención de energía, como el bostezo.

Ser conscientes de la respiración nos recuerda la historia de la hormiga que se encuentra con el ciempiés y le pregunta: «Con todas esas patas, ¿cómo haces para no tropezar nunca?». El ciempiés, para poder responderle, se para a pensar y a partir de ese instante no consigue volver a andar.

La mejor forma de respirar es dejar que la respiración haga el trabajo por nosotros, pues nuestro sistema respiratorio es bastante más sabio. ¿Cuánto tiempo al día somos conscientes de la respiración? ¿Cinco minutos, media hora, dos horas...? En cualquier caso, no podemos igualar la sabiduría de un proceso inconsciente que nuestro organismo lleva haciendo toda la vida.

El hambre de aire no es la necesidad real de nuestro sistema; es el miedo anticipatorio a que nos ocurra algo, y por eso bloqueamos emocionalmente la respiración con el miedo. Pero si no podemos evitarlo, y estamos controlando e interfiriendo, mejor aprendamos a respirar como indicamos en la web. Aun así, vamos a poner un ejemplo de cómo realizar un ejercicio de respiración:

Relajación

Resulta más fácil entrar en estados de activación que de relajación. Además, los continuos estímulos que nos ofrece la vida actual hacen muy difícil la tarea. Dejar de tener un estado de ansiedad no es un acto volitivo, no pertenece a la esfera de la voluntad. Uno puede desearlo con toda el alma, pero desgraciadamente no funciona así.

La relajación, como explicaremos un poco más adelante, no es una respuesta pasiva, sino activa. Uno debe realizar una serie de acciones que faciliten la respuesta de la relajación, aprender a aceptar otros ruidos físicos y mentales, y no traspasar la atención a estos.

Johannes Heinrich Schultz fue un fisiólogo alemán que presentó su método en los años treinta. Estaba muy influenciado por el auge que experimentaba la hipnosis en aquella época, e intentó utilizar los estudios que se estaban realizando sobre la sugestión. Su hipótesis de partida fue que una persona podría utilizar la hipnosis en su beneficio si aprendía cómo funcionaba, prescindiendo así de un hipnotizador externo.

El método de relajación que presentamos está diseñado especialmente para personas que padecen ansiedad. Se ha creado y modificado con el fin último de ayudar a quienes padecen estos desagradables síntomas, aprovechando las capacidades inherentes que poseen, como hemos mencionado antes. En nuestro trabajo hemos adaptado esta técnica para enseñar a las personas a relajarse.

¿Por qué nos hemos basado en este método y no en otros?

- Se centra en gran medida en la capacidad sugestiva del ser humano, capacidad más que probada por quienes padecen ansiedad. Los hipocondriacos son capaces de generar síntomas parecidos a los de cualquier enfermedad conocida, y aquellos que padecen ataques de pánico saben muy bien que son capaces de sentir un infarto sin padecerlo. La clave de todo esto es que son capaces de utilizar la sugestión para provocar las sensaciones temidas de manera muy vívida. Eso nos indica que poseen habilidades muy concretas de visualización y concentración (otra cosa es que no las utilicen de manera correcta).
- Es la técnica de relajación que está avalada por la mayor cantidad de estudios científicos.
- Es sumamente práctica, ya que no necesita de elementos adicionales más allá de la propia imaginación y la concentración. Además, se puede practicar en cualquier lugar y mo-

mento. Es perfectamente compatible con la práctica de la meditación, que puede ser una herramienta añadida en nuestra superación de los trastornos de ansiedad.

Llevamos muchos años aplicando esta técnica en los siguientes casos:

- En el trabajo con personas que padecen fobias (agorafobia, fobia social y fobias específicas). Se consigue con ella una disminución de los síntomas, cuantitativa y cualitativamente.
- Ataques de pánico.
- Estados de ansiedad generalizada.
- En pacientes con dolor crónico, fibromialgia, ya que esta práctica disminuye el umbral de percepción del dolor. Por otro lado, ayuda a regular las etapas de estrés y depresión por las que pueden pasar estas personas.
- Personas que tienen una relación conflictiva con su cuerpo.
- Estados depresivos.
- Con deportistas, para mejorar su rendimiento.
- En procesos de crecimiento personal.

Con la relajación pretendemos que esta capacidad de sugestión que nos caracteriza se emplee de forma funcional. Normalmente, la ansiedad nos desparrama, nos descoloca; así, decimos que «el estado de flujo» sería lo contrario: en la medida en que nos concentramos en una tarea, es más fácil permanecer en la actividad. Hay diversas disciplinas zen que hacen uso de este concepto: el fluir de la actividad. Al igual que ya sugerían los monjes benedictinos con su lema *ora et labora*, que resumía su creencia de que para llegar a Dios era necesario rezar o trabajar, el concepto que perseguimos es que, para poder conectar con nosotros mismos, es necesario meternos en la tarea de lleno, trabajar y centrar nuestra atención en lo que estamos haciendo, desviando los factores externos que lo dificultan. Otro ejemplo similar que quizá ilustre el concepto de «estado de flujo» es aquel que pueden llegar a experimentar algunos corredores de maratón, puesto que durante la marcha llega un momento en el que desconectan de sensaciones como la fatiga, lo que les permite evadirse de las posibles dificultades para continuar corriendo y dejarse llevar por la inercia que requiere la tarea.

La capacidad de sugestión

Los trastornos con los que trabajamos nos hacen ver lo enormemente efectiva que es la capacidad de sugestión para generar muchos de los síntomas que aquejan a nuestros pacientes. Reflexionemos, por un momento, sobre la enorme capacidad de sugestión que necesitamos para provocarnos un ataque de ansiedad. La amenaza se halla, en este caso, en nuestras propias sensaciones. Dirigimos nuestra búsqueda hacia dentro de una forma obsesiva. «Puedo llegar a morir» o «Voy a volverme loco» son pensamientos atemorizantes, que ponen en marcha nuestro propio mecanismo de alarma, formándose así el círculo que denominamos «espiral del pánico». Llegamos a sentir los mismos síntomas de un infarto de miocardio cuando nuestro corazón está perfectamente bien.

El poder de la sugestión puede inducirnos a creer, ver o experimentar sabores y olores que jamás han existido. La mayoría de nosotros encontrará especial el sabor de un vino cuando nos aseguren que cuesta cien euros la botella.

Un gran ejemplo de ello nos lo dan los estudios experimentales en los que se administra algún tipo de placebo. Podemos sentirnos mejor con una pastilla de azúcar, por ejemplo. Cuando nuestros hijos se hacen daño, los padres realizamos un ritual pseudocurativo y les besamos en la herida, o repetimos fórmulas mágicas como «sana, sana, culito de rana»..., ¡y siguen jugando en el parque como si nada! Puede hacernos creer que estamos bajo los influjos de determinadas sustancias cuando nunca las hemos tomado, o las personas llegan a creer que están bajo los efectos de ciertas drogas que no han consumido.

No puede dejar de sorprendernos el famoso «efecto Pigmalión», término acuñado en el ámbito de la psicología y la pedagogía para describir cómo la creencia que tiene una persona acerca de otra puede influir en el rendimiento de esta última. En los años sesenta, dos autores llevaron a cabo un experimento social en una escuela californiana. Dijeron a los profesores que, según un test de inteligencia aplicado, había un grupo de alumnos con un potencial inmenso para los estudios; de modo que las expectativas de los profesores respecto a estos estudiantes aumentaron de forma significativa. Al final, estos alumnos acabaron teniendo unos resultados notablemente más altos que los de sus compañeros, aunque en realidad no tenían una inteligencia superior a la de los demás. Las expectativas de los profesores actuaron como una profecía autocumplida, ya que incitaron a los alumnos a actuar conforme a ellas; por lo que, a fin de cuentas, se volvieron ciertas.

En la India y el Tíbet se practica la medicina de forma no invasiva, una práctica cuyos remedios no están contrastados si los comparamos con los de la medicina tradicional conocida en Occidente. Pese a eso, en la práctica la medicina tibetana funciona, independientemente de que no conozcamos el porqué. La creencia es que estos beneficios dependen de la confianza que el paciente tenga en su médico; dicho de otra manera, del mismo modo que el poder sugestivo de la mente funciona hacia un lado, funciona hacia el otro, de tal forma que habría un efecto placebo que es real y que, en principio, nos va a ayudar, a no ser que lo apliquemos en su forma negativa: como puede observarse en el montón de sintomatología que surge por factores como el estrés o la ansiedad, que influyen de manera directa en la aparición de avisos como la dermatitis atópica o las verrugas.

Johannes Heinrich Schultz fue un médico alemán de principios de siglo XX que, basándose en métodos de relajación y autosugestión, como por ejemplo el yoga o la meditación zen japonesa, unidos al intenso interés que le suscitó la hipnosis (estado de sugestión puro y duro), ideó un entrenamiento autógeno que pretendía que fuese aplicable a cualquier entorno cultural e ideología. De esta forma, la relajación autógena es una técnica basada en la autosugestión y la concentración.

Problemas en la relajación

Lo primero que es importante destacar es que no debemos realizar este tipo de ejercicios con la pretensión de estar relajados al cien por cien, ya que, como ya sabemos, a la mente le gusta jugar a lo paradójico y entonces ocurrirá que no conseguiremos relajarnos. Existe una representación gráfica hindú que pretende ilustrar esta idea que estamos tratando, en la cual se ve a Buda encima de un elefante y con un mono a su lado. La enseñanza nos dirá que primero hay que aprender a dominar al mono, que simboliza la parte de nuestra mente que más pregunta, cuestiona y descarrila en pensamientos constantes, mirando siempre hacia un pasado ya inmodificable o un futuro incierto; pero una vez que seamos conscientes de que existe el mono y hayamos aprendido a dominarlo, deberemos hacer lo propio con el elefante, que representa la inactividad y el sueño, ya que, cuando el mono se calla, el sopor del elefante está al acecho. Así, el estado intermedio entre el mono o la actividad y el elefante o inactividad es lo que persigue la relajación. Digamos que en la relajación uno está «profundamente despierto»; es un acto donde nuestra atención está al máximo. Entonces, ¿qué hacer con el mono que acompaña a Buda?

Es muy fácil irse mentalmente de la situación, puesto que la mente es capaz de empezar en un punto y terminar en otro sin ningún problema; la mente humana juega constantemente a dar giros, encadenando ideas que nos hacen divagar y ausentarnos de lo que estamos viviendo físicamente en esos instantes; no está hecha para vivir la situación presente, pero sí para imaginar el futuro o rememorar el pasado. Así que en el momento en que surgen este tipo de pensamientos, lo que será más beneficioso para nosotros será «darnos cuenta» de ello («cazarnos»), para volver a traernos al momento presente y así evitar todo tipo de suposiciones, interpretaciones e ideas distractoras. De hecho, centrar nuestra atención en la información que entra a través de nuestros sentidos puede ser una ayuda para entrar en contacto con la realidad que nos rodea en cada momento.

Por otra parte, otra de las dificultades que podemos llegar a encontrar son las prisas. Es importante abrir un espacio para nosotros en el que estemos tranquilos, a poder ser de forma diaria. ¿Cuáles son los problemas más habituales que encontramos en las personas que se inician en la práctica de la relajación?

- **La falta de conciencia sobre la propiocepción** (la sensación de sentirnos a nosotros mismos, el sentido del yo y de mi posicionamiento en el espacio). Un ejemplo de una situación en la que podemos llegar a experimentar dificultades para percibir nuestra propiocepción es cuando se nos suministra anestesia. Hemos de saber que la gente con mucha ansiedad no tiene la propiocepción muy definida; pero, por el contrario, también es importante que sepamos, si es nuestro caso, que este es un procedimiento que se puede practicar y aprender a base de experimentación y tiempo. Paradójicamente, se ha comprobado que las personas con ansiedad poseen una experiencia propioceptiva mucho más rica; sin embargo, perciben esta mayor sensibilidad como una amenaza.
- **Preocupación por las sensaciones nuevas,** ya que en determinados perfiles de personalidad da bastante vértigo relajarse. Esto se palia a través de la experimentación pura y dura, descubriendo a lo largo de la travesía lo grato que puede llegar a resultarnos conocer desde otro punto de vista nuestro propio cuerpo y mente.
- **Pensamientos distractores o molestos** (el mono de Buda), que como ya dijimos se pueden sobrellevar si los dejamos estar intentando mantener el estado de flujo sobre la actividad.
- Encontramos comúnmente sentimientos como **la ansiedad o el miedo a perder el control,** los cuales pertenecen a esa área que dificulta la consecución del estado de relajación.
- **Dormirse** (el elefante) es un estado que no buscamos a lo largo del proceso. Cuando uno empieza a entrar en un estado de relajación, tiende a quedarse traspuesto; pero no pretendemos eso, no buscamos la desconexión total durante este pro-

ceso, sino que de lo que se trata es de enfrentarnos a ese estado de relajación, por lo que buscaremos estar despiertos en el aquí y el ahora. De tal forma que, para evitar el posible adormilamiento, si así lo necesitamos, nos estiraremos antes de volver de nuevo a retomar la situación de actividad.

- **Mioclonías,** es decir, cuando el cuerpo intenta relajarse y sentimos vértigo. Decimos que esta sensación a veces aparece poco a poco, pero en esta ocasión puede darse más bruscamente, por lo que, con el fin de evitar sustos innecesarios, es importante que sepamos que esto puede llegar a suceder, aunque no produce ningún tipo de peligro para nosotros.

- **Necesidad paradójica de moverse.** Bástese que haya silencio interior para que nos demos cuenta de que nos pica algo y queramos movernos; por ejemplo, esto sucede muchas veces en las resonancias magnéticas. Si esto nos sucede en medio de una sesión de relajación, lo suyo es dejarlo pasar, no centrarnos en si nos movemos o no, sino que es recomendable rascarnos en ese momento y continuar, para evitar hacer de la relajación algo claustrofóbico y rígido.

Meditar es sencillo y enormemente difícil

Ponerse mano a mano con la atención puede resultar un trabajo enormemente frustrante al principio. En realidad, la premisa es muy básica: hay que parar y observar. Es así de simple. Sin embargo, al poco de iniciar la práctica nos damos cuenta de que estos dos verbos suponen en realidad dos acciones complejísimas.

Como hemos visto antes con la relajación, activar el sistema simpático es mucho más sencillo que el sistema parasimpático. Quizá la metáfora de un coche nos pueda servir para ilustrar este hecho. Imaginemos que tenemos a nuestra derecha el acelerador. Es relativamente fácil, ya que sabemos que cuanto más apretamos el pedal del simpático, más velocidad conseguimos. Por seguir con esta analogía, el freno no funciona exactamente como un pedal. No tenemos la posibilidad física de parar, a no ser que sea químicamente. Quien sea insomne sabrá a lo que nos estamos refiriendo. Por mucho que intentemos dormir, no podemos hacerlo. Nadie puede explicar cómo duerme, solo abre el camino y el espacio para que ello suceda. La respuesta sexual, que también está mediada, en parte, por el sistema parasimpático, es una paradoja que causa dolor de cabeza a muchas personas. Resulta que, para disfrutar de la sexualidad, uno no debe estar muy pendiente de su respuesta. Si esto sucede, si se presta demasiada atención a la consecución del orgasmo o a la erección, o a cualquiera de las respuestas que dependen de este sistema, la respuesta deja de funcionar.

Si esto es así, es porque ambos sistemas no funcionan como un interruptor de encendido y apagado. No solo existen uno u otro, sino que funcionan al mismo tiempo sobre las mismas funciones. Siguiendo el ejemplo de la respuesta sexual, el sistema parasimpático actúa sobre la erección, en el caso de la respuesta sexual masculina, mientras que el sistema simpático es el que estimula la eyaculación. Ambos sistemas deben actuar en conjunto para lograr un resultado complejo. Para nuestra mente, que está acostumbrada a pensar en términos de bueno o malo, peligroso o inofensivo, que necesita esquematizar y simplificar la realidad, esta interrelación supone todo un desafío, algo así como ¿hay que estar relajado y tenso para mantener una relación sexual satisfactoria?

No se puede parar; se puede abrir camino a una respuesta. Muchas veces no está en nuestra mano conseguir lo que queremos, sino facilitar algo que ya está aprendido. Por ejemplo, ninguno de los lectores puede explicar a un niño cómo se monta en bicicleta, simplemente lo sabe, y puede ayudar al niño a conseguirlo mediante la práctica. Los padres que hemos intentado enseñar a montar a nuestros hijos nos damos cuenta de que no hay muchas reglas verbales concretas que les podamos dar, porque el aprendizaje se fabrica desde dentro. Las instrucciones pueden servir para que el niño, en su experimentación, consiga una especie de «eureka», un *insight*; podemos facilitar el camino, pero no dar el camino. ¿Cómo es la experiencia de mantener el equilibrio? Intervienen demasiados sentidos, músculos y cableado sináptico como para dar una respuesta consciente a este hecho.

En las personas que sufren ansiedad, parar es difícil, ya que vivimos obsesionados con hacer. Se nos ha enseñado a consumir, pero no solo a consumir productos. También consumimos acciones. Es como un *checklist* de la felicidad. Viajes que no nos podemos perder, eventos a los que tenemos que asistir, experiencias por vivir, objetos que tenemos que comprar, relaciones que tenemos que vivir, deportes que practicar. Se nos ha enseñado que para ser felices debemos marcar casillas. Pero a veces esta experiencia termina siendo como la de aquellos viajes organizados o cruceros que intentan acaparar cuantas más fotos mejor. Puede que a una persona le gusten los cruceros, pero no recomendamos que su vida sea uno de ellos. La ansiedad a veces se cuela por esta puerta de la hiperactividad, porque ya no vale con tener vidas normales, han de ser vidas crucero, repletas de fotos. Parar nos da miedo porque se ha convertido en un vacío, en una pequeña muerte o en un encuentro con la angustia.

Si parar es difícil, observar no es una tarea más sencilla. La vida está llena de «tentaciones atencionales», de mensajes de urgencia que ejercen una atracción casi irresistible para nuestra atención. Como dicen, oír una conversación es fácil, pero escuchar es otra historia. Escuchar implica una actividad consciente, en la que tengo que aprender a identificar mis opiniones, prejuicios, carencias y deseos mientras recibo el mensaje de mi interlocutor. La llamada «escucha activa» es una habilidad que se obtiene con la práctica, y supone ampliar nuestra atención no solo al mensaje, sino a nuestra propia escucha; intentar dejar a un lado nuestras creencias o, por lo menos, saber que están ahí.

La aceptación como alternativa

La aceptación es una estrategia de cambio, consistente en no evitar ni controlar o cambiar los elementos que forman parte de una situación que consideramos como negativa. Ante tales hechos, lo que se propone es no hacer nada, no enfrentarse a las emociones o pensamientos que emergen en relación con la realidad que estamos experimentando. Sería admitir o tolerar estos eventos privados y la propia situación, sin intentar modificarlos, controlarlos o evitarlos.

Luchar contra la realidad es agotador, y no funciona. Rechazar lo ocurrido no cambia la situación, sino que suma otras emociones desagradables (ansiedad, enfado, miedo...) al dolor que ya sentimos. Por supuesto, aceptar la realidad es complicado, sobre todo cuando es muy dolorosa. Nadie quiere experimentar dolor, decepción, tristeza o pérdida. Pero esas experiencias forman parte de la vida y, cuando intentamos evitarlas o resistirnos, solo añadimos más sufrimiento al dolor.

El uso de las metáforas puede servirnos precisamente para tratar de entender las complejidades. Una de las que más usamos en consulta es la de imaginarnos que somos los conductores de un autobús.

Imagínate que eres el conductor de un autobús con muchos pasajeros. Los pasajeros son pensamientos, sentimientos, recuerdos y todas esas cosas que uno tiene en su vida. Es un autobús con una única puerta de entrada, y solo de entrada. Algunos de los pasajeros son muy desagradables y con una apariencia peligrosa. Mientras conduces el autocar, algunos pasajeros comienzan a amenazarte diciéndote lo que tienes que hacer, adónde tienes que ir: ahora gira a la derecha, ahora ve más rápido, etc. Incluso te insultan y desaniman: «Eres un mal conductor», «Eres un fracasado», «Nadie te quiere»...

Tú te sientes muy mal y haces casi todo lo que te piden para que se callen, se vayan al fondo del autobús durante un rato y así te dejen conducir tranquilo. Pero algunos días te cansas de sus amenazas y quieres echarlos del autobús. Pero no puedes, discutes y te enfrentas con ellos. Sin darte cuenta, la primera cosa que has hecho es parar, has dejado de conducir y ahora no estás yendo a ninguna parte. Y además los pasajeros son muy fuertes, resisten y no puedes obligarlos a bajar del autobús. Así que, resignado, vuelves a tu asiento y conduces hacia donde ellos mandan para que estén tranquilos. De esta forma, para que no te molesten y no sentirte mal, empiezas a hacer todo lo que te dicen y a dirigir el vehículo por dónde dicen para no tener que discutir con ellos ni verlos. Haces lo que te ordenan y cada vez lo haces antes, pensando en sacarlos de tu vida. Muy pronto, casi sin darte cuenta, ellos ni siquiera tienen que decirte: «Gira a la izquierda», sino que girarás a la izquierda para evitar que los pasajeros se echen sobre ti y te amenacen.

Así, sin tardar mucho, empiezas a justificar sus decisiones, de modo que casi crees que ellos no están ya en el autobús, y te convences de que estás llevándolo por la única dirección posible. El poder de estos pasajeros se basa en amenazas del tipo: «Si no haces lo que te decimos, apareceremos y haremos que nos mires, y te sentirás mal». Pero eso es todo lo que pueden hacer. Es verdad que cuando aparecen estas personas, y estos pensamientos y sentimientos muy negativos, parece que pueden hacer mucho daño, y por eso aceptas el trato y haces lo que te dicen para que te dejen tranquilo y se vayan al final del autobús, donde no los puedas ver. Al intentar mantener el control de los pasajeros, ¡en realidad has perdido la dirección del autobús! Ellos no giran el volante, ni manejan el acelerador ni el freno, ni deciden dónde parar. El conductor eres tú.

Siempre habrá un ruido de fondo, pero nosotros podemos decidir hacia dónde mirar, qué escuchar y si ese ruido será un personaje principal o tan solo lo aceptaremos como algo más.

La meditación, como la relajación, no es una actividad pasiva, sino activa, y exige una atención consciente. Puede existir atención, pero no tiene por qué haber consciencia; eso es lo que llamamos un cerebro reactivo. Un cerebro reactivo es como un perro con una pelota. Cuando le tiramos la pelota, el perro sale corriendo hacia ella. Pero es la pelota la que parece decidir, y no el perro.

El primer aprendizaje que nos da la meditación es el encuentro con el silencio.

Muchos quizá descubran, para sorpresa suya, que el silencio es algo a lo que no están acostumbrados en absoluto. Hagan lo que hagan, son incapaces de detener el constante vagar de su mente y de acallar el alboroto emocional que sienten dentro de su corazón. Otros, por el contrario, cuando se sienten cercanos a las fronteras del silencio, sienten pánico y huyen. El silencio puede ser una experiencia aterradora. Aunque lo aterrador no es el silencio, sino que es un momento en que nos encontramos con nosotros, con pensamientos que no hemos elegido, con valoraciones que no nos gustan, con posibilidades espeluznantes...

Con todo, no existe motivo para desanimarnos. Incluso esos pensamientos alocados pueden ser una revelación. ¿No es una revelación sobre nosotros el hecho de que nuestra mente divague? Pero no basta con saberlo. Debemos detenernos y experimentar ese vagabundeo. El tipo de dispersión en que nuestra mente se sumerge, ¿no es acaso revelador?

En este proceso hay algo que puede animarnos: el hecho de que hayamos podido ser conscientes de nuestra dispersión mental, agitación interior o incapacidad de lograr silencio demuestra que tenemos dentro de nosotros al menos un pequeño grado de silencio, el grado de silencio suficiente para caer en la cuenta de todo esto.

Decía el filósofo Ludwig Wittgenstein en su investigación sobre el lenguaje y la realidad: «Hay ciertas cosas de las que, pasado cierto punto, no puede decirse nada y tengo que permanecer callado».

En la web hemos incluido algunos ejercicios sobre meditación, pues creemos que podrán ser de utilidad al tener características que ayudarán a aquellas personas que padecen ansiedad.

Defusión cognitiva

La fusión cognitiva es un término utilizado para referirnos al estado en el que nos hemos identificado tan fuerte con nuestros pensamientos o emociones que la realidad nos resulta indistinguible de nuestras propias producciones mentales. Esta fusión tiene un elemento de confusión que no podemos obviar, pues ahí radica una de las claves: el tomar como verdaderos los intentos que nuestra mente realiza para interpretar la realidad.

El cerebro tiende a intentar dar sentido a lo que nos rodea, y si el cuadro que nos muestra contiene alguna falla que no es congruente con la historia que quiere representar, entonces se las ingeniará para rellenar los espacios en blanco, unificar los colores o afinar las líneas del dibujo, de tal manera que su función termina obedeciendo más a una necesidad de coherencia de la propia historia que a una transcripción fiel de lo que nos rodea. Entender esto supone caer en una serie de falacias cognitivas como las que hemos nombrado en apartados anteriores, ya que añaden creencias que se superponen y se terminan asimilando como parte de la verdad.

Las técnicas de defusión cognitiva buscan debilitar la influencia que los pensamientos ejercen sobre nuestra conducta. En realidad, las técnicas de *mindfulness* buscan en esencia el mismo efecto; es a esto a lo que se refieren cuando afirman que hay que liberar la mente, que si operativizamos el término en realidad nos estamos refiriendo a ser capaces de separar nuestras creencias, ser conscientes de que en esencia solo son eso, creencias, y que estas dejen de estar imprimidas en la realidad.

Darse cuenta de esto puede ser tan difícil como intentar morderse los propios dientes, porque estamos acostumbrados a identificar las creencias con certezas, y consideramos que aquello que pensamos sobre nosotros mismos o el mundo viene de un sustrato razonado y consolidado, y a menudo no es así. Nuestro lenguaje, como demostraremos en el capítulo 7, está lleno de trampas y de errores lógicos, y al definirnos según esa gramática del lenguaje interior, cometemos muchos de estos atentados contra la verdad. El sentido último del entrenamiento en defusión es el de romper precisamente con la literalidad del pensamiento, obteniendo reglas más amplias que posibiliten cambiar el contexto en el que nos relacionamos con los pensamientos.

Podríamos comparar este fenómeno con lo que nos sucede cuando vemos una película que consigue emocionarnos, y con la que establecemos una corriente de simpatía. Sin embargo, cuando conocemos cómo se ha rodado esa película y qué trucos se han utilizado, es mucho más fácil sentir una sensación de desapego, como si la historia fuese más ajena a nosotros.

A efectos prácticos

Podríamos proponer una serie de ejercicios clásicos con el objetivo de aumentar esta defusión:

Ejercicio de estoy teniendo un pensamiento

Este ejercicio, como hemos visto, se basa en describir nuestro comportamiento como si nos dirigiésemos a una descripción narrativa de nuestras acciones y sentimientos. En resumen, se trataría de establecer un cortafuegos que posibilitase la observación de nuestro estado de ánimo. Por ejemplo, si me he enfadado con alguien, podría comentar que parece que me he sentido ofendido porque he considerado que no he sido retribuido de forma justa.

Jamón, jamón, jamón

Hay muchas variantes de este ejercicio, pero el lector sin duda habrá repetido una palabra hasta la saciedad y se habrá dado cuenta de que algo extraño sucedía, ya que dicha palabra parecía perder su significado real, de modo que era cómo tratar con una cáscara vacía, y la palabra se quedaba en un sonido que no elicitaba ninguna de las asociaciones originales.

Hay personas que empiezan con una frase como, por ejemplo, «Voy a perder el control», y la pronuncian de diferentes maneras, con diferentes tonos y musicalidades, e incluso hacen canciones. Llega un momento en el que la frase está desposeída de su impacto emocional.

Resistirse al *phising*

Todos tenemos en mente los e-mails de los supuestos bancos que nos avisan sobre un supuesto fraude cometido en nuestra nómina bancaria. En dichos correos, se pide que solucionemos el problema entregando nuestro número de tarjeta o nuestra contraseña. Y esto es aprovechado precisamente para robar nuestros datos personales.

En esencia, eso es lo que hacen muchos pensamientos en nuestra cabeza: están cometiendo una suerte de phising que termina acaparando nuestra atención y generando, a su vez, más problemas. Podemos tratar a los pensamientos como este tipo de mensajes para evitar darles nuestros datos, o sea, nuestra atención.

7

El lenguaje interno

El año 1933 fue el que marcó la cartografía urbana para siempre. Los mapas originales del metro de Londres empezaban a ser enrevesados, y a menudo poco funcionales. Las líneas del suburbano habían crecido de manera mastodóntica, y aunque los diseñadores trataban de ser lo más fidedignos posible, los resultados no terminaban de ser satisfactorios. Se trataba de amoldar la realidad al mapa, y no al revés.

Cuando a Harry Beck se le encargó el proyecto de simplificar el mapa de Londres, llevaba cinco años trabajando para la oficina de señales del suburbano londinense. Además, tenía mucha experiencia con sistemas de circuitos eléctricos, y eso debió de influir en su idea final. El resultado fue un mapa que no pretendía ser exacto, sino práctico; el mapa que sirvió de modelo para el de todos los metros del mundo. El diseño de Beck no estaba exento de un carácter psicológico, ya que, al ser convexo, hizo que las estaciones más lejanas parecieran más cercanas al centro de la ciudad. Dicen que esto incentivó su uso por parte de las zonas más residenciales, y animaba a los usuarios a acercarse al centro.

El lenguaje nos moldea

El lenguaje es una de las abstracciones más maravillosas creadas por el ser humano. La segunda herramienta que va a ser fundamental y nos va a ayudar en nuestro propósito es la de mantener un diálogo interno consistente y que resulte beneficioso para lograr nuestros objetivos. No somos muy conscientes de hasta qué punto los mensajes, las reglas verbales, van a influir en nuestra percepción de la realidad.

Somos lo que nos contamos, lo que nos pasa, y cómo lo contamos. Cuántas veces un amigo nos hace recordar una época pasada de nuestra vida, o aquel viaje que compartimos, y nos damos cuenta de que hemos vivido dos realidades diferentes. Cualquier parecido con la realidad es mera coincidencia; debería estar inscrito en la entrada de nuestro cerebro, grabado con un cincel.

La pluralidad de nuestras diferentes versiones hace que la realidad cambie. De hecho, en psicología se estudia cómo el individuo no es un mero receptor pasivo de su entorno, sino que constantemente está modulando, interpretando y construyendo la realidad. Una vieja historia hace hincapié precisamente sobre este hecho:

Había una vez un par de religiosos, uno benedictino y el otro jesuita, que eran amigos y ocasionalmente se encontraban para charlar.

Parece ser que tanto el jesuita como el benedictino eran grandes fumadores, y compartían ese problema. Como todos los días debían pasar largos espacios de tiempo rezando en cada uno de sus conventos, sufrían gravemente la privación del tabaco. Resolvieron entonces discutir el asunto con sus respectivos superiores y, en la semana siguiente, comunicarse el resultado.

En la reunión convenida, el jesuita le preguntó al benedictino cómo le había ido.

—Pésimamente —replicó este—. Le dije al abad: «¿Me da usted permiso para fumar mientras rezo?», y se puso furioso. Me impuso quince oraciones más de penitencia en castigo por mi atrevimiento. Pero tú —refiriéndose al jesuita— pareces muy contento, amigo mío. Y a ti, ¿cómo te ha ido? —le preguntó a su amigo jesuita.

Este sonrió y dijo:

—*Hablé con mi superior y le pedí autorización para rezar mientras fumo. Y no solo me la concedió, sino que además me felicitó por mi devoción.*

Para Ludwig Wittgenstein, unos de los grandes filósofos del siglo xx, los límites de nuestro lenguaje son los límites de nuestro mundo, y si bien no sabemos si sostener esa premisa con la misma convicción que el filósofo de Cambridge, los clínicos no podemos dejar de prestar atención a cómo se expresan las personas en consulta y realizar reflexiones sobre este uso. Ahora bien, no solo usamos el lenguaje para comunicarnos con los demás, sino para ordenar nuestra realidad. ¿Pueden nuestras expresiones crear oasis y demonios? ¿Hasta qué punto las reglas verbales que interiorizamos están generando diferentes estados emocionales?

Mark Waldman y Andrew Newberg, psiquiatras y profesores de las universidades de California y Thomas Jefferson, respectivamente, afirman en su libro *Las palabras pueden cambiar tu cerebro* que si un sujeto escucha la palabra «no», su cerebro empezará a liberar cortisol, mientras que si recibe una afirmación ante una propuesta, su núcleo accumbens liberará dopamina; el uso de palabras positivas y optimistas ayudaban precisamente a activar el lóbulo frontal, que, a su vez, produce una desactivación de la amígdala. Además, si nuestro idioma nativo es el castellano, quizá contemos con ventaja, ya que recientemente se ha descubierto que es la lengua que más frecuencia de términos positivos posee en su uso cotidiano.

En inglés, la palabra *pollyana* hace referencia a aquella persona que plantea el mundo a través de una exagerada exaltación del optimismo. Este término se popularizó a partir de la novela que lleva el nombre de su protagonista, y que fue escrita por Eleanor H. Porter. Pollyana es una niña huérfana que, a pesar de todas las adversidades que le depara la vida, decide ver la vida desde el lado más amable de la existencia. La idea de esta novela ha servido de inspiración a dos investigadores para probar que el lenguaje que utilizamos cotidianamente posee más connotaciones positivas o negativas. Un par de matemáticos, Peter Dodds y Chris Danforth, decidieron dar toda una lección de minería estadística y recopilaron los diez mil vocablos más frecuentes de los diez idiomas más comunes. Bucearon entre tuits, letras de canciones, libros populares, sitios web... y llegaron a la conclusión de que las palabras más frecuentes tienen un sesgo claramente optimista en todos los idiomas consultados. ¿Quizá tratemos de compensar con el lenguaje la tendencia de nuestro cerebro a fijarse primero en lo que podría resultar amenazador?

Otro estudio publicado en la *Clinical Psychological Science* nos demuestra que el uso de ciertas palabras en la expresión oral y escrita podrían indicarnos que la persona está pasando por un proceso de ansiedad o depresión. Destacaban, además del uso de términos tildados como negativos (solo, miedo, tristeza o desesperación), el abuso de pronombres en primera persona (es decir, se encontraban más centrados en sí mismos). Por otro lado, se usaba un estilo de expresión más polarizado, donde aparecía una visión del mundo más radical en la que se enfatizaban los contrastes.

Daniel Everett es uno de los lingüistas que se han atrevido a poner en duda la gramática generativa que defiende Noam Chomsky. Según la teoría de Chomsky, existe un módulo predeterminado en el cerebro humano que facilita la adquisición del lenguaje, y gracias a esa predisposición los diferentes idiomas y dialectos contienen reglas comunes y universales. Everett fue un entusiasta misionero cuando era joven, y se trasladó con su familia a la Amazonia para llevar la palabra de Dios. Fue en medio de la selva donde encontró la tribu de los pirahãs, una comunidad aborigen amazónica que se comunica con el idioma más extraño del mundo. Aunque los pirahãs eran reacios a las acciones de los misioneros, y en general al contacto con el mundo exterior, terminaron aceptando a Everett. Después de observar a los miembros de esta tribu, ocurrió lo contrario de lo que esperaba. El misionero les hablaba de religión y felicidad, pero se dio cuenta de que ya eran felices, así que terminó cambiando su fe por el ateísmo, y se dedicó a estudiar su lengua.

Lo curioso del idioma de los pirahãs no es solamente que carezca de palabras para numerar las cosas (son incapaces de distinguir entre cuatro y cinco, ya que solo poseen los vocablos «uno» o «muchos»), sino que tampoco tiene tiempos verbales. Los pirahãs viven en un eterno presente, ignorando el futuro y el pasado. El propio Everett habla precisamente de la gramática de la felicidad por este caso. Al no existir en el lenguaje, simplemente no piensan en ello.

El cerebro es plástico

La plasticidad cerebral es una de las herramientas que favorece la adquisición de capacidades cognitivas. Esta moldea nuestro cerebro para que logre adquirir y mantener nuevos aprendizajes, lo que implica que, por medio del aprendizaje y la práctica, se pueden mejorar las capacidades cerebrales de las personas. El cerebro está constantemente creando nuevas conexiones neuronales y evolucionando, alterando las ya existentes para adaptarse a nuevas experiencias, aprendiendo de la conducta y la nueva información.

Una de las ventajas que se han observado en el desarrollo de la plasticidad cerebral es que, a mayor diversidad y número de conexiones corticales, aumenta la capacidad para aprender y generar nuevas soluciones a problemas que se pueden presentar en el día a día.

Y si nuestro cerebro está continuamente creando nuevas conexiones y evolucionando, ¿cómo le afecta entonces el lenguaje? ¿Qué efectos tienen las palabras, frases y conversaciones en nuestro cerebro?

Nuestro lenguaje es una actividad humana de rango superior, y comparte muchas características con otras actividades o procesos psicológicos, como la memoria o el pensamiento. El lenguaje es un poderoso sistema de representación de nuestro mundo exterior e interior en nuestra mente. Lo que hablamos influye, modifica e incluso corrige lo que pensamos. A nivel cognitivo, buena parte de lo que se dice acaba siendo lo que se piensa.

Un estudio liderado por el Instituto Hospital del Mar de Investigaciones Médicas de Barcelona (IMIM) muestra que solo una de cada diez personas con trastornos de ansiedad recibe el tratamiento adecuado. Además, la búsqueda de los términos «depresión» y «ansiedad» ha experimentado un crecimiento considerable durante los últimos cinco años. De hecho, la ansiedad ha sido el trastorno mental más buscado en este tiempo, coincidiendo con el aumento de esta enfermedad en la población mundial. Esta marcada tendencia en las búsquedas sobre trastornos mentales va acompañada del incremento de la búsqueda de información sobre ansiolíticos y antidepresivos.

Este mismo estudio nos indica que las búsquedas de Google no se corresponden con el lenguaje utilizado por los profesionales de la salud. Así, entre las búsquedas más habituales se encuentran consultas sobre «cómo calmar o combatir la ansiedad», «cómo salir de una depresión» o «cómo sé si tengo una depresión». Esto nos advierte a los profesionales de la salud que debemos cambiar el lenguaje que utilizamos en nuestras plataformas para llegar a todas personas que necesitan ayuda sanitaria.

Se ha comprobado que el cerebro usa los mismos mecanismos cuando una persona habla en voz alta que cuando lo hace para sí misma. Diversos estudios han demostrado que, cuando mantenemos esas charlas internas, se activan áreas como la de Broca, presentes también cuando nos comunicamos en voz alta.

Nuestro diálogo interno moldea nuestras creencias sobre nosotros mismos y sobre el mundo que nos rodea, y repercute además de forma directa en nuestros estados emocionales. El lenguaje que usamos cuando pensamos y lo que nos decimos con esos pensamientos es mucho más importante de lo que solemos creer.

El diálogo interno cambia nuestro cerebro. Esa charla cotidiana que tenemos con nosotros mismos puede fortalecer un gran número de áreas cerebrales para ayudarnos a manejar mejor el estrés, regular nuestro estado del ánimo o hacer incluso que seamos más resolutivos. Por el contrario, el habla negativa que desgasta, sin duda, puede llevarnos a estados muy debilitantes y perjudiciales.

Como hemos mencionado, si utilizamos palabras y frases positivas, se ejercita y fortalece el lóbulo frontal de la corteza cerebral. De esta forma, nuestras funciones ejecutivas mejoran. Además, favorecemos que nuestro cerebro libere dopamina, activando así los circuitos de placer, de recompensa, y la sensación de calma, bienestar y alegría. El modo en que nos hablamos nos define. Si lo hacemos con desprecio, cuestionando nuestro potencial y recordándonos que somos menos que los demás, nos estaremos convirtiendo en nuestros peores enemigos. Al fin y al cabo, el bienestar también implica hablarnos con amor y delicado respeto.

Es necesario que tomemos conciencia de que el diálogo interno puede afectar de manera directa a nuestra salud, tanto física como psicológica. Esa charla limitante recorta nuestra autoestima y apaga nuestro potencial, nuestros recursos y oportunidades. Por ello, es importante prestarle una mayor dedicación y atención, con el fin último de trabajar en su transformación y cambio.

Amaya iba a casarse al cabo de dos meses, llevaba un año y medio esperando ese momento, pero ya no tenía muy claro si iba a poder disfrutar de su boda. ¡Era un acontecimiento tan importante y deseado para ella! Pensaba una y otra vez: «Después de tanto quebradero de cabeza, todo tiene que salir bien, si no me muero».

A pesar de ser tímido, Pablo ha empezado a hablar con el compañero que entró a trabajar hace unos meses en su empresa. Unos días atrás, este compañero le invitó a una barbacoa por su cumpleaños y hoy le tiene que confirmar o no su asistencia, así que se imagina qué pasará si va a la fiesta: «Todo el mundo se conocerá entre sí, estarán hablando y disfrutando, todos menos yo, que estaré solo, como un pasmarote, callado... Y encima se darán cuenta. No voy a ir. A ver qué excusa pongo».

De unos meses a esta parte, Adriano teme salir a la calle y sufrir un ataque de ansiedad. No puede evitar pensar: «¡Qué flojo y cansado estoy! Hoy no voy al súper porque seguro que si salgo me da un ataque de los gordos... Pero ¿por qué no puedo salir a pasear o a hacer la compra tranquilamente como las personas normales?».

Nuestros tres protagonistas nos ayudan a ilustrar situaciones que quizá te resulten familiares. Los tres, aunque parezcan estar en contextos muy distintos, tienen algo en común: tanto Amaya como Pablo y Adriano tienen una serie de pensamientos o formas de valorar la dificultad a la que han de enfrentarse. Como un trozo de barro que trabajamos con las manos para darle forma, el lenguaje con el que se dicen a sí mismos lo que les pasa hoy y les puede llegar a pasar después moldea y modifica sus emociones, motivación, decisiones...

El diálogo que mantenemos con nosotros mismos

A menudo se nos hace muy difícil explicar a otras personas nuestros estados mentales o cómo pensamos. No todo el mundo cuando piensa lo hace desde una voz interior; por ejemplo, existen personas cuya experiencia mental es más visual. Esto lo explica el psicólogo y ensayista inglés Charles Fernyhough en su libro *Las voces interiores: qué nos dicen la historia y la ciencia sobre cómo nos hablamos a nosotros mismos*. En él recoge los estudios que se han hecho sobre esa voz interior que todos más o menos reconocemos, y asegura que es un fenómeno muy frecuente a la hora de pensar, pero que existen diferencias entre personas: algunas recurren a ese monólogo interior constantemente; otras, solo a veces, y hay gente que nunca o casi nunca acude a lo verbal, pero sí al empleo de imágenes.

La verdad es que, por lo general, pensamos mucho con palabras. Durante gran parte del tiempo, utilizamos el lenguaje como una herramienta que nos ayuda a estructurar lo que pensamos y a crear nuestra narrativa autobiográfica, es decir, a contarnos lo que nos ha pasado. Esos diálogos internos son una especie de voz en *off* de nuestra vida, gracias a los que podemos evaluar y dar contexto a nuestros recuerdos, ideas y planes de futuro.

Pensar, entendiéndolo como el diálogo interno que llevamos con nosotros mismos, conlleva ciertas características:

- Ser conscientes, en el sentido de que sabemos lo que pensamos.
- Es dependiente del lenguaje que hemos aprendido (con las facilidades y dificultades que ello implique a la hora de simbolizar y fijar conceptos, sobre todo los que nos resultan menos familiares o abstractos).

- Es un acontecimiento privado, ya que los otros no acceden a él.
- Es coherente, en el sentido de que encaja en un flujo de ideas.
- Es activo, pues es algo que se hace y uno reconoce como propio.

Ya que hemos visto que pensar es un acto íntimo que mayoritariamente se apoya en el lenguaje, podemos considerar que es una maravillosa herramienta para crear, para construir crecimiento; y, es verdad, a las pruebas de nuestra evolución como especie nos remitimos. Pero no se nos puede pasar por alto que también puede ser un arma para destruir, y si no ¡que se lo digan a nuestros protagonistas! Atendamos a la importancia que tienen y conozcamos los diálogos internos que hay que evitar para no caer en hablarnos a nosotros mismos desde esos monólogos tan destructivos.

Diálogos que no nos ayudan

Los casos de Amaya, Pablo y Adriano nos pueden ayudar a mostrar cuatro de esas maneras de contarnos las cosas que más nos perjudican a todos en general, y que suelen desarrollarse sobre todo en las personas que experimentan problemas de ansiedad.

Pensamientos en los que nos anticipamos

«Todo el mundo se conocerá entre sí, estarán hablando y disfrutando, todos menos yo, que estaré solo, como un pasmarote, callado... Y encima se darán cuenta. No voy a ir. A ver qué excusa pongo», se decía Pablo. ¿Acaso tenemos una bolita mágica para saber a ciencia cierta cómo se van a suceder los acontecimientos en nuestro futuro? Pues, como Pablo, a veces nos contamos una historia con todo detalle de lo que sucederá y, lo peor de todo, nos la creemos.

Anticiparnos viene en nuestro programa filogenético. Es necesario en situaciones en las que va nuestra integridad en ello, como en la de cruzar por un paso de peatones y que un coche no frene ante el semáforo en rojo; y en otras ocasiones no es que sea necesario, pero sí útil, como por ejemplo cuando queremos jugar a las palas en la playa, porque si no anticipásemos la trayectoria de la pelota..., no habría juego ni diversión. Es en estos casos cuando anticiparnos nos ayuda. Pero, si nos fijamos, poco diálogo interno hay en estas situaciones, más bien uno pasa a la acción que se haya aprendido, sin pensar.

El problema es que a veces queremos aplicar esta estrategia a otro tipo de circunstancias en las que, por su naturaleza, anticipar es una falacia. El sentimiento con el que peor nos llevamos los seres humanos es el de la incertidumbre, el de no saber qué va a suceder. Por lo tanto, hablamos de situaciones en las que experimentamos que no podemos tener el control absoluto sobre lo que sucederá en nuestro contexto, a los otros o a nosotros mismos. Nuestra mente intenta adelantarse, anticipándose, inventándose una historia para sentir que aumenta nuestra sensación de control y seguridad.

Lejos de conseguir el control, al evitar esas situaciones, porque creemos que lo que va a suceder no nos va a gustar, lo que logramos es empobrecer nuestra vida de acontecimientos y experiencias enriquecedoras. Y como le pasa a Pablo, a veces nos adelantamos tanto que ni siquiera nos damos el beneficio de la duda a conocer qué sucederá de verdad, comprobar si nos equivocábamos o, por el contrario, si surgen complicaciones y nos vetamos el derecho a poder comprobar sobre la marcha con qué recursos contamos para sobrellevarlas.

Pensamientos catastróficos

Comprobamos que Pablo se cree su propio cuento: una situación en la que todo el mundo está acompañado y contento, mientras él está solo, aburrido y, encima, posiblemente sea objeto de crítica por parte de los demás. Para una persona tímida y retraída, sensible a las apreciaciones o juicios ajenos, ¿no os parece que es una historia de terror? Al igual que la de Adriano, cuando se cuenta a sí mismo que no va a ir al súper porque está tan flojo y cansado que «seguro que si salgo me da un ataque de los gordos...».

A menudo, el anterior diálogo (cuando anticipamos) propicia colocarnos en el peor de los escenarios posibles, al menos el peor escenario para nosotros mismos. Así que los relatos catastróficos tratarán sobre tener que enfrentarnos a condiciones (futuras) que nos resultarán tremendamente difíciles, incluso devastadoras para nosotros, sin importar lo improbable que pueda resultar. La historia de terror termina siendo en nuestros pensamientos una situación que se va a dar en la realidad, y nos va a afectar a nosotros o a las personas que queremos.

Pero ¿cuándo nos ha pasado algo así? Y queremos decir «exactamente así». Quizá estés pensando: «Ya, pero algo parecido sí». Pues entonces pregúntate: ¿qué ocurrió realmente y qué hice entonces? ¿Crees que tuviste algún recurso que te ayudó? ¿Qué pasó luego? ¿Y tiempo después? Ahora, ¿tiene tanta importancia para ti?

Pensamientos exigentes

Como a Amaya, a veces se nos pasa de rosca la necesidad de que «todo salga bien». Sentimos que no es un deseo personal, sino una necesidad vital el hecho de que las cosas tengan que salir perfectas, como habíamos planeado, sin peros ni fallos.

En un contexto cultural en el que a veces parece criminalizarse el error o la equivocación aparenta no tener cabida sin un despido o una renuncia, es difícil no hiperdesarrollar cierta sensibilidad hacia la búsqueda de la perfección y las demostraciones hacia los demás de que nuestros comportamientos son intachables. Para ello, sin que nos demos cuenta, sutilmente, vamos reforzando tendencias rígidas y exigentes de cómo hemos de vivir y compartirnos con los demás.

Si estamos atentos a lo que nos sucede a nosotros en esta situación, podemos estar escuchando una especie de «sargentillo» interno que nos habla de lo que está bien o mal, de lo que tenemos que hacer y de lo que no nos podemos permitir si no queremos ser castigados. «Deberías hacer/pensar/sentirte...», «No puedo permitirme que pase...», «Tendrías que...» son los mensajes que caracterizan este tipo de diálogo interno. Y para ello, además, debemos esforzarnos muchísimo en que así sea, «porque si no... va a ser horrible/insoportable/me muero», es decir, conectamos directamente con pensamientos catastróficos.

Cuando esto pasa múltiples veces al día, podemos escuchar íntimamente el discurso de ese sargento, orden tras orden, exigencia tras exigencia, e intentamos llevarlo a la práctica habitual con la intención de que nos proporcione el éxito y la felicidad prometidos. Nos hemos creído la historia de que, si seguimos esas reglas, si mantenemos el control de ese modo, escaparemos del horrible final. Pero la realidad es que nos vamos sintiendo cada vez más ahogados y atrapados en ese diálogo: si queremos llevar a la acción cada mandato, será muy difícil que la situación se sostenga a la larga; pero, a la vez, a medida que pasa el tiempo, nos parece más complicado romper con ello y con los roles que hemos establecido con nosotros mismos.

Pensamientos victimistas

A veces las cosas no salen como queremos (Amaya puede tener algún contratiempo en su estratégico plan) o, como Pablo, decidimos retirarnos antes de tiempo sin comprobar qué es lo que sucede al final en realidad. Es decir, a través de lo que nos pasa y de lo que nos contamos que nos pasa, así como a través de las decisiones que tomamos basándonos en esas narrativas internas, podemos llegar a sentirnos frustrados, descontrolados, encerrados o condenados; como le sucede a Adriano, que termina preguntándose por qué él no puede salir tranquilamente como las «personas normales».

Cuando nuestros diálogos internos tienden a victimizarnos, suelen desencadenarse frases como «Esto es injusto y no debería pasarme», planteándonoslo como que «es algo horrible que me ha tocado vivir» y que «no puedo hacer nada por cambiarlo». Es un mensaje en el que parece que un ser superior nos ha echado esta maldición de la cual no nos podremos librar.

Hacemos de las dificultades y nuestros miedos una cosa que se escapa a nuestro control, favoreciendo que lo valoremos íntimamente desde una posición en la que la sensación de indefensión es la reina. Nos decimos que no somos como los demás, sino seres más desdichados, unos extraños que aparentan ser normales en la normalidad, pero que nunca lo serán. «Nadie entiende por lo que estoy pasando», «La gente no lo pasa tan mal como yo» nos decimos, mientras se afianza la sensación de ser un caso perdido, incapaces de hacer nada por sentirnos un poquito mejor. Realmente es algo destructivo e incapacitante para la persona que lo piensa, ¿no?

Cuando exteriorizamos este tipo de diálogos, en ocasiones expresamos: «Qué le voy a hacer, si soy así», incluso a veces podemos llegar a creer que son las personas más cercanas a nosotros las que deberían facilitarnos las cosas o encargarse de nuestro bienestar. Así que, para manejarnos con este tipo de diálogos internos, lo interesante será preguntarnos hasta qué punto, si los otros nos solucionasen todas las papeletas, nos estaríamos ayudando a nosotros mismos o si en realidad nos estaríamos autocondenando al exilio y a la falta de oportunidades a aprender habilidades nuevas. Peguntémonos: ¿hasta dónde llega nuestra responsabilidad en todo esto?, ¿en qué cuestiones podemos tomar decisiones y a partir de qué punto ya no tenemos control en las situaciones cambiantes a las que nos exponemos?

Decía Aristóteles que el sabio no dice todo lo que piensa, pero sí que piensa todo lo que dice.

Más interesante aún es la publicación de estudios que plantean que no es lo mismo un diálogo interno que un monólogo interno. Cuando se establece un diálogo, se activan áreas del cerebro que están destinadas a la interacción social, como el precúneo o la corteza cingulada anterior. ¿Esto implica que hay diferentes partes de mí que están involucradas en una conversación? ¿Puedo estar dividido en fragmentos? ¿Pueden pelearse o llevarse mejor esas partes entre sí? En cambio, cuando se establece un monólogo no se activan dichas áreas. En el caso de una estructura como el precúneo, esto es sumamente interesante, ya que es una zona muy importante del cerebro, con una gran variedad de tamaño entre personas y que había sido descuidada por la neurociencia hasta hace poco. Es la base de la función empática, el reposo emocional y la fluidez del cerebro. Esto nos podría llevar a un montón de preguntas: ¿y si podemos extender funciones como la empatía para mejorar la relación con nosotros mismos? Algo así como una empatía interna que nos lleve a autoconsensuarnos. ¿Pueden existir diferencias individuales, de modo que haya personas más mologuistas y otras que reproducen más conversaciones internas? ¿Qué efectos tienen esos monólogos o diálogos en nosotros?

Esto que estamos relatando no deja de tener muchas inexactitudes. Las neuronas no hablan, por supuesto, y utilizan una forma de lenguaje neural que se parece más a un lenguaje de programación lleno de ceros y unos que a un guion elaborado. Sin embargo, son buenas metáforas que nos pueden ayudar a una misión mucho más práctica: la de establecer una cooperación interna en lugar de una división.

Es indudable que el uso del lenguaje altera nuestra realidad, y no podemos obviar este hecho. Los clínicos sabemos que lo que pasa dentro de una sesión de terapia no es extraordinario en sí; lo extraordinario se fabrica y entreteje dentro del lenguaje compartido que emplean el terapeuta y el paciente. A veces, una expresión, una palabra en el momento justo, no antes ni después, puede marcar la diferencia.

Distorsiones cognitivas

¿Por qué la luna a veces se ve enorme y otras está en el cielo minúscula como un punto, si en realidad su tamaño siempre se mantiene constante? Ptolomeo se hacía ya esta pregunta hace bastante tiempo, y la respuesta es que en realidad no depende de la Luna, sino del contexto en el cual esta se halla. Si hay objetos alrededor, se verá más pequeña, pero si la encontramos en el vacío, sin apenas estrellas, la Luna a veces puede parecer enorme. Si la ves de ese tamaño, intenta observarla a través de un agujero, como el formado por un tubo. De repente, el satélite se hace más pequeño porque el cerebro lo sitúa en las cercanías de los límites del hueco. Al quitar esos límites, la Luna aumenta de tamaño instantáneamente.

El persa sufí Yalal ad-Din Muhammad Rumi cuenta la siguiente historia:

Seis hindúes sabios, inclinados al estudio, quisieron saber qué era un elefante. Como eran ciegos, decidieron hacerlo mediante el tacto. El primero en llegar junto al elefante, chocó con su ancho y duro lomo, y dijo:

—Ya veo, es como una pared.

El segundo, palpando el colmillo, gritó:

—¡Esto es tan agudo, redondo y liso que el elefante parece una lanza!

El tercero tocó la trompa retorcida y vociferó:

—¡Dios me libre! El elefante es como una serpiente.

El cuarto extendió su mano hasta la rodilla, palpó en torno y dijo:

—Está claro, el elefante es como un árbol.

El quinto, que casualmente tocó una oreja, exclamó:

—¡Aún el más ciego de los hombres se daría cuenta de que el elefante es como un abanico!

El sexto, que palpó la oscilante cola, acotó:

—El elefante es muy parecido a una soga.

Y así, los sabios discutieron largo y tendido, cada uno excesivamente terco y violento en su propia opinión y, aunque parcialmente en lo cierto, estaban todos equivocados.

Admitámoslo, la mente no está hecha para descubrir la verdad, sino para hacer una historia coherente con lo que esperamos que va a ocurrir. A veces, esa forma de contarnos la realidad puede interferir seriamente en nuestra vida, ya que en realidad se producen errores a la hora de procesar la información que nos llevan a sentirnos ansiosos o profundamente desgraciados. Es entonces cuando hablamos de distorsiones cognitivas.

Las personas pueden cambiar su modo de ver la realidad y adoptar una visión que vaya más acorde con su vida, o por lo menos ser conscientes de que su manera de ver las cosas es una de las muchas posibles.

Desde la Antigüedad han existido escuelas de pensamiento que quisieron cumplir el cometido de aprender a pensar de forma más adaptativa. Los estoicos, los cínicos o los epicúreos se preocupaban de hallar la fórmula de la serenidad mediante la incorporación de nuevos modos de pensamiento. La psicología cognitivo-conductual, que se desarrolla a partir de la segunda mitad del siglo xx, está profundamente arraigada a estas escuelas de pensamiento. En AMADAG hemos tenido siempre muy en cuenta a estos filósofos para entender e identificar qué tipo de pensamientos está detrás de las personas que desarrollan trastornos de ansiedad como el que nos ocupa en este libro. Claro que, antes de nosotros, generaciones de psicólogos cognitivistas han advertido sobre los nefastos efectos de dichas percepciones distorsionadas.

La terapia racional emotiva, y la psicología cognitiva en general, defienden que el pánico, la tristeza, la sensación de miedo y cualquier estado emocional no puede producirse sin una interpretación según el famoso esquema del A-B-C, del que hablan los terapeutas cognitivo-conductuales. En este esquema, A representa un suceso; C, un estado emocional, y B, la forma de interpretar dicho proceso que nos lleva a ese estado emocional.

Los ejemplos de diálogos internos perjudiciales que relatábamos antes están basados en distorsiones automatizadas de pensamiento. Estas distorsiones actúan a modo de filtros, mostrándonos espejos deformados.

A efectos prácticos

¿Cómo podemos cambiar el pensamiento?

¿Cómo cocinamos un plato con estos ingredientes tan complicados? Cuando uno lleva mucho tiempo pensando de una manera determinada, intenta ajustar la realidad a los patrones preconcebidos. Lo complicado es poder darse cuenta y crear un nuevo hábito de pensamiento.

Algunas personas dicen que su ansiedad viene de repente, y otras, en cambio, afirman que la provoca su inconsciente. ¿Qué es lo que mucha gente quiere decir con inconsciente? Se suele referir más bien a un tipo de magia negra que habita en algún lugar de su cerebro y aparece de forma sorpresiva y traicionera. Y, claro, nadie puede luchar contra la magia. Podríamos cambiar este concepto por «automatizado». ¿Cómo aprende uno a montar en bicicleta? No lo podemos explicar, igual que si intentamos pedir a alguien que nos diga cómo camina, obtendremos un fracaso similar. No lo podemos explicar porque no pensamos realmente en ello, lo tenemos automatizado.

Si sufrimos claustrofobia, el metro, por ejemplo, dejará de ser el tren de la bruja cuando adquiera nuevos significados. Es posible que para nosotros el metro termine siendo un lugar bastante placentero donde podamos leer o contemplar un montón de rostros, e imaginar a qué se dedicarán o cuáles serán sus hobbies.

Lo que sucede es que hemos automatizado de manera tan eficaz los pensamientos que, a menudo, no somos capaces de ver la cadena de ideas que nos llevan hasta un lugar determinado. La mente es un caballo muy veloz que está continuamente galopando. Así que una tarea fundamental es la de aprender a observar ese pensamiento, es decir, hay que devolver la conciencia a ese proceso para poder automatizar otro pensamiento más adaptativo. Es lo que llamo «observar al observador».

1. Observando al observador

Nuestra mente está evaluando continuamente. Nos dice todas esas cosas: «Vas a tener un infarto»; «¿qué es la muerte?»; «vas a perder el control, no vas a poder soportarlo»; «¿soy feliz con mi vida?»; «¿dónde vas a estar dentro de cinco años?»;

«van a echarte de la empresa». Nuestra mente habla y habla sin poder callarse, pero no debiéramos enfadarnos con ella, no es del todo su culpa; está ahí para eso, ya que la función principal del neocórtex, que es lo que nos identifica como humanos, es la de predecir y anticipar. Uno de los pensamientos más recurrentes en personas con ansiedad es la anticipación de sucesos catastróficos. La gran mayoría de las veces son pensamientos imprecisos e incompletos. ¿Recordamos cuando hablábamos de las películas de terror? Lo que da miedo no es lo que está sucediendo ahora, sino lo que va a suceder.

Analicemos bien la estructura de algunos de ellos: son como fotos fijas sin continuidad, como cuando vemos un episodio de una serie y acaba en una foto congelada y un texto que dice: «Continuará»... Estamos en un centro comercial y nos imaginamos chillando o corriendo. Nunca hay un después, solamente vemos algo que nosotros calificamos como horrible. Si vamos un poco más allá, podríamos no quedarnos ahí, y quizá sea bueno darle forma a ese pensamiento, explorarlo bien.

- ¿Dónde estamos? ¿En qué lugar? ¿Es un lugar que conocemos o es un escenario imaginado? ¿Hay gente con nosotros?
- ¿Qué es lo que verdaderamente calificamos como horrible? ¿Por qué no lo vamos a poder soportar?
- ¿Qué va a pasar después? No nos quedemos en la foto fija.

Si sabemos que son ilógicos, ¿por qué se mantienen? La razón es que no llegamos a comprobar si esto es así o no. Los mecanismos de evitación permiten que la superstición siga funcionando. Si no pasamos debajo de una escalera, no podremos comprobar si realmente da mala suerte.

Por ejemplo, algunas personas comentan que tienen miedo a perder el control. ¿Y cómo se supone que pierden el control? Muchas de las veces el mayor signo de descontrol que muestran tener es tensar el cuerpo y quedarse como un palo.

Sin embargo, a las personas que, por así decirlo, piden ayuda y dicen «auxilio» o «socorro» les importa un pimiento si están perdiendo el control o no, simplemente quieren recibir ayuda. Esto es así en una gran parte de los casos.

Albert Ellis hablaba del A-B-C en su terapia racional emotiva. Se refería a acontecimientos activadores (A) que, mediados por un pensamiento (B), terminaban causando una serie de consecuencias (C). Imaginemos que coincidimos en el autobús con alguien a quien llevamos mucho tiempo sin ver, como, por ejemplo, un amigo del instituto, y no nos saluda. ¿Cómo nos sentiríamos? Pues depende:

Acontecimiento (A)	Pensamiento (B)	Consecuencia (C)
Me encuentro con X en el autobús, y no me ha saludado.	No me ha querido saludar.	Me enfado, siempre ha sido un borde.

Acontecimiento (A)	Pensamiento (B)	Consecuencia (C)
Me encuentro con X en el autobús, y no me ha saludado.	No me ha visto.	Duda: ¿lo saludo o no?

Acontecimiento (A)	Pensamiento (B)	Consecuencia (C)
Me encuentro con X en el autobús, y no me ha saludado.	Menos mal que no me ha visto.	Alivio.

Podemos observar que la situación es la misma, pero las consecuencias son muy diferentes. Y ello depende de la interpretación que he dado.

Veamos algunos ejemplos de esto mismo aplicado a la ansiedad:

Acontecimiento (A)	Pensamiento (B)	Consecuencia (C)
Me encuentro en un centro comercial, lejos de la puerta de salida.	Voy a desmayarme aquí mismo y voy a montar un espectáculo.	Me falta el aire. Siento mucho calor. Me encuentro mareada.

En este primer ejemplo, una mujer está comprando cuando se da cuenta de algo: está lejos de cualquier salida y existe la posibilidad de que se desmaye sin que pueda llegar a tiempo a ninguna de ellas. Así que la persona empieza a buscar signos de mareo... y los encuentra, claro. Tras evidenciar que hace calor, es muy posible que hiperventile lo suficiente como para empezar a sentir sensaciones como mareo, falta de aire, etc.

Acontecimiento (A)	Pensamiento (B)	Consecuencia (C)
Acabo de discutir con mi madre. Me voy a trabajar en el autobús.	Estoy enfadada, el corazón me late muy deprisa. ¿Y si me da un infarto?	Sudoración. Taquicardia. Tensión muscular. Escalofríos.

Hay quienes, tras un suceso activador, como el ejercicio físico o un enfado, se asustan de la propia reacción natural que se ha producido como consecuencia del ejercicio o el enfado. Entonces se enfocan en las sensaciones y se olvidan de por qué han llegado hasta ese punto. Al enfocarse tienen miedo de los cambios fisiológicos que se han producido.

2. Sustituir los pensamientos irracionales por otros más adaptativos

Después de lo que hemos visto hasta ahora, estás preparado para poder rebatir las ideas irracionales; otra cosa es que sea fácil, que no te lo prometo. Si fuese sencillo, ya lo habríamos hecho hace mucho. Pero nadie dijo que esto sería un camino de rosas.

Recomendamos una tabla con el A-B-C, y que luego le añadas otras dos columnas: D y E. En la columna D podrás rebatir el pensamiento; en la columna E, anotar cuál es el cambio con ese nuevo pensamiento.

Recordemos este ejemplo:

Acontecimiento (A)	Pensamiento (B)	Consecuencia (C)
Acabo de discutir con mi madre. Me voy a trabajar en el autobús.	Estoy enfadada, el corazón me late muy deprisa. ¿Y si me da un infarto?	Sudoración. Taquicardia. Tensión muscular. Escalofríos.

Si nos fijamos bien, estamos distorsionando la realidad con un pensamiento catastrófico. Ante los pensamientos catastróficos recordemos que podemos preguntarnos: ¿qué evidencias tenemos de que eso sea así?; ¿qué otras explicaciones podemos tener para nuestros síntomas? Añadiríamos, por tanto, dos columnas:

Reestructuración (D)	Nueva consecuencia (C)
El hecho de que me lata el corazón más deprisa no significa que me esté dando un infarto. Antes estaba enfadada, y el enfado y la rabia hacen que mi corazón vaya más deprisa, pero eso no va a hacer estallar mi corazón.	¿Cómo me siento tras encontrar otras explicaciones?

Principales distorsiones cognitivas

¿Cuáles son las principales distorsiones que encontramos en alguien que está pasando por un proceso de ansiedad? ¿Qué filtros suelen interiorizar y automatizar? Aprender a reconocerlos e identificarlos no solamente puede servirnos para disminuir la potencia de la respuesta ansiosa, sino que además nos ayudará en los procesos de anticipación y posterior evaluación que se elaboran alrededor de la aparición de las crisis y los picos de malestar.

PENSAMIENTO POLARIZADO

Cuando uno piensa en estos términos, las palabras mágicas son «todo» o «nada». ¿Te has sorprendido en una discusión de pareja, pronunciando estas palabras?: «Tú nunca te ocupas del niño» o «Tú siempre tienes que tenerlo todo controlado».

El ser humano ha tendido siempre a clasificar y categorizar el mundo para poder ordenar y entender la gran variedad o «caos» de la realidad (en ocasiones es incluso necesario), es cierto. No obstante, hacerlo en exceso supone quedarnos muy cortos, parcelar y reducir a una pequeña parte la enorme variedad y diversidad. Simplificar la realidad, eliminando los matices, es un acto necesario cuando uno posee poco tiempo para tomar la decisión.

Ejemplos de pensamiento dicotómico pueden ser los siguientes: «Todo me sale mal siempre», «Nunca lo conseguiré», «Nadie me hace caso», «¿Me quiere o no me quiere?», «O estás conmigo o contra mí», «Es mala persona»... De este modo, uno de los mejores «trucos» para «cazar» estos pensamientos con facilidad es que precisamente suelen aparecer con palabras del tipo siempre/nunca, todo/nada.

Se trata, por lo tanto, de un pensamiento irracional (un pensamiento que no es cierto y que, además, nos suele generar malestar y bloquear o paralizar) o un error de pensamiento porque limitamos la realidad o a nosotros mismos; lo acotamos en exceso, de forma que queda fuera de ese límite una gran parte de la realidad (que, además, la obviamos o no la tenemos en cuenta, como si no existiese, llegando a otro tipo de pensamiento irracional: el filtraje selectivo). Asimismo, tendemos también no solo a ver el mundo en los dos opuestos, sino también a «encajar» las cosas que nos suceden en uno de los dos, cuando muchas veces no suele ser así. No todo es tan simple ni tan rotundo en la vida.

Lo malo de este tipo de frases es que etiquetan al otro, y nos impiden la comunicación. En el primer caso, no hablamos de alguien que no se ocupa del niño, como nosotros desearíamos; es alguien que nunca se ha ocupado de él. Es menos que cero. En el segundo caso, no estamos hablando de alguien que a veces, por inseguridad o por lo que sea, intenta controlar las cosas para sentirse seguro; estamos hablando de un robot que está analizando sin descanso las situaciones. Y las personas a veces se dirigen a ellas mismas en esos términos e impiden su crecimiento, ya que si siempre pasa algo o nunca sucede, nada puede cambiar. El pensamiento polarizado está impidiendo que pueda surgir nada nuevo.

A efectos prácticos

Sigamos con el ejemplo anterior: ¿qué pruebas tengo para pensar que siempre me pasa lo mismo, que todo me sale mal, al cien por cien? ¿No hay absolutamente nada que se me dé bien? ¿Siempre ha sido así, en todas y cada una de las situaciones de mi vida, desde que he nacido? ¿Seguro? ¿Qué pruebas reales del pasado desmontarían este pensamiento, es decir, hay al menos una vez en la que pensaba que eso en concreto se me daría mal y al final resultó que lo conseguí? Y, en último término, ¿me ayuda en algo pensar de este modo?

ADIVINACIÓN

Por adivinación entendemos predecir o «profetizar» el resultado de eventos antes de que sucedan. Uno sabe que va a tener una crisis de ansiedad, y por eso termina teniéndola. Aunque yo daría una vuelta de tuerca a este hecho, afinando mejor la puntería. Hay una vieja historia hindú que nos puede ayudar a entender algún aspecto:

Durante una batalla, un general japonés decidió atacar al adversario a sabiendas de que su ejército era inferior en número de efectivos. Pero estaba confiado en ganar, aun cuando sus hombres estaban llenos de dudas.

Camino a las operaciones, se detuvieron en una capilla. Después de rezar con sus hombres, el general sacó una moneda y dijo:

—Ahora tiraré esta moneda. Si es cara, ganaremos. Si es cruz, perderemos. El destino se revelará.

Tiró la moneda al aire y todos miraron atentos cómo aterrizaba en el suelo. Era cara.

Los soldados estaban tan contentos y tan confiados que atacaron vigorosamente al enemigo y consiguieron la victoria.

Después del combate, un teniente le dijo el general:

—Nadie puede cambiar el destino.

—Tal vez —contestó el general con una sonrisa de picardía mientras mostraba al teniente una moneda que tenía cara en ambos lados.

En esta historia observamos que la creencia en la victoria hace que esta acabe siendo posible. En un sentido contrario, ¿no pasa algo parecido cuando anticipamos? Estamos totalmente obsesionados con la idea de que sería horrible tener una crisis de ansiedad en esa situación que imaginamos. Nos decimos que no debe pasar, y al final, como ya comentamos, ese mismo pensamiento es el que provoca el pánico. Provocamos el pánico al querer escapar de él, pensando en cómo evitarlo, y eso nos hace estar permanentemente en un mundo de adivinación y fantasías, que alimentan la ansiedad.

Uno podría preguntarse: ¿qué evidencias tenemos de que se vayan a producir nuestras predicciones? ¿Qué hechos apoyan nuestra afirmación?

FILTRAJE SELECTIVO

Tomamos actos aislados y los transformamos en generalidades. Nos enfocamos exclusivamente en ciertos aspectos, usualmente negativos y perturbadores, de un evento o persona y excluimos las pruebas que nos demuestran lo contrario de ese pensamiento.

Nuestra concepción del universo dio un giro radical cuando nos dimos cuenta de que no era el Sol lo que giraba alrededor de la Tierra, como propugnaba el geocentrismo, sino que era al revés. Aristarco de Samos fue completamente ignorado. Giordano Bruno fue quemado en la hoguera. Copérnico fue acosado, y Galileo, juzgado y obligado a retractarse. El 31 de octubre de 1992, el papa Juan Pablo II rehabilitó a Galileo 359 años después de que fuera condenado por la Iglesia. Eso demuestra lo difícil que es cambiar una concepción previa; las ideas se mantienen durante generaciones y siglos sin ser cuestionadas, y esto es en parte porque podemos ignorar las evidencias en contra de esa idea.

¿Por qué hay días que parece que todo sale mal? ¿Por qué casualmente cuando llegamos tarde a un sitio hay más atasco o pillamos más semáforos en rojo? ¿Por qué salen ese día todos los tontos a la carretera?

Normalmente se producen dos fenómenos: una magnificación de la experiencia negativa y una minimización de los aspectos positivos. Si me propongo ir al teatro tres veces y una cuarta me tengo que salir por ansiedad, puedo llegar a concluir que los teatros no son lo mío, y que las tres veces anteriores eran pura chiripa.

«El sol brilla en todas partes, pero algunos no ven más que sus sombras», nos decía Arthur Helps. Imaginarse lo peor que nos puede ocurrir, sin ir más allá, sin importar lo improbable de que suceda, o pensar que la situación es insoportable o imposible cuando en realidad es incómoda (o muy incómoda) o inconveniente, es la definición de esta distorsión.

A principios del siglo xx se descubrieron e interpretaron varias tablillas cuneiformes pertenecientes a la antigua ciudad de Babilonia. En dichas tablillas se hacía referencia a la vida y costumbres de por aquel entonces, y lo que asombró a los arqueólogos fue que no se diferenciaban mucho de las suyas. Por ejemplo, se decía que las nuevas generaciones habían perdido el respeto que habían tenido las anteriores. ¿Nos recuerda a algo? Las personas más mayores de una sociedad suelen pensar que los jóvenes van abocados a la catástrofe, y que estamos al borde del colapso social. Después de tanto tiempo de ir a peor, aún no me explico cómo hemos logrado sobrevivir, quizá seamos una especie con suerte.

De forma parecida, a veces, en el proceso de terapia, algunas personas se quejan de que cada vez van a peor, por eso las obligo a escribir cómo se han encontrado cada día, para comprobar si efectivamente es así o no, y la mayoría de las veces no es cierto.

«Seguro que me sale mal la entrevista»; «El avión se va a caer y voy a morir»; «Si cojo el coche, lo más seguro es que provoque un accidente»; «Si entro en el supermercado, me voy a desmayar y dar un golpe en la cabeza». Lo más utilizado son los «¿y si...?», nos suena, ¿verdad?: «¿Y si hago la exposición y todos se burlan de mí?», «¿Y si cojo el autobús y este se estrella?».

Las personas con pensamientos catastrofistas exageran las cosas en sentido negativo y se sienten continuamente ansiosas y con miedo frente a las posibles contingencias que podrían suceder. Como ya se podrá presuponer, este tipo de pensamiento guarda una estrecha relación con la ansiedad, puesto que la potencia de forma superlativa.

A efectos prácticos

Algunas indicaciones para tratar de disminuir la potencia de esta distorsión son las siguientes:

- Lo primero de todo es detectar el pensamiento catastrofista y analizarlo. Podemos hacernos preguntas del tipo: ¿qué probabilidades hay de que suceda realmente lo que estoy pensando?; ¿cómo me siento si lo pienso?; ¿me ayuda este pensamiento a enfrentarme a la situación? Darnos cuenta de los daños que nos provoca este tipo de pensamiento es importante, pues nos motivará a cambiar.
- Una vez que estemos dispuestos a cambiar, dejemos que nuestro discurso interno fluya. Escuchemos con atención las cosas que decimos; a menudo, estas pasan por nuestra mente, pero no nos detenemos en cada una, sino que nos sentimos abrumados por el peso del discurso negativo. Por eso, es importante ser conscientes de lo que nos decimos mentalmente. Tomemos cada una de esas ideas y preguntémonos cuáles son las probabilidades de que sucedan.
- Permitámonos identificar un amplio abanico de posibles alternativas en esas situaciones que nos generen emociones muy intensas.
- Aprendamos a relacionarnos con lo que pensamos y con lo que sentimos de una forma más amable y realista.
- Evaluemos nuestra habilidad de responder a los acontecimientos basándonos en nuestras capacidades y en las evidencias que tenemos de que cómo lo hemos hecho ya en el pasado.
- Acostumbrémonos a quedarnos en el presente en vez de vivir en el futuro (porque una cosa es prestar atención al futuro y otra muy distinta vivir como si ya estuviéramos ahí).

- Enfrentémonos a nuestros miedos. No es nada nuevo: la forma más eficaz para superar los miedos es enfrentándonos a ellos, porque a lo que nos resistimos sigue persistiendo (como decía Carl Jung).

RAZONAMIENTO EMOCIONAL

El razonamiento emocional es un proceso cognitivo por el cual damos forma a nuestra realidad en función de cómo nos sentimos. Es una de las piedras angulares en la terapia cognitiva fundada por Aaron Beck en los años setenta y, posiblemente, la forma de autosabotaje más común.

Las emociones nos ayudan a reaccionar de manera eficaz ante las señales de nuestro entorno. Sin embargo, en algunas circunstancias, pueden proporcionarnos información equivocada y llevarnos a actuar en contra de nuestros intereses. Razonar en función de nuestras emociones es una trampa habitual que, a veces, nos tiende el cerebro en momentos en los que encuentra cierta dificultad para significar y manejar correctamente la vivencia emocional, y en los cuales poco importan las evidencias observadas. A un lado queda, entonces, nuestra capacidad de análisis y reflexión.

Cuando caemos en la trampa del razonamiento emocional, llegamos a conclusiones aparentemente verdaderas, pero sin seguir una secuencia de razonamiento lógico, poniendo atención tan solo en cómo nos sentimos.

Por ejemplo, desde esta forma de interpretar la realidad, pueden aparecer discursos internos como los siguientes:

«Me siento como un inútil». – «Soy un inútil».
«Siento que no valgo para nada». – «No valgo para nada».
«Me siento abrumado y desesperanzado». – «Debe de ser imposible resolver mis problemas».
«Me siento deprimido». – «La vida no tiene sentido para mí».
«Lo siento así». – «Es así».

De este modo, nuestra conducta queda «secuestrada» por la emoción. Es normal que, cuando ese momento de invasión emocional acabe, nos demos cuenta de que algo que hemos hecho o dicho ha sido inapropiado, o de que nos hubiera gustado actuar de otra manera.

Otras veces la consecuencia puede tener que ver con lo que no se hace. Un fenómeno curioso que se da en el razonamiento emocional es la procrastinación. El mundo puramente emocional e instintivo también domina cuando posponemos tareas que nos preocupan o molestan, en lugar de enfrentarnos a ellas.

Cuando utilizamos el razonamiento emocional, tendemos a la generalización y es fácil que pensemos que si una vez nos sentimos mal (tristes, enfadados, asustados...) ante una situación o persona, eso continuará siendo así con otros muchos estímulos semejantes. Por ejemplo, si nos sentimos solos, podemos llegar a pensar que nos lo merecemos, que no somos dignos de ser queridos, o que tenemos algún defecto que aleja a las personas. Como si pesara sobre nosotros una maldición que no nos permitiera vivir y sentir la realidad desde otra posición.

También es bastante común que, si razonamos emocionalmente, juzguemos la conducta o el estado emocional de los demás en función de cómo nos sentimos nosotros. Tenderemos a atribuir a su vivencia el mismo significado que a la nuestra, y esta proyección puede llevar a muchos malentendidos y conflictos con las personas de nuestro entorno. Quizá, ante una misma situación, el otro no esté sintiendo miedo sino curiosidad, y entender que su experiencia es diferente nos abre la posibilidad de flexibilizar nuestras percepciones.

Con todo esto no quiero decir que debamos dejar a un lado nuestras emociones. Estas son un mecanismo muy útil que nos sirve para comunicar estados, actitudes y predisposiciones conductuales, tanto a nosotros mismos como a los demás; para orientarnos hacia la satisfacción y el bienestar, todas las emociones (agradables o desagradables) cumplen una función adaptativa para entendernos y manejarnos de la mejor manera con nuestro entorno.

Es como si tomásemos el sentimiento y le diésemos una validez lógica por el mero hecho de experimentarlo. El nombre de razonamiento emocional no deja de ser problemático porque separa demasiado el razonamiento (como bueno) de lo emocional (como malo), y no estoy demasiado conforme con esto. Es más importante encaminarnos hacia una emoción más adecuada, y la emoción no hay que confundirla con la sinrazón.

Esta es una distorsión presente en muchas depresiones, y no hay un cuestionamiento de la validez de las conclusiones a las que llegamos. Es un pensamiento eminentemente supersticioso.

Concentrarse en lo que uno piensa que «debería ser» en lugar de ver las cosas como son, y tener reglas rígidas que uno piensa que debería aplicar sin importar el contexto situacional. Este mandato está detrás de muchas sensaciones de culpa.

A efectos prácticos

1. Identifica situaciones en las que puede estar sucediendo el razonamiento emocional: observa si hay emociones que experimentas muy frecuentemente; en qué situaciones no te sientes satisfecho con tu forma de actuar o acabas sintiéndote mal; si sientes que sueles enfadarte con los demás, sentir un miedo irracional o adaptarte a lo que el resto espera de ti. La mayoría de las veces tus emociones te mandarán señales correctas, pero, cuando observes un desajuste entre tu emoción y la situación que la ha generado, posiblemente esté sucediendo esta distorsión.
2. Describe tus emociones de forma precisa: no es lo mismo sentirse decepcionado que enfadado, desmotivado que triste, tenso que culpable... Cuanta más precisión haya entre la descripción de la emoción y la situación que vivas en ese momento, más sencillo te resultará actuar de la manera más beneficiosa para ti.
3. Busca explicaciones alternativas a las emociones que sientes en tus relaciones (con otros o contigo mismo). Por ejemplo,

si alguien se molesta contigo, puede deberse a que atraviesa un momento complicado, a que tiene una opinión diferente y no se atreve a expresarla, o a que habéis tenido un malentendido en la comunicación. Igualmente, tu enfado con otra persona puede deberse a la frustración de que no actúe como te hubiera gustado, y no tanto a que haya querido hacerte daño de forma intencionada.

4. Recuerda que tus sentimientos no siempre reflejan la realidad objetiva; familiarízate con la elaboración de frases como «que me sienta culpable no significa que lo sea», «que esté triste no implica que las cosas vayan mal», «que me dé vergüenza no tiene que ver con que sea una persona inadecuada».

5. Actúa de manera congruente con la situación, no con tu emoción. Si crees que no has hecho nada malo, puedes ser amable, pero no te disculpes; si crees que tu enfado es irracional, expresa cómo te sientes («Esto me da rabia»), pero no responsabilices al otro de tu emoción; si estás triste, reflexiona sobre tu emoción, pero trata de no encerrarte en casa y abandonar todos tus planes.

«Deberismo»

El «deberismo» crea muchas situaciones propicias para el pánico, porque si muchas personas se dejan llevar por él, pueden terminar atrapadas. Por ejemplo, supongamos que estamos en un restaurante y empezamos a encontrarnos mal. Si seguimos esta distorsión, nos agobiaremos pensando que no tenemos salida, ya que vamos a montar el espectáculo. Pensamos que hay sitios donde no «debemos» tener un ataque de pánico, y precisamente ese deberismo es el que provoca la crisis de ansiedad. Pensemos detenidamente: ¿dónde está escrito que no podamos levantarnos e irnos? En realidad, somos libres de irnos cuando queramos. Otra cosa es que decidamos seguir un protocolo o nos dé vergüenza que los demás nos vean con ansiedad. Fijémonos en la cantidad de decisiones que podemos tomar:

- Puedes irte del cine o del teatro cuando quieras. No es lo recomendable, según estamos viendo en este libro, pero es posible hacerlo.
- Si lo deseas, puedes abandonar la cola del supermercado y dejar el carro en un pasillo; luego, cuando estés más tranquilo, puedes volver a ponerte en la cola.
- Es posible parar en medio de un discurso si tienes un ataque de ansiedad y buscar algún mecanismo, como preguntar al público, hacer un resumen de lo que llevabas hasta entonces e incluso reconocer que has perdido el hilo y continuar.
- Sufrir un ataque de ansiedad delante de quien te plazca; incluso delante de esa persona cuyo juicio tanto miedo te produce. Es más, esa persona puede juzgarte y que tú sigas vivo.
- Puedes ser un afamado pianista y tener una crisis de ansiedad en medio de un concierto. No serías ni el primero ni el último.
- Es posible tener una crisis cuando quieras y como quieras.
- Seguir con pensamientos destructivos sin que te destruyan, continuar teniendo pensamientos angustiosos que, como mucho, te generarán angustia.

Desear y propiciar un resultado está bien; exigir que ese resultado tenga que ser el que esperamos es inútil y desquiciante. Podemos poner toda la carne en el fuego y aumentar las probabilidades de que algo suceda, pero no tenemos control sobre el resultado final. Nuestro papel consiste en llevar la pelota al campo contrario, nadie nos asegura que marquemos un gol.

El poder del lenguaje

«Ser» y «tener»

Uno de los primeros escollos que nos permite superar el lenguaje es el de poder separar conducta de identidad. Podemos decir que somos ansiosos o que padecemos ansiedad, pero el punto de vista y las connotaciones que derivamos de ambas expresiones son muy diferentes. Afirmar que somos ansiosos no es lo mismo que comportarnos de manera ansiosa. Al adoptar la fórmula que pone el foco en la identidad no podemos separarnos de ella, y tampoco somos responsables de su aparición.

Erich Fromm, uno de los pensadores más lúcidos del siglo xx, nos dejó un magnífico ensayo titulado *Del tener al ser*, en el que hace una profunda reivindicación del acto de definirnos más allá de las cosas que poseemos, y donde reflexiona acerca de las consecuencias de sustituir las posesiones con la esencia del individuo. Parece que corremos el riesgo de ser sustituidos por nuestras posesiones. Lo malo de esta tendencia es que precisamente son los objetos los que parecen poseernos a nosotros.

«Siempre» y «nunca»

Como hemos observado en la polarización del pensamiento, sería deseable no utilizar estos términos cuando nos referimos a nosotros mismos o a los demás. Como se suele decir, «si siempre decimos nunca, nunca será siempre».

Conjunciones

El uso de la conjunción «pero» y los «es que» pueden influir en cómo construimos nuestro diálogo interno. A veces, es buena idea probar a sustituir las conjunciones para mostrar una realidad más inclusiva y amplia.

Begoña (nombre ficticio, por supuesto) lleva cuatro meses acudiendo a terapia por ansiedad social. Le cuesta no sentirse ajena dentro de algunos entornos sociales. Le resulta difícil mantener la mirada y dedica más tiempo a pensar en qué es lo que tiene que decir que a escuchar a su interlocutor. Le pregunté cómo fue la fiesta a la que acudió unos días antes en un piso de estudiantes. Su respuesta fue: «Pude estar tranquila y escuchar más, como me dijiste; pero, al final, hablando con un chico, sentí que había dicho una tontería. Luego solo quería marcharme de la fiesta».

Javier lleva años con ataques de ansiedad. Cuando le pregunté por sus últimas vacaciones, dijo que hacía tiempo que no disfrutaba como lo había hecho, pero el viaje de vuelta lo pasó muy mal en un atasco, y pensó que había arruinado su experiencia.

¿Qué pueden tener en común las expresiones y conclusiones de Begoña y Javier?

Pues, si nos fijamos, hay un aspecto o un hecho desagradable que anula la vivencia anterior. Begoña estaba intentando escuchar, y permaneció bastante tranquila, pero metió la pata. Javier disfrutó de sus vacaciones, pero tuvo un ataque de ansiedad en un atasco.

Nos colocamos en posiciones monolíticas que nos impiden entender la riqueza de nuestras experiencias. Parece que, si el dolor aparece en nuestra vivencia, anula al resto de las emociones, y eso hace que solo nos centremos en la experiencia dolorosa y queramos evitar el dolor a toda cosa, lo que nos provoca, paradójicamente, un enorme sufrimiento.

La gente al principio quiere vivir sin ansiedad, y cualquier atisbo de esta termina arruinando la experiencia. Pero, si somos realistas, necesitamos incluir la ansiedad, como necesitamos incluir el dolor.

Javier lo pasó bien en sus vacaciones y además tuvo un ataque de esta, pero el ataque de ansiedad no fue lo más importante de sus vacaciones.

Recuerdo cuando cayó en mis manos el maravilloso *Lágrimas negras*, ese disco tan fantástico que grabaron Bebo Valdés y El Cigala, y escuché la adaptación de aquella canción del hombre que habla con su corazón y le dice que no entiende cómo puede uno querer a dos mujeres a la vez, y no estar loco.

Digamos, por hacer un símil geográfico, que la mente de aquel hombre estaba en Occidente y el corazón, en Oriente. Occidente, heredero de la filosofía aristotélica, no puede admitir que sucedan dos cosas aparentemente contradictorias. ¿Se ama o se odia? ¿Se es fuerte o se es débil? Esta dicotomía del pensamiento ha caracterizado a la mentalidad occidental. Así que dentro del corazón humano conviven fuerzas aparentemente contradictorias y aparentemente insostenibles. Fuerzas que la lógica no puede explicar, y, sin embargo, ahí están.

Se puede amar a dos mujeres a la vez, aunque nuestra razón no lo entienda. Se puede querer salir de un problema, a la vez que una parte de mí se resiste a hacerlo. De no ser de este modo, no se explicarían muchas cosas. ¿Cómo nos sabotearíamos de la forma en que lo hacemos si no es así? Debemos ser muy ingenuos para no ver la parte de nosotros que está instalada en el problema, y se alimenta del problema. No es algo tan descabellado, solo es costumbre de estar, y si a la mente le gusta mucho algo, eso es lo conocido. Así que, cuando la ansiedad pasa a ser lo conocido en nuestra vida, es mucho más difícil desembarazarnos de ella.

El deseo y el miedo van de la mano. Detrás de muchos miedos, uno descubre deseos insospechados. Llama la atención cuando la gente habla de aquella época en la que le gustaba viajar, y podemos preguntarnos: ¿y ahora no le gustará viajar? Pues claro, no ha dejado de desearlo, aunque le dé miedo. Es preciso detenerse en este punto e investigar: seguimos deseando, a pesar del miedo. Porque parece que la persona se limita innecesariamente cuando solo se queda con el temor. Es como si ya no tuviese derecho a seguir sintiendo ese deseo. Es como el amante rechazado que se avergüenza de su apasionamiento por no haber sido correspondido. Aun si ese amor no correspondido, con toda claridad, es lo mejor que le ha pasado nunca. Que el otro tome el testigo o no es algo sobre lo que no tenemos control, está en su derecho de aceptarnos o rechazarnos. Pero ¿quién nos mandará a nosotros sentir vergüenza de algo tan genuino?

Da la impresión de que convertimos el miedo en una estrella tan luminosa que no permitimos que nada más ilumine nuestro cielo. Tenemos miedo a desear porque no queremos enfrentarnos con la frustración. Pero la frustración es el inicio del movimiento. No podemos empezar a comer si no tenemos antes la desagradable sensación del hambre.

No debiéramos olvidar que uno no solamente tiene miedo a hacer las cosas. Y esto que parece obvio tiene una profundidad y una trascendencia mayor que lo que estamos dispuestos a otorgarle. Porque el deseo es una fuerza que nos lleva. Es el Eros, la esencia vital, la que nos impulsa a experimentar.

Esto recuerda a aquella historia en la que el general está en una trinchera con un soldado que está temblando y tiene evidentes muestras de miedo. Entonces el general, indignado, le reprende: «Es una vergüenza para el cuerpo que se comporte de ese modo, soldado». A lo que el soldado replica: «Es posible, general, pero soy el único que se ha quedado con usted, el resto del pelotón se ha ido hace un rato». ¿Vemos? El miedo no es el final, sino tan solo una manera de estar. Incluso, si rizamos el rizo, el objetivo no es no tener miedo, sino poder estar con él. Seamos buenos enemigos.

Cuando se padece un trastorno de ansiedad se tiende a pensar que el bienestar es la ausencia de síntomas, y eso hace que, cuando los síntomas aparecen, vivamos nuestra experiencia como un fracaso personal.

Así que sustituyamos cuando podamos el «pero» por un «y». No es la ansiedad lo que nos impide ser dichosos, es que comemos con ella, pensamos en ella, hacemos planes intentando adivinar si está o no...

Utilizar términos no catastróficos y definidos

¿Verdad que no es igual perder las llaves que perder a un ser querido? Pues cada vez que expresamos que lo que está pasando es insoportable o terrible nos estamos asustando innecesariamente.

Albert Ellis, a quien ya hemos citado con anterioridad, hablaba de los «deberismos» o de los «no puedo más» o los «nosoportantitis» como los elementos clave a la hora de provocar una neurosis.

Decir que no podemos soportar algo es un mensaje inexacto, porque ya lo estamos haciendo; es más bien la creencia de que no vamos a poder soportarlo lo que condiciona nuestras decisiones, más que el hecho de hacerlo o no. Fijémonos en que estamos actuando sobre lo que creemos y no sobre lo que es. Podríamos utilizar una metáfora para profundizar sobre este hecho.

Imaginemos eso que tanto sufrimiento nos está generando —ansiedad, recuerdos o pensamientos negativos, culpa, miedo—. Ese malestar se parece a una persona que está unida a un monstruo por una cuerda, con un foso entre ambos. Mientras el monstruo está tranquilo, dormido o tumbado, solo podemos verlo; pero, en cuanto despierta, se hace insoportable, insufrible, y tiramos de la cuerda para conseguir arrojarlo al foso. A veces, parece que se calma al tirar de la cuerda, como si se diera por vencido, pero lo que ocurre a la larga es que, cuanto más tiramos de la cuerda, más nos aproximamos nosotros al filo del foso y, por el contrario, más grande, fuerte y amenazante se hace el monstruo. Así, la situación implica que tengamos que estar pendientes constantemente de si el monstruo se levanta para tirar de la cuerda, y, además, cuando lo hacemos, el monstruo también lo hace, lo que a veces nos lleva a que nos encontremos al borde del abismo. Y, mientras tanto, nuestra vida se limita a estar pendientes de la cuerda. Nos gustaría no estar atados al monstruo, pero eso no es algo que pueda cambiarse, de manera que nos planteamos qué podemos hacer basándonos en la experiencia. Una posibilidad es seguir como hasta ahora y continuar sosteniendo la cuerda; otra, liberarnos de ella soltándola y arriesgarnos a ver al monstruo en su peor versión.

En realidad, la ansiedad, los pensamientos negativos, la culpa, los recuerdos negativos, la preocupación son como un monstruo que vive y se alimenta de adrenalina. Cuando el miedo nos avisa de que hay un peligro, como cuando bajamos por una escalera mucho más empinada de lo que esperábamos, realizamos una descarga automática de adrenalina, y el monstruo de la adrenalina que estaba dormido se despierta y hace que, de forma automática, nos agarremos a la barandilla y no caigamos.

Nos damos cuenta de que este monstruo está con nosotros y

que se ha quedado porque mientras generamos adrenalina él todavía tiene con qué alimentarse, y seguimos sintiendo ansiedad. Cuando pasa el tiempo sin que veamos un nuevo peligro, el cuerpo recupera su nivel normal de adrenalina y el monstruo hiberna.

Cuando es el propio monstruo el que nos da miedo, lucharemos para echarlo del cuerpo, para que desaparezca de inmediato. Es decir, intentaremos deshacernos a toda costa de los pensamientos que nos angustian, de la ansiedad, de los recuerdos emocionalmente negativos, el pasado, la culpa..., ejerciendo así una lucha contra nosotros mismos. Como si nos subiésemos a un ring de boxeo y comenzáramos un combate contra nosotros que pareciera no tener fin.

Esa constante lucha por echar de nuestro lado todo lo que nos genera malestar nos lleva a descargar más adrenalina. El monstruo, encantado porque tiene más alimento, crece y se hace más amenazador; nos dice cosas terribles, como que va a comernos el cerebro, a dañarnos el corazón y a paralizarnos la garganta para siempre.

Si aceptamos al monstruo en nuestro cuerpo y no hacemos nada para que se vaya, entonces dejaremos de darle alimento y el monstruo hibernará de nuevo. La disposición a experimentar lo que sea que la historia de cada uno pone sobre la mesa es la clave que nos permite ser capaces de establecer y mantener compromisos para cambiar aquello que en la actualidad no nos está funcionando.

Pasar de los «por qué» al «cómo»

Quienes llegan a la ansiedad por primera vez se preguntan: «¿Por qué a mí?». Huelga decir que la mayoría de las veces no es un «por qué» sincero, y el real viene mucho después, si es que llega. Sin embargo, uno puede seguir con esa pregunta, y ese mismo sentido durante años dando vueltas en círculo. La frase correcta, lo que en realidad quiere decir la persona, es: «Esto no debería haberme pasado a mí; es injusto».

A partir de aquí comienza una espiral de enfado y tristeza. Y cuando estas dos sensaciones se juntan, las nubes de la depresión pueden empezar a cernirse en el horizonte. Este es el principio a partir del cual el individuo se compara con los demás, y le resulta tan difícil entender por qué el resto sí puede y él no se siente capaz. ¿Es que los demás son superhéroes?

Los demás no hacen un esfuerzo mayor, ni son más duros o más valientes, sino que no experimentan la realidad en esos momentos como lo hace quien padece un trastorno de ansiedad.

Por otro lado, es fácil que a partir de ese planteamiento nos comportemos como niños enfadados, que decidamos dejar de jugar si consideramos que el juego es injusto, y entonces nuestro enfado ya no es con la ansiedad, sino con la vida.

Hay mucha propaganda dentro de la autoayuda diciendo que el dolor nos hará mejores. «De esto saldremos mejores», nos decíamos en la pandemia. Pero el dolor no es una oportunidad; es una circunstancia, es una afirmación de póster tan categórica que me cuesta creer. A algunas personas el dolor las hará más asustadizas, enfadadas y resentidas. Las arrinconará más aún en la visión negativa que tienen del mundo.

Para otras, en cambio, puede ser el inicio de un proceso de maduración. Empezamos a madurar cuando dejamos la concepción infantil de ser el centro del universo. El universo no puede mirarnos a nosotros, que estamos en un planeta perdido en un extremo de la galaxia, y no va a esperar nuestro siguiente movimiento. ¿No será al revés? ¿No será que somos nosotros quienes tenemos que aprender de nuestro entorno y seguir evolucionando para adaptarnos a la vida?

La única respuesta válida es que es lo que ha tocado. Hay gente que padece experiencias traumáticas o viven una pérdida. Algunas personas sufren accidentes y a otras les parten el corazón, y casi todas se preguntan por qué; pero aparentemente no existe respuesta posible para esa cuestión. Lleva un tiempo darse cuenta de que sí la hay y permitir que el enfado deje paso a la aceptación. Algo así como: «Empiezo la partida desde esta casilla... ¿Adónde voy ahora?».

¿Qué podemos hacer para propiciar esta aceptación?

- Utilicemos el «quiero» o el «elijo» frente al «debería».
- No empleemos la visualización positiva imaginando que hemos conseguido nuestros objetivos; eso no nos proporciona nada interesante, según los estudios de Richard Wiseman. En lugar de eso, imaginémonos realizando esos objetivos.
- El humor no solo es beneficioso, sino que provoca un distanciamiento respecto a la situación.
- Las llamadas «intenciones de implementación» nos permiten ahorrar espacio cognitivo y nos ayudan precisamente a cumplir nuestros objetivos sin desgastarnos mucho. La fórmula de las intenciones de implementación es la siguiente: «Si..., entonces», en lugar de: «¿Y si...?», que tantos problemas nos suele dar. Usamos un condicional («Si...») con respuesta cerrada («..., entonces») para determinar qué es lo que vamos a hacer en el futuro. Por ejemplo, si estamos a dieta y comemos fuera, entonces nunca pediremos postre; si tenemos un ataque de ansiedad y nos salimos del metro, entonces cogeremos el siguiente.

8

Colocando las emociones

Uno de los mapas que más polémica ha causado apareció a finales de los cincuenta del siglo xx, y formaba parte de un antiguo códice del siglo xv, el *Hystoria Tartarorum* («Historia de los tártaros»). Después de pasar por numerosos anticuarios, terminó en la afamada Universidad de Yale, donde un grupo de investigadores creyeron encontrar en el mapa una prueba que podía revolucionar la concepción de la historia tal y como la conocemos. Se trataba del mapa de Vinlandia.

El plano, que según las fuentes databa de 1440, era una copia de un original fechado en el siglo xiii. Este mostraba, además de los continentes de Europa, Asia y África, una masa de tierra llamada Vinlandia, que fue explorada en el siglo xi. Para muchos estudiosos, esa masa no era otra cosa que el continente americano, lo que demostraría que este habría sido descubierto siglos antes de lo que se creía por navegantes nórdicos. Probablemente hayamos escuchado muchas veces que Cristóbal Colón no fue el primero en arribar al Nuevo Mundo, y gran parte de este mito se originó a partir del descubrimiento de este mapa.

Recientes investigaciones, sin embargo, han encontrado que el mapa es una falsificación, de modo que se ha cerrado uno de los máximos misterios de la cartografía mundial. Aunque no hay dudas acerca de la falsedad del documento, muchas personas siguen especulando sobre ello, al igual que hay quienes, a pesar de tener todas las pruebas en contra, siguen profesando su fe en el terraplanismo, mientras que otras afirman que el hombre nunca llegó a la Luna. Y esto es así porque nos cuesta mucho entender que, a menudo, muchas de nuestras creencias tienen una base más emocional que lógica.

Gestionando las emociones

Si en el anterior capítulo hablábamos de cómo podemos enfocar nuestro diálogo interno, aquí no hablaremos tanto de enfoque, por lo que emplearemos otro término: «colocar». Hemos intentado mil y una formas para lidiar con nuestras emociones. Hemos intentado reprimirlas, ocultarlas, ignorarlas o controlarlas, pero la mayoría de esas veces no hemos conseguido nuestros objetivos. Entender la naturaleza profunda de nuestros sentimientos nos permitirá manejarnos mejor con ellos, y de nuevo nos permitirá avanzar en un sentido unitario.

La mayoría de las personas que padecen un trastorno de ansiedad giran en torno a una emoción: el miedo. Consideran que es el principio y el fin de sus problemas, obviando la compleja interacción que otras emociones y sentimientos como la rabia, la culpa o la vergüenza ejercen en el resultado final de cómo se sienten. Llega un momento en que cualquier estado emocional se identifica como ansiedad, y es importantísimo prestar atención al resto de las emociones, como la tristeza, el enfado, la alegría, la sorpresa...

A continuación, enumeraremos aquellas soluciones intentadas con nuestras emociones que pueden acabar teniendo un sentido perjudicial para nosotros y la consecución de nuestros objetivos:

- **Ignorarlas.** Si algo no se ve, pensamos que puede no afectarnos. Sin embargo, el mundo está lleno de cosas que no vemos y nos afecta. Podemos ignorar que exista la gravedad, pero eso no nos exime de experimentarla. Hagamos lo que hagamos, cualquier objeto tiende a caer porque se siente atraído por la masa de la Tierra. El desconocimiento de la ley, como dicen, no exime de su cumplimiento.

La negación es buena hasta cierto punto. Saber que nos vamos a morir y recordárnoslo constantemente podría ser una auténtica pesadilla si esa visión no está en un lugar adecuado.

- **Reprimirlas.** Aunque es práctico no actuar ante determinadas emociones porque hacerlo puede tener consecuencias negativas para nosotros, reprimir nuestras emociones tampoco hace que dejemos de preocuparnos por ellas, ni soluciona el problema. Basta con intentar hundir una pelota en el agua para entender que hay una fuerza que va a empujarla a la superficie. Reprimir exige una energía que podríamos emplear para otros propósitos. Reprimir es más caro de lo que podemos imaginar y exige un precio. Muchos de los ataques de pánico, por ejemplo, toman precisamente su energía de este conflicto.

- **Ocultarlas.** La ocultación es muy parecida a la represión, pero en este caso la causa última de que ocultemos las emociones es la de no mostrarnos a los otros porque, si nos sentimos vulnerables ante ellos, podemos correr el riesgo de ser rechazados. En realidad, las emociones tienen una función comunicativa importante, y los componentes expresivos de estas nos permiten cooperar entre nosotros. La expresión de las emociones cumple un factor de regulación con estas al darles un propósito y una función. De nuevo, la ocultación puede hacer de combustible para generar ansiedad.

- **Controlarlas.** Intentar controlar las emociones es una tarea muy costosa y poco efectiva. De hecho, los intentos de control, como hablamos en la intención paradójica, suelen tener un efecto contrario al esperado. Así, muchos de los caminos de los que hemos hablado en el capítulo 2 que generan precisamente ansiedad se originan a través de los intentos de control.

Las emociones son movimientos. «Emoción» viene de la palabra latina *emovere*. Y esto nos lleva a una reflexión porque la razón por sí sola es una visión, una panorámica de cómo estamos entendiendo el mundo. Es como un plato sin ningún tipo de condimento ni salsa.

No hay emociones positivas o negativas; otra cosa es que unas nos hagan sentir sensaciones agradables y otras no tanto. Por ejemplo, el asco nos lleva a rechazar lo que nos lo ha producido y retroceder. Hagamos memoria sobre nuestra cara de asco: cerramos los ojos, nos tapamos la nariz, apretamos los labios, nos alejamos... Necesitamos que nada externo entre en nosotros, alejarnos de lo que nos puede contaminar. ¿Podemos darnos cuenta de su utilidad? Ahora intentemos recordar cuando estamos tristes. Todo es pesado, no podemos continuar y necesitamos parar..., ¿cómo vamos a cambiar una rueda de un coche si no podemos parar?

La emoción se define como un estado complejo multifactorial que se traduce en cambios físicos y psicológicos que, a su vez, influyen de manera importante en el pensamiento y la conducta de la persona. Existen seis emociones básicas universales: alegría, tristeza, ira, miedo, sorpresa y asco. Todas ellas son lícitas y necesarias, aunque como sociedad nos empeñemos en despreciar aquellas a las que etiquetamos como negativas y promovamos prácticamente de manera utópica la experimentación de las etiquetadas como positivas. Esta manera de entender nuestro mundo emocional hace que las personas nos sintamos frustradas o culpables cuando aparecen las llamadas emociones negativas.

¿Qué ideas erróneas se esconden bajo estas creencias?

Mito 1: No debería sentir emociones negativas

Estas emociones, como el miedo y la tristeza, las experimentamos con desagrado; algo normal, teniendo que en cuenta que verdaderamente no son emociones placenteras de por sí. Otra cuestión es cuando sentimos angustia por padecerlas, ya que consideramos que no deberíamos sentirlas. Esta idea es falsa, ya que, como el resto de las emociones, su aparición es necesaria porque cumplen una función.

Para algunas personas, el primer paso para protegerse de lo desagradable es la negación. Cierta negación nos puede ayudar, pero si esa negación está automatizada en nosotros, no vamos a poder aprovechar ese movimiento para realizar los cambios necesarios. Congelar las emociones tiene el efecto de protegernos de emociones que no podemos resolver de otro modo. Además, está la idea infantil y hedonista de que debemos alejarnos del displacer. Evitar el dolor y perseguir el placer se convierten en lemas cada vez más usados y proclamados, pero, si te fijas bien, en realidad nos condenan a no poder llegar a determinados objetivos, porque a veces el objetivo es no sentir dolor.

Las personas que padecen fobias muy incapacitantes lo pasan muy mal porque tienen que evitar muchos aspectos que podrían desear por si encuentran en el camino las situaciones que temen. ¿Y qué es lo que hacen? Pues cortan el deseo, o se dicen que aquello que quieren no es tan importante.

Mito 2: Tengo que ignorar las emociones más desagradables

Esta estrategia es utilizada por muchas personas más de lo que pensamos, pues creen que si ignoran lo que sienten, podrán salir airosas de su malestar. Aunque parezca mentira, esto puede resultar muy problemático, ya que no permite que aprendamos a regularnos emocionalmente, ni a establecer los cambios necesarios para poder restablecernos. Recordemos que las emociones no dejan de ser esa «fiebre» que nos ayuda a preparar el organismo para que lleve a cabo con eficacia una conducta exigida por el ambiente, movilizando la energía necesaria para ello y dirigiendo la conducta hacia un objetivo determinado.

En algunas ocasiones escondemos estas emociones por miedo a ser juzgados por los otros; otras, creemos que si las ignoramos se irán. Esto último puede funcionar con emociones negativas muy leves, pero no con emociones más intensas. Si trabajamos de dónde vienen y por qué, podremos llevar a cabo los cambios necesarios que implicarán nuestro propio crecimiento y maduración vital.

Mito 3: Existen emociones adecuadas e inadecuadas según el contexto

Este es otro de los falsos mitos que se dan con gran frecuencia en los problemas de ansiedad. Las personas se sienten indignas porque consideran que no es adecuado tener miedo en un contexto que aparentemente no invita a padecerlo, por ejemplo, cuando subimos en un medio de transporte. La realidad es que no existe una manera correcta de sentirse y quizá se trate más de entender y aceptar (aunque no necesariamente resignarse) que nos sentimos de un determinado modo, nos guste más o nos guste menos. Si rechazamos sentirnos de determinada manera porque consideramos que esa emoción no es la adecuada, seguiremos sintiendo lo mismo (quizá de manera más intensa) y a eso se sumará una potente angustia.

La idea de que hay maneras correctas de sentirse nace de la también falsa idea de que somos seres puramente racionales y que, si sabemos que no pasa nada en el metro, no deberíamos sentir miedo en él. La realidad es que, como especie, ya hemos demostrado a través de nuestra conducta que no lo somos, al menos no todo lo que creemos. Así lo cree el psicólogo Ramón Nogales, quien afirma: «Como decían los de Siniestro Total, somos seres racionales de los que toman raciones en los bares».

Mito 4: Algunas emociones surgen de la nada

No es cierto. Toda emoción surge de la interpretación de una situación, es decir, de un pensamiento. A veces no nos parece que eso es así, pero lo que ocurre es que habíamos tenido una experiencia anteriormente, y esa conexión entre el pensamiento y la emoción ya se había automatizado. Este pensamiento puede ser más o menos automático, y por eso en ocasiones nos puede costar identificarlo, pero eso no significa que no exista. António Damásio se refiere a los marcadores somáticos para describir estas asociaciones. Es importante saber que las emociones pueden facilitarnos el pensamiento al dirigir la atención a la información importante.

Mito 5: Sentir de manera muy intensa significa que he perdido el control

«¿Y por qué?», pregunto. «Porque ya no controlo lo que pienso», me dicen. «Como si alguna vez lo hubieras hecho», suelo contestar. La realidad es que nunca hemos tenido, al menos del todo, el control sobre lo que pensamos, pero es cierto que, cuando las emociones se intensifican, este fenómeno es mucho más palpable y podemos llegar a asustarnos. Sin embargo, sentir de manera intensa no hace que perdamos el control de lo que verdaderamente nos preocupa: nuestra conducta. Si dirijo mis acciones según mis emociones, estoy tomando una decisión, en ningún caso he perdido el control. Si decido agredir cuando siento ira con mucha intensidad, estoy decidiendo agredir. Si decido salir corriendo cuando tengo mucho miedo, estoy decidiendo huir.

Mito 6: No puedo tener emociones contradictorias ante una misma situación

¡Siento emociones contradictorias! Y además muy a menudo. Cuando nuestro amigo del alma se empareja, y mientras nos alegramos generosamente por su felicidad, sentimos la tristeza de saber que nuestro día a día como amigos inseparables va a cambiar. Así es nuestro mundo emocional, complejo como nosotros, y si lo aceptamos podemos evitar entrar en lucha con nuestras emociones, reprimiendo lo que sentimos, cuando en realidad podemos experimentar más de una emoción a la vez sin que esto sea un conflicto, siempre que las entendamos.

A efectos prácticos

Elabora un diario emocional

Lo primero de todo será hacernos con un cuaderno donde poder volcar cómo nos sentimos y llevarlo, en la medida de lo posible, siempre encima. A pesar de que su utilidad está más dirigida a aquellas emociones que nos resultan desagradables, yo os animo a escribir tanto estas como las agradables; es una manera también de conocernos y de gestionar las emociones, ya sean «positivas» o «negativas».

Una vez que tenemos el cuaderno en nuestro poder, ya podemos crear nuestro diario. Tendrás que estar atento a ti mismo y a tu cuerpo, saber cuándo una emoción te está afectando (ya sea de forma positiva o negativa) y, en ese momento, sacar tu diario emocional y escribir sobre esa emoción (o bien, si no es posible, hacerlo al finalizar el día). La idea es que, cuando haya pasado algo y te hayas quedado con esa sensación o esa emoción por ahí «revoloteando», puedas escribirlo. El proceso para anotar lo que sientes puede ser el siguiente:

- **Situación:** aquí anotarás qué ha ocurrido en el momento en el que se ha iniciado tu emoción. Cuantos más detalles des sobre la situación y más objetivo seas, mejor. Por ejemplo: «Voy a dar una conferencia delante de cien personas».
- **Pensamientos:** qué pensó nuestra cabeza ante esa situación. En ocasiones, pueden ser pensamientos previos, o durante o después de la situación; en todos los casos se generan emociones. Por ejemplo: «Lo voy a hacer fatal», «No estoy preparada», «No les va a gustar», «No voy a conseguirlo».
- **Emoción o emociones** (esta es la parte más difícil). Debes especificar y etiquetar cómo te sientes, poner especial atención para ver si hay alguna emoción escondida. Por ejemplo: ansiedad, nervios, miedo.

- **Sensaciones físicas** que percibamos en nuestro cuerpo, y si las sensaciones cambian o son permanentes. ¿Qué sientes con la emoción y dónde la percibes? Por ejemplo: taquicardia, sudoración, respiración acelerada, y la noto en la garganta.
- **¿Qué me quiere decir la emoción?** Esta parte también es complicada, y requiere rascar en lo más profundo de nuestro ser; qué significa para nosotros lo que estamos sintiendo. Por ejemplo: «Tengo miedo a una evaluación negativa o un rechazo».
- **Conducta:** qué respuesta hemos dado ante esa situación, promovidos por la emoción. Por ejemplo: trabarnos al hablar delante de la gente, bloquearnos, no saber qué decir, tartamudear...
- **Plan de acción:** qué podemos hacer la próxima vez para gestionar de otra manera la emoción. Por ejemplo: relajación antes de entrar a la conferencia.

No pasa nada si al principio nos cuesta rellenar todo el proceso; lo importante es ir haciendo conscientes poco a poco nuestros estados emocionales para poder sentirnos mejor. Solo el mero hecho de plasmar todo esto hará que automáticamente tu emoción se regule y sientas un agradable bienestar.

Cuestionando nuestra racionalidad

Cuando nos miramos a nosotros mismos, la manera que tenemos de conducir nuestra vida, debemos hacernos una pregunta: ¿quién hay al volante?, es decir, ¿quién lleva los mandos? Nuestro cerebro es el encargado de mostrarnos la información para poder tomar las decisiones adecuadas. Sin embargo, nuestro conductor se parece más a un mono que a un sesudo intelectual. Bueno, en realidad, para continuar la metáfora, ambos conductores están ahí, pero mientras pensamos que la mayoría de nuestros juicios y elecciones vitales se han dejado madurar como el buen vino, lo cierto es que el mono ha tomado muchas más decisiones de lo que creemos.

Vamos a describir a dos personas, y tras realizar un ejercicio de introspección trataremos de decir cuál de ellos nos parece mejor persona: ¿de quién podemos fiarnos más?

Supongamos que nos presentan a Juan y nos lo describen de esta manera: inteligente, persistente y, además, manipulador, y en ocasiones puede llegar a ser violento. A continuación, nos describen a Felipe, del que sabemos que puede resultar violento y manipulador, además de persistente e inteligente.

¿Con quién nos tomaríamos un café? Sí, ya sabemos que el lector se ha dado cuenta de que hemos descrito las mismas cualidades en distinto orden, pero es más probable que hayamos pensado que Juan es mucho más estable que Felipe, que quizá Juan sea alguien que utilice la violencia de forma más encubierta. Esto se llama «efecto halo», y es un fenómeno que lleva mucho tiempo estudiándose dentro de la psicología de la percepción.

El efecto halo es un sesgo cognitivo o una generalización errónea que hacemos a partir de las primeras características o cualidades. Es decir, tras una primera impresión, la opinión y valoración global que hacemos sobre una persona va a depender del modo en el que juzgamos y valoramos alguna propiedad específica de ella. Prejuzgamos una serie de características con una primera impresión, y a partir de ahí lo generalizamos a otras. Si una persona nos ha parecido atractiva cuando la hemos conocido, seguramente también creamos que es buena, generosa e incluso inteligente. Contrariamente a lo que pensamos, los guapos no nos resultan más tontos por compensación; de hecho, nos parecen más inteligentes.

Fernando ha sido seleccionado al azar de una muestra representativa. Un vecino le describe como alguien «muy tímido y retraído, siempre servicial, pero poco interesado por la gente o por el mundo real. De carácter disciplinado y metódico, necesita ordenarlo y organizarlo todo. Además, tiene una obsesión por el detalle». ¿Qué es más probable, que Fernando sea un bibliotecario o un agricultor? Pensémoslo rápidamente y contestemos sin demasiada reflexión.

Quizá la primera respuesta que se nos venga a la cabeza sea que Fernando es bibliotecario. Al fin y al cabo, parece reunir las cualidades típicas de estos profesionales. Sin embargo, la respuesta correcta sería que es agricultor. En los países occidentales todavía existe un bibliotecario por cada veinte agricultores. Si Fernando ha sido elegido aleatoriamente, lo más probable es que se dedique a cultivar la tierra. Nuestra mente nos engaña. O, mejor dicho, nos engaña pensar rápido.

En su libro *Pensar rápido, pensar despacio*, Daniel Kanheman nos describe que nuestro pensamiento se mueve a dos velocidades: podemos pesar deprisa o podemos pensar despacio. Estos dos sistemas están presentes en todos los procesos cognitivos y nos ayudan de forma diferente a responder a las demandas del entorno:

- **El sistema 1 (reactivo)** está relacionado con el pensamiento rápido y automático. En él se conforman los juicios y las ideas preestablecidas. Es el sistema que nos va a decir inmediatamente cuándo un tono de voz es amenazador, cuándo un objeto está más alejado del otro, cuánto son dos más dos. No hace falta pensar mucho para dar una respuesta a estas preguntas. Esto es el resultado de un cerebro preparado para la supervivencia. Si alguien nos dispara una flecha, no vamos a ponernos a pensar sobre el material del proyectil o su aerodinámica, ni haremos cálculos de distancia; lo más seguro es que busquemos rápidamente un lugar para estar a salvo.
- **El sistema 2 (consciente)** se relaciona con el pensamiento lento, el que necesita tiempo para elaborar la conclusión. Se activa cuando la atención es plena. Es el encargado de los cálculos complejos y de la concentración. Entra en acción cuando el sistema 1 está atascado o cuando se activa en nosotros una alerta que nos despierta del modo automático.

¿Cuál creemos estar usando con mayor frecuencia?: ¿nuestro sistema 1, nuestra mente de mono, o nuestro sesudo e intelectual sistema 2?

Pues la mente, como casi todo, sigue unos principios económicos donde el ahorro de recursos es fundamental. Así que, como habremos imaginado, nuestro mono está al volante mucho más tiempo del que imaginamos.

La realidad es tan compleja que nuestro cerebro necesita atajos para responder rápidamente a las exigencias del entorno. Sin embargo, nos hace creer que sus decisiones son meditadísimas, lo que es un efecto de sobreconfianza. Cuando tomamos decisiones, nuestra mente suele tiene en cuenta las cosas que conoce y, con ellas, independientemente de su calidad y cantidad, lo único que hace es tratar de montar una historia que resulte coherente. Eso es suficiente. La historia no tiene por qué ser exacta, completa o fiable, solo tiene que ser coherente.

Y lo mejor que podemos hacer, la mejor herramienta es estar atentos a nuestra propia mirada interior, a nuestra propia consciencia. Solo la atención puede ayudarnos a pararnos, a identificar, a comprender que somos víctimas de sesgos, y que tenemos que aprender a estar atentos.

Todas las técnicas que conocemos sobre el foco (meditación, respiración, entrenamiento autógeno...) tienen una misión fundamental: dejar de ser actor durante unos instantes para ser observador.

Aprender a manejar nuestra mirada interior es uno de los pasos, pero aprender a dialogar con nosotros mismos es otro. Somos lo que nos contamos y cómo nos lo contamos.

Encrucijadas emocionales

Damásio apunta a una diferenciación que puede ayudarnos a profundizar sobre cómo manejar las emociones. En su obra *El error de Descartes*, nos sugiere que estaría bien, en este punto, trazar una línea entre emociones y sentimientos.

Las emociones son inmediatas, y son reacciones preparadas biológicamente; son como programas automáticos. Un programa que ejecuta una serie de rutinas. Claro que existe una interpretación que depende de nuestra atribución. Por ejemplo, si nos deja nuestra pareja, entonces aparecerá una emoción de tristeza si no queríamos dejarla nosotros. La tristeza es la emoción natural que aparece ante la pérdida.

Los sentimientos, nos dice Damásio, son las emociones intelectualizadas. Son emociones conscientes. Por ejemplo, podemos sentir rencor hacia nuestra expareja, pensando que ha tomado una decisión que nos ha dañado, y ese sentimiento puede ocupar mucho espacio dentro de mi mundo emocional, hasta el punto de obsesionarme. Podemos luego pensar que vamos a experimentar la soledad, y entonces nos aborde un sentimiento de soledad, o creer que nunca nadie nos va a querer jamás, con lo que tendríamos un sentimiento de angustia.

En los procesos de ansiedad, la relación con determinadas emociones y sentimientos conflictivos pueden ser claves para posibilitar nuestro objetivo. En este caso hablaríamos de cuatro encrucijadas emocionales en las que resulta fácil caer.

La culpa

La culpa bien entendida es una emoción que nos ayuda a reparar un daño. Estas acciones reparadoras refuerzan los lazos entre los miembros de la comunidad, por lo que terminan siendo seleccionadas por la evolución. Esta emoción surge de la creencia o sensación de haber infringido las normas éticas personales o sociales hacia los demás (por lo cual, otra persona sale perjudicada) o hacia uno mismo. Es posible que nos encontremos ante una culpa causa-efecto: hicimos algo que pensamos que no debimos haber hecho, o a la inversa: no hicimos algo que debimos haber hecho y ahora nos sentimos mal. Por otro lado, la culpa tiene una serie de beneficios secundarios que probablemente refuerzan su aparición, al existir una serie de creencias que de alguna manera la consideran beneficiosa. Por ejemplo:

- Se tiende a pensar que, si algo nos preocupa, nos importa, entonces deberíamos sentirnos terriblemente preocupados por eso, de tal manera que se convierte en una especie de medida: a mayor culpabilidad, más creemos que nos importa ese hecho.

- La culpa puede servir para intentar eximirnos de una responsabilidad; sin embargo, como comentaba Thomas Harris, «echarle la culpa de tus errores a tu naturaleza no cambia la naturaleza de tus errores».

Una emoción se vuelve patológica cuando se experimenta de manera habitual, pues se convierte en un sentimiento muy fuerte e invasivo. Tanto es así que nos dificulta nuestro día a día, dejamos de ser funcionales en diferentes niveles (laboral, social, familiar...) y vamos a la deriva a merced de la emoción.

La culpa puede ser patológica por exceso y por defecto; en ambos casos hay una distorsión de la conciencia de la situación. El sentimiento de culpa excesivo o inapropiado está muy vinculado a la depresión, como síntoma propio de los episodios depresivos, donde la persona tiende a autorrecriminarse constantemente. De hecho, comienza a sentirse culpable de estar deprimida y no poder sentir como el resto.

La culpa patológica también está presente en los trastornos obsesivo-compulsivos (caracterizados por un alto nivel de exigencia y de perfeccionismo), en las fobias y en las adicciones. En tales casos, la culpa opera como parte del problema. No es una culpa sana que lleve a reparar o redireccionar el comportamiento. Más bien funciona como un factor de constante castigo emocional, que generalmente agrava el problema central.

Los sentimientos de culpa e indignidad son muy intensos, basados en incidentes triviales o culpas leves del pasado, que ahora se convierten en una montaña de indignidad y daño. Por ejemplo: «Soy un monstruo», «No valgo para nada», «Tengo la culpa de la muerte de...». Es decir, la persona se siente culpable sin haber hecho algo objetivamente malo o incluso sin saber por qué.

Este tipo de culpa, referida a conductas que están más allá del control de la persona, es destructiva e impide que la persona experimente alegría por aquellas conductas por las que está satisfecha, ya que estas pasan desapercibidas, carecen de valor e importancia e impiden, en último término, disfrutar de la vida.

A efectos prácticos

1. Culpa *versus* responsabilidad

El primer paso para trabajar la culpa consiste en delimitar nuestra parte de responsabilidad en lo que ha acontecido de la que nos es ajena. Para liberarnos de ella, es necesario saber cómo afrontamos la responsabilidad. Bajo los efectos de los sentimientos de culpa asumimos responsabilidades que en ocasiones ni siquiera nos corresponden. La clave reside en realizar una reatribución de la responsabilidad de lo sucedido. Se puede hacer dibujando un círculo en un folio e ir dividiéndolo en quesitos (como el Trivial); cada quesito representará todos los factores (internos y externos) implicados en lo ocurrido. Recordemos que la culpa bloquea, y con ella no se encuentra solución o reparación a lo ocurrido; por el contrario, la responsabilidad incita al reparo y al cambio.

2. Aceptar que podemos cometer errores

Asumir que los errores forman parte de las experiencias de la vida de las personas, y se puede utilizar como clave del aprendizaje y del cambio, y no es un signo de torpeza o fracaso.

3. Expresa la culpa

Vivimos en una sociedad en la que expresar emociones desagradables (culpa, vergüenza, frustración...) no está a la orden del día, pues nos han enseñado más bien a ocultarlas y reprimirlas, de modo que solo hay que expresar aquellas que nos resultan más agradables (alegría, sorpresa...). Si reprimimos y ocultamos la culpa, nos encerraremos en la soledad, el silencio y en la duda. Las palabras permiten acabar con ese aislamiento y poder romper con el bucle interminable. Es más, quizá quien nos escuche pueda ayudarnos a encontrar una solución.

4. Cuidado con las distorsiones cognitivas

¡Ojo con las distorsiones cognitivas del tipo «debería...» o «tendría que», y aquellas que son de pensamiento polarizado (todo/nada, bien/mal)! Las del tipo «debería» son exigencias o normas internas que nos atribuimos a nosotros mismos, y si no las cumplimos aparecerá el sentimiento de culpa destructivo. Cambia ese lenguaje interno de autoexigencia y mandato por otro más suave y cercano a ti mismo («me hubiese gustado», «me gustaría...», «desearía...», «deseo...»). Un pensamiento polarizado hace referencia a la visión o negro o blanco; pero entre esos dos colores existe una amplia gama de grises, por los cuales podemos oscilar sin irnos a ninguno de los extremos.

5. Modificar nuestras creencias

Una creencia es una afirmación personal que consideramos verdadera y a través de la cual vemos, actuamos e interpretamos nuestra realidad. Estas creencias se han formado mediante los años y las experiencias, por ejemplo: «Debo caerle bien a todo el mundo». Si tengo dentro de mi sistema de creencias esta máxima, habré convertido una y otra vez el pensamiento en sonido, por lo que actuaré en consecuencia a dicha creencia, y si en algún momento interpreto que no se ha cumplido, me sentiré culpable porque a fulanita no le caigo bien. Por ello, el trabajo consiste en discutir dichas creencias y modificarlas de tal manera que se ajusten más a la realidad.

6. El perdón y reparar el daño

Cuando nos damos cuenta de que hemos podido herir a alguien, tenemos la oportunidad de pedir perdón por ello. Pero lo que muchas veces nos cuesta es perdonarnos a nosotros mismos. Buscar alternativas para reparar el daño, pedir disculpas a la persona afectada y perdonarse a uno mismo proporciona un gran alivio y sobre todo abre las ventanas a emociones más positivas.

Todas las emociones tienen una función comunicativa tanto a nivel intrapersonal (nos ofrecen información sobre nosotros mismos) como interpersonal (ayudan a regular la manera en la que los demás reaccionan ante nosotros). Interpretar los significados de las emociones y su función en la relación con los demás no siempre es una tarea fácil. La habilidad para comprenderlas está ligada a nuestra inteligencia emocional y esta se puede entrenar y desarrollar.

La vergüenza

Es difícil definir la vergüenza. Más que nada, porque es un sentimiento donde nadie quiere quedarse. Encontramos que hay sentimientos donde somos más permisivos. Digamos que nos fastidian, pero podemos tenerlos. Sin embargo, parece que debemos pasar por la vergüenza de puntillas, sin hacer ruido, y, además, es un sentimiento muy penalizado por la persona que lo padece. Por lo tanto, definiremos la vergüenza como un sentimiento de no derecho, de no ser digno de pertenecer a un grupo. La vergüenza tiene una serie de correlatos físicos, como el enrojecimiento o la imposibilidad de sostener la mirada, la aceleración del pulso, la sensación de calor en el rostro o de vacío en el estómago y en el vientre. La manifestación conductual es la búsqueda de huida y ocultación, y, por último, a nivel cognitivo, existen una serie de pensamientos irracionales que denigran a la persona y la categorizan como inferior a lo que la rodea. Ejemplos de estos pensamientos pueden ser no sentirse merecedor de..., sentirse malo, despreciable...

La vida es una fiesta, y algunos se sienten naturalmente invitados a ella. Otros, sin embargo, no lo perciben así, y de alguna manera asumen un papel de impostores. Esa sensación de no merecer, en el caso de las personas que padecen este trastorno, puede ser debido a que consideran la ansiedad como una tara o una debilidad que las coloca en una posición inmediatamente inferior al resto de los invitados.

Al igual que la culpa, se trata de un regulador social. La vergüenza ha posibilitado la convivencia en sociedad al actuar como un castigo interno, que se produce cuando el individuo ha roto con una serie de normas dictadas por el consenso social. Cuando George-Jacques Danton preguntó en un café de París a Benjamin Franklin cómo iba a hacer cumplir su declaración de independencia estadounidense, sin ejército, ni tan siquiera con un sistema de justicia, este respondió: «Se equivoca, señor Danton, detrás de la declaración hay un inestimable y perenne poder: el poder de la vergüenza».

Como vemos, la vergüenza se encuentra en el centro de una curiosa paradoja: se trata de un sentimiento que nace en la máxima privacidad e intimidad de la persona, pero que al mismo tiempo tiene un componente relacional-social fundamental. En este sentido, la vergüenza es una emoción que pone en contacto directo una experiencia intrapsíquica con una experiencia intrapersonal.

El temor, y la experiencia íntima que vive alguien que está experimentando este sentimiento, es precisamente la idea de haber sido descubierto, de encontrarse en el centro de los focos y salir a la luz. Porque el anhelo inmediato es el de ocultarse o, como comentaba Bernard Williams, «el deseo de que el espacio ocupado por mí se quede instantáneamente vacío».

Para diferenciar la vergüenza de la culpa tenemos que observar que en ambos sentimientos hay un ejercicio de autoobservación: uno se vuelve muy consciente de sí mismo, se mira desde fuera y analiza cualquier posible error. La atención está puesta en observar y juzgar. La diferencia reside en que en la culpa nuestro Pepito Grillo está buscando juzgar un comportamiento que considera negativo o dañino, y nos castiga por haber cometido la falta; en cambio, en el caso de la vergüenza la sensación de base es la de no ser suficiente y la crítica no se realizará a una acción particular, sino a una característica que consideramos general, que nos define a nosotros por completo, y frente a la que sentimos cierto desprecio hacia nosotros mismos. Más que romper la norma, es la idea de que no llegamos a poder cumplirla.

La culpa se establece cuando la persona ha roto algún tipo de código que rige a un sistema social. Dicho código puede hallarse de forma implícita o explícita. Gary Yontef habla de que si «la sanción por la culpa es el castigo, la sanción por la vergüenza es el destierro o el aislamiento». Para Ronald y Patricia Potter-Efron, a diferencia de la vergüenza, que está en el ser, la culpa reside en el hacer. Ambas pueden aparecer juntas, formando un círculo vicioso. Por ejemplo, a la hora de independizarse de sus respectivas familias, las personas sienten culpa por la ruptura, y a la vez pueden experimentar vergüenza si fracasan en su proyecto de emancipación.

En nuestro viaje personal, a menudo nos encontraremos con ambos sentimientos. Es fundamental no huir de ellos, ya que dicha huida impide quedarse en la experimentación y en la asunción de responsabilidad. La vergüenza y la culpa son estados que lo mismo pueden servir para crecer que para bloquearnos. Ambos nos dan una salida. Es posible que la de la culpa sea asumir la responsabilidad sin mortificarse, y la de la vergüenza, la de asimilar lo que somos, aceptando nuestra diferencia.

Experimentar ansiedad se vive muchas veces precisamente así. Se experimenta porque creemos no llegar a unos cánones, porque no somos suficientemente fuertes o evolucionados. ¿Por qué podemos experimentar ansiedad en un vagón de metro mientras que los otros no parecen tener ningún problema? ¿Por qué sudamos o temblamos al exponer en público y el resto es como si estuviera en el salón de su casa? ¿Por qué no podemos quitarnos esa idea obsesiva de la cabeza mientras los demás están tomando una copa y se ríen de forma despreocupada? ¿Qué no estamos pudiendo hacer que los otros sí hacen? ¿Son más valientes?, ¿más inteligentes?

Quizá no se trata de lo que hacen, sino de lo que no hacen. Las personas que nos rodean no están lidiando con un conflicto, no tienen nada que resolver en ese momento. No parecen estar haciendo algo de más, sino que simplemente no están enredadas.

Cada uno tiene que librar las batallas que le tocan en ese momento; nunca son las mismas. Sin embargo, a veces con la ansiedad se da un doble mensaje, como comentamos al principio. Las personas se dicen a sí mismas que lo que están experimentando es horrible y, a la vez, no deberían estar pasando por ello. ¿Cómo enfoco mi fuerza en ese conflicto?

Un valor importante que debe tener quien transita por este mundo es el de recuperar el sentido de la dignidad. Que los otros no estén librando esa batalla porque no estén viviendo ese conflicto no significa que mi conflicto no sea digno. La valentía no existe sin miedo, y siempre que nos importe algo, probablemente debamos hacerlo con miedo.

Existe la vergüenza destructiva: la que nos hace sentir que no somos ni seremos suficientemente buenos. Como una mala hierba invasiva o como un virus en el ordenador, este tipo de vergüenza tiende a insinuarse en nuestra vida entera, en nuestro total mundo experiencial, y a estropearlo todo. No se trata simplemente de que yo no conseguí acabar el maratón, sino de que soy un completo fracaso. Por supuesto, esta forma de autodespreciarnos genera parálisis y evitación a situaciones que consideramos potencialmente vergonzosas.

Es por esto por lo que, si solemos sentir con frecuencia vergüenza de tipo destructivo, puede que nuestra mente nos transmita constantemente un mensaje evitativo: «Si vas, o te controlas y te comportas como es debido —para lograr evitar pasar vergüenza—, o mejor que no vayas», y creeremos que así continuaremos sintiéndonos aceptados y queridos en ese entorno. Si nos anticipamos a la situación, en teoría, nos servirá para seguir formando parte del grupo, pero lo que no solemos contemplar es que el precio que muchas veces pagamos por mantener eso intacto implica:

- Una disminución de nuestro interés, entusiasmo y disfrute en la situación.
- Experimentar probablemente un sentimiento de vacío con nosotros mismos, porque a menudo sentimos que «no podemos ser» como nos gustaría.

- No desarrollamos ni entrenamos capacidades autorregula-
doras propias que se necesitan para enfrentar el sentimiento
de humillación (con el que nos toparemos de vez en cuando
en nuestra vida, por mucho que lo queramos evitar).
- Poco a poco se va inhibiendo activamente el desarrollo de la
capacidad de tomar otra perspectiva de nosotros mismos.

Otra característica importante es la creación por parte del individuo de un yo ideal inalcanzable, rebosante de perfeccionismo.
Este yo le impide continuamente estar en lo que se es, y se busca
constantemente un «debería ser»... De esta forma, con ambos mecanismos se establece una realidad deformada, que no puede ser
comprobada. Además, la evitación a la exposición al sentimiento de
vergüenza lleva a que nunca exista espacio suficiente para que pueda ser cuestionada.

Hay que señalar también que, para el vergonzoso, la idea de
inadecuación es global, apenas puede señalar qué es lo que hay
de malo, de forma concreta, dentro de él. Lo reemplaza por un sentimiento vago de que hay algo malo en él. Es como la famosa idea
del pecado original. Algo anda mal en él desde que nació.

El fin de la terapia no es eliminar la vergüenza o la culpa, ya
que ambas son necesarias para considerarnos personas completas.
La ausencia de culpa lleva a olvidarnos de que, en nuestro camino,
podemos dañar a otros. Y no es cuestión de fustigarse, donde hablaríamos de culpa neurótica, sino de poder asumir la responsabilidad de nuestros errores. Porque no puedo llamarme ser humano si
no he errado. Aristóteles decía que la vergüenza era la semilla del
principio ético. Es necesaria para construir nuestra noción de dignidad. Podemos considerar que el ser humano es digno desde el
momento del nacimiento, pero darnos cuenta de nuestra dignidad
es una cosa muy diferente, y todo un camino por descubrir. La vergüenza y la culpa bien entendidas nos ayudan a aprender, a crecer
con los otros.

A efectos prácticos

La vergüenza representa el espacio que hay entre los ideales del «cómo hay que ser» (la imagen a la que uno aspira) y el sentimiento de nosotros mismos en realidad (el reconocimiento de cómo somos). De tal manera que, cuanto más grande sea la distancia entre estas dos imágenes, mayor será la intensidad de la vergüenza sentida. ¿Cuáles pueden ser las principales líneas de trabajo para colocar esta emoción?

- Intentar acortar distancias entre el yo ideal (imaginado) y el yo real (percibido). Para ello, es importante que no pongamos demasiada atención en esforzarnos por ser una persona que no existe, sino en trabajar con nuestros ideales. Pregúntate dónde está escrito y establecido «lo que hay que ser». Revisa y cuestiónate personalmente estos requisitos, porque fueron moldeados por influencias pasadas que se formaron a partir de las relaciones con nuestras familias, compañeros, cultura subyacente, valores y costumbres. No son inamovibles; son aprendidos.
- Cuando sientas vergüenza por juzgarte como erróneo, párate e intenta hacer un ejercicio de autorregulación objetiva que, poco a poco, te dé mayor perspectiva de ti mismo: el posible juicio del otro no es lo más doloroso, sino que es el que me hago a mí mismo el que me machaca. ¿Puedes buscar pruebas de que lo que te está pasando es algo puntual, circunstancial, y no algo que te define? Seguro que tienes un abanico de experiencias muy dispar en el que no siempre te sientes así.
- La vergüenza es un reflejo de la pasividad que a uno lo hace sentir débil, frágil e impotente. Ten claro que, al esconder sentimientos que creemos que acarrearían problemas relacionales, inhibimos nuestra iniciativa, algo que a su vez puede hacer que nos sintamos avergonzados.

- Arriésgate a tomar la iniciativa y a emprender acciones que te permitan expresar tus necesidades. Esto te dará la oportunidad de contrastar el rechazo usualmente imaginado con las respuestas reales. ¿Y lo reconfortante que resulta a veces sentirnos entendidos y validados en contra de todo pronóstico? ¿Y el orgullo que podemos sentir por haber corrido el riesgo de expresar nuestras necesidades? Tener iniciativa y, en última instancia, poder estar solo como un acto de asertividad y de expresión de uno mismo es una perspectiva que nos ayudará a manejar la vergüenza.
- Entiende que la vergüenza es una experiencia compartida por una gran mayoría, que se refiere al dolor de estar solo, y que no tiene por qué ser el sentimiento que reafirme nuestra existencia. También puede ser una experiencia positiva, y nos ayudará sentirla como una señal de que participamos en el mundo, de que no nos escondemos, de que nos respetamos a nosotros mismos porque vivimos a través de nuestra identidad real y no a través del espejo de lo que no somos. Una postura de conciencia particular que nos ayudará a dirigirnos hacia la aceptación y la toma de conciencia del dolor y de la realidad que implica el participar en el mundo.

El enfado

Frente al enfado socialmente existen sentimientos muy encontrados: «Hay que ser agradable con los otros para que sean agradables con nosotros», «No te enfades, que das la nota», «Cada minuto que estás enfadado pierdes sesenta segundos de felicidad»... Pero, por otro lado, ¿quién no ha escuchado que para conseguir que como cliente de una compañía a uno le hagan caso hay que enfadarse porque si no lo ignoran?; del mismo modo que en muchos anuncios se muestra el éxito y el poder asociados a apariencias de bravura y a posturas defensivas, o si no pensemos qué estatus social suele acompañar a un ejecutivo agresivo. Crecemos con toda esta amalgama de mensajes contradictorios, y, cuando somos adultos, lo normal es que no sepamos realmente cómo manejarnos con el enfado propio y ajeno; conocerlo más a fondo nos ayudará en esta tarea.

Esta emoción se experimenta físicamente como una intensa carga energética que nos agita y predispone para el movimiento; a nivel mental, hace que focalicemos nuestra atención en lo que consideramos que son los obstáculos que nos impiden conseguir nuestros objetivos o que son causantes de nuestra frustración. Tan fijado queda ese foco atencional que, temporalmente, no somos capaces o se nos dificulta mucho ejecutar con eficacia otros procesos cognitivos, es decir, que, en momentos de enfado, nuestra razón está desactivada y es el sistema límbico el que manda, el que desata conductas de pura supervivencia. Por eso, pedirnos razonar enfadados igual que cuando estamos en calma, o intentar que los otros razonen en esas mismas circunstancias, suele ser una estrategia fallida. Por otro lado, es una emoción enormemente adictiva, ya que su expresión no siempre causa alivio, sino que genera escaladas que pueden llegar a ser muy conflictivas para uno mismo y el entorno. Enfadarse no es el problema, ya que en general ni el mundo ni los demás ni nosotros mismos correspondemos todo el tiempo a las expectativas que creamos; lo complicado es continuar enfadado.

Hay numerosos estudios que relacionan el estrés y la agresividad. En experimentos con ratones, en los que se puede medir fácilmente su nivel de cortisol, vemos que estos utilizan estrategias de reducción de la ansiedad que se parecen bastante a los comportamientos que tenemos los humanos. Algunos reducen sus niveles corriendo en círculos en la típica rueda, al igual que nosotros hacemos ejercicio. Pero existe una segunda fórmula que puede resultarnos bastante familiar, por desgracia. Sabemos que la agresión dirigida a objetos inanimados o a sus congéneres reduce sus niveles de cortisol en sangre. En animales sociales, este desplazamiento de la ansiedad produce que los animales que ocupan un estatus alto muerdan a los que se encuentran en un rango inmediatamente inferior, producióndose una cadena de mordiscos, que a su vez aumentan la probabilidad de sufrir úlceras estomacales. Cuanto más abajo se encuentre un animal en la escala social, tanto mayor es la probabilidad de sufrir las consecuencias producidas por el incremento del estrés.

En Inglaterra, el Centro Nacional contra la Violencia Doméstica utilizó el siguiente eslogan en una campaña de sensibilización contra la violencia en el hogar: «Si a Inglaterra le dan una paliza, a ella también». Para quienes el fútbol no nos despierta demasiado interés, el hecho de saber que el riesgo de violencia doméstica aumenta un 26 por ciento cuando gana la selección inglesa, y un 38 por ciento cuando pierde, podemos sacar una conclusión más aversiva aún. El alcohol es otro elemento que tener en cuenta en esta ecuación, ya que podemos intuir que el agua carbonatada o los refrescos no son las bebidas más consumidas en estos eventos.

A efectos prácticos

«Cualquiera puede enfadarse, eso es algo muy sencillo. Pero enfadarse con la persona adecuada, en el grado exacto y en el momento oportuno, con el propósito justo y del modo correcto, eso, ciertamente, no resulta sencillo», nos decía Aristóteles.

Lo primero de todo es comprender qué mensaje nos está lanzando el enfado; gracias a él, podemos saber que algo que está pasando merece atención.

Asumamos que es una emoción que siempre nos hará sentir un plus de energía para permitirnos enfrentar la amenaza en vez de huirla. Así que la cuestión no residirá en rebajar sistemáticamente esa energía extra, sino en, poco a poco, aprender a reflexionar sobre cómo la queremos canalizar. En un estudio realizado con jugadores de la NBA se reveló un importante dato: el enfado no solamente podía llevar a una movilización de la energía, sino que aumentaba nuestra eficacia en ciertas tareas.

Los investigadores examinaron el grado de acierto durante los tiros libres, cuando los jugadores habían sufrido una falta personal flagrante. La expresión *clear path* se utiliza para referirse a cuando un jugador ha recibido una falta deliberada en el momento en el que se encontraba en una posición muy ventajosa para anotar. Este hecho se supone genera una clara frustración en el jugador afectado. Al final, resultó que los jugadores sobre los que se había ejercido *clear path* anotaban con mayor frecuencia que los que habrían sufrido faltas personales normales. Algo parecido sucedió con un estudio sobre el hockey sobre hielo: tras analizar 8.467 disparos, se descubrió que los jugadores que se enojaban por una falta tenían más probabilidades de anotar.

Sepamos que en algunas ocasiones el enfado tiene lugar como catarsis, o proceso de liberación emocional, que permite deshacerse de una tensión. Esto, en sí, no resulta problemático si sucede en ocasiones puntuales, pero si la persona no dispone de demasiado repertorio de respuestas y suele utilizar el enfado como catarsis constantemente, puede desencadenar en emociones y sentimientos tóxicos o destructivos que pueden llegar a convertirse en pasiones peligrosas (odio, violencia, asesinatos, guerras...). Nada justifica la violencia: enfadarnos es necesario, odiar es un producto tóxico que se debe a la incapacidad para gestionar óptimamente nuestras emociones, y se da cuando el enfado se convierte en un habitante permanente.

Es importante poner en una escala de valores y elegir las batallas en las que tenga sentido para nosotros defendernos, y, a su vez, cuestionarnos si podríamos hacerlo de otras maneras. Para ello será necesario revisar las estrategias que llevamos a cabo casi sin darnos cuenta cuando estamos bajo la emoción del enfado, y comprender que esas reacciones de ira, que quizá nos ayudaron con personas de nuestro pasado que nos dañaron (cuando éramos vulnerables), es posible que sigamos utilizándolas en el presente de forma indiscriminada y automática, sin plantearnos si ahora nos son útiles realmente.

Para gestionar el enfado no nos servirá estar pendiente de aquel que parece molestarnos y pensar en qué debería hacer él o ella para remediar nuestro malestar. Sin embargo, sí nos puede ayudar poner el foco en evaluar qué es lo que realmente estamos considerando injusto. Al preguntarnos a nosotros mismos por nuestro enfado, nos lo estamos explicitando a la vez que nos ayudamos a reevaluar la situación y, a veces, a relativizar y a darnos nuevas perspectivas, nuevas posturas desde donde poder observar.

Lo importante no es enfadarse, sino continuar enfadados. El rencor, la variante crónica del enfado, suele avivarse porque utilizamos argumentos para justificar precisamente ese estado. Intentar resolver esos argumentos no hace más que generar nuevas razones para continuar enfadados, por lo que muchas veces es mejor no intentar resolver nada en ese momento y posponer el conflicto para más adelante, cuando podamos tener otras perspectivas menos contaminadas.

Si practicamos en reconocer que nuestro enfado es nuestro, por algo que tiene que ver con nosotros, nos distanciamos y reevaluamos su significado, disminuiremos su carácter explosivo. Conseguiremos aumentar nuestra compasión ante la variedad de creencias y opiniones, y nos ayudará a expresarlo procurando resolverlo con menos impacto, haciéndonos entender con mayor claridad. Practicando esto, con paciencia, percibiremos que mejorará el control de la emoción, la comprensión de lo que nos sucede, la imagen que tenemos de nosotros mismos y las relaciones con los demás.

La indefensión aprendida

Cuentan que algunos domadores de elefantes en la India tenían una técnica para conseguir que los paquidermos no se moviesen del lugar que habían establecido para ellos. Ataban la pata del elefante a una estaca con una cuerda. Para cualquier lego podría resultar una imagen curiosa, pues lo fácil es pensar que al elefante no le costaría mucho esfuerzo liberarse y arrancar la estaca. Sin embargo, esto tenía un truco. Cuando el elefante era aún muy pequeño, le ataban a esa misma estaca, que por entonces sí podía retener su peso, de tal manera que el pobre aprendía desde esa edad temprana que, si le colocaban la cuerda, no podría moverse. Años después, el elefante seguiría con el mismo condicionamiento, y aunque tuviese la fuerza necesaria no intentaba escapar. Había aprendido que era inútil hacerlo.

El término «indefensión aprendida» fue acuñado por Martin Seligman en 1975, basándose en unos experimentos que realizó con perros. A pesar de ser el padre de la denominada «psicología positiva», Seligman era hijo de su tiempo, y en esa época se realizaban experimentos bastante crueles con los animales. En este caso, trabajó con dos grupos de perros a los que suministraba descargas eléctricas en una jaula. La diferencia entre los dos grupos radicaba en que mientras el primero tenía la posibilidad de realizar alguna acción para impedir las descargas, como saltar o apretar una palanca, al segundo grupo no se le proporcionaba ninguna acción efectiva, o si existía a veces funcionaba y otras no.

Es decir, que, si el animal tenía alguna perspectiva de que podía controlar la situación, su acción estaba motivada para evitarla, pero si, por el contrario, llegaba a la conclusión de que sus intentos no iban a obtener frutos, entonces el pobre perro se acurrucaba en una esquina mientras aguantaba pasivamente las descargas. Por lo tanto, aprendía a no responder más ante ese hecho, puesto que la acción no generaba posibilidad de cambio alguno. Este aprendizaje lleva al desarrollo de la expectativa de que, en el futuro, cuando la situación cambie, seguirá sin haber relación entre sus respuestas y las consecuencias.

Si aplicásemos el término propuesto por Seligman en nuestro día a día, estaríamos ante un estado psicológico que se manifestaría cuando una persona vive de manera reiterada situaciones ante las que empieza a sentir que sus conductas o comportamientos no le permiten conseguir aquello que anhela, y además siente la incapacidad de hacer algo diferente al respecto.

Es decir, es una actitud de «tirar la toalla» porque creemos que nuestro problema no tiene solución y, si la tiene, nos vemos incapaces de acceder a ella, de buscar y realizar conductas alternativas. Esto provoca una sensación de falta de control sobre el ambiente, percibiéndolo como incontrolable, aunque este cambie.

Cuando la indefensión aprendida se instaura, es muy característico un patrón de conductas en la persona centrado en:

- Paralización y pasividad ante lo que ocurre.
- Bloqueo mental ante situaciones que requieren una solución.
- Pensamientos y creencias irracionales sobre su propia valía o capacidad de afrontamiento de las situaciones.
- Necesidad de huir de los problemas.
- Evitación.
- Aislamiento.
- Desgana y apatía.

En los humanos, este fenómeno no funciona exactamente igual que en el resto de los animales, ya que es un proceso un poco más complejo. Los humanos no viven automáticamente esa sensación de indefensión porque su actitud depende más de factores explicativos, por lo que terminan primando las razones por las que la persona cree que su acción va a ser inútil.

Esta puede ser una de las razones de que las personas presentemos conductas supersticiosas, y es que, en el fondo, en los trastornos de ansiedad, la atribución causal, el decir por qué creemos que las cosas pueden suceder o no son más importantes que las causas reales. Las causalidades terminan transformándose en causalidades porque la mente está casi prediseñada para tratar de reconocer patrones.

En revisiones posteriores a esta teoría, se tuvieron en cuenta los llamados «estilos atribucionales». Por explicarlo en pocas palabras, los investigadores entendieron que los factores con los que se explicaban sus éxitos o sus fracasos comprendían tres dimensiones:

- **Atribuciones situacionales.** Hablaríamos de atribuciones globales. La explicación de un hecho concreto se generaliza a otros hechos o situaciones de la vida de cada uno, como en este ejemplo: si llego tarde a una cita pienso que siempre llego tarde a todos los lados. En cambio, en las atribuciones específicas, no se establece conexión entre la causalidad de un hecho o situación concreta y otras situaciones de nuestra vida. Así, en el sentido contrario al ejemplo anterior, si llego tarde a una cita me digo: «Me he entretenido acabando una cosa, pero no llego tarde normalmente; la próxima vez saldré antes de casa».
- **Atribuciones temporales.** Se trataría de cómo colocamos la situación en el tiempo, y la descubrimos en expresiones como «siempre pierdo» o «nunca voy a salir de aquí». En cambio, las atribuciones inestables se refieren a situaciones que transcurren ahora, y que no se prolongan en el tiempo. Por ejemplo: «Hoy no ha sido mi día», o entender que el otro ha llegado tarde porque se entretuvo en esa ocasión, aunque no sea su comportamiento habitual.
- **El locus de control,** dependiendo de cuál es la responsabilidad atribuida a la acción. Podríamos hablar de locus de control interno si decimos que he suspendido el examen porque no soy inteligente. Depende de factores que están dentro de la esfera de control, como el esfuerzo.

Las personas con más tendencia a tener manifestaciones de ansiedad y depresión poseen atribuciones específicas con respecto a los hechos negativos, los cuales los considerarían debidos a causas internas, estables y globales. Si nos salió mal el examen, por ejemplo, es porque siempre hemos sido y seremos malos estudiantes, y además somos unos inútiles. En cambio, los hechos positivos se viven como externos, inestables y específicos. Si aprobamos el examen fue porque ese día tuvimos suerte y era muy fácil.

La indefensión aprendida suele estar más presente en personas criadas pocas un régimen muy autoritario, caracterizado por el castigo y pocas recompensas. Si desde pequeños nos han tratado de esta manera en casa o en la escuela, o si hemos sido víctimas de actos de violencia física o psicológica, es más probable que en la etapa adulta no nos defendamos ante las dificultades o agresiones y solo sepamos protegernos desde la depresión y la desesperanza.

Esta reformulación se denomina «teoría atribucional», y Seligman concretó que nuestro carácter optimista o pesimista depende de estas interpretaciones en el sentido de la duración que le damos al impacto del suceso, a las consecuencias de este y al grado de responsabilidad que nos atribuimos.

La lógica de la indefensión aprendida nos hace caer en razonamientos llamados tautológicos. Es decir, el propio pensamiento termina justificando su causa. Quizá nos suenan las siguientes premisas: «no hay nada que hacer», «yo soy así», «da igual lo que haga que el resultado es el mismo», «a pesar de comprender y entender el proceso, sigo sintiéndome mal», «no sé qué más tengo que hacer para sentirme bien», «total, para qué, si va a seguir igual», «no podré superarlo»... La única razón por la que la persona mantiene ese pensamiento es porque cree que es así.

Esto genera en el individuo un sentimiento de falta de control sobre su ambiente y sobre las circunstancias que le rodean, y cualquier esfuerzo que realice para su control resulta inútil. De esta manera, el simple hecho de pensar que nuestros actos no modificarán una situación concreta nos llevará a evitarla o a no enfrentarnos a ella. La indefensión aprendida lleva a la persona que la sufre a no hacer nada para evitar el sufrimiento.

El concepto, además, se refuerza por las valoraciones negativas que podemos llegar a tener de nosotros mismos ante diversas situaciones y que vamos interiorizando a lo largo de nuestras experiencias. Por ejemplo: «No se me dan bien los deportes» (por lo tanto, posiblemente esta persona no se inicie en ninguna actividad deportiva). «A mí es que se me da fatal lo de escribir post» (obviamente, esta persona ni lo intentará)... Al creernos este tipo de valoraciones negativas sobre nosotros mismos, nos costará ponernos en marcha, aunque tengamos la capacidad, o, lo que es peor, ni siquiera nos pondremos en marcha; simplemente evitaremos enfrentarnos.

A efectos prácticos

¿Qué factores pueden ayudar a reducir las consecuencias de la indefensión aprendida?

- Es muy importante **valorar de una manera más objetiva nuestras capacidades,** centrando los esfuerzos en qué podemos hacer para resolver la situación e intentarlo, sin entrar en las valoraciones negativas. Entiendo que es difícil, ya que nuestro piloto automático nos dirá que, efectivamente, «no somos capaces». El truco está en desechar este pensamiento o interpretación (recordemos que, con esto, nos estamos autosaboteando), es decir, no darle valor, no creer; focalicemos, en cambio, la atención en ser resolutivos, no en darnos latigazos a nosotros mismos. Es fundamental detectar y analizar nuestro diálogo interno, cuáles son nuestras creencias, juicios, nuestra forma de hablarnos y evaluar de forma objetiva cuáles de estos pensamientos son «estacas» que nos están inmovilizando.
- **No interpretar el futuro de forma lineal.** La mayoría de las personas no se angustian tanto por su malestar actual, sino porque imaginan que ese malestar va a mantenerse en el tiempo. Ni la tristeza, ni el miedo, ni el enfado son infinitos, sino que vamos alimentando la llama de su influencia con las acciones que realizamos.
- **Trabajar la gratitud** podría ser una de las claves para reducir la indefensión. Además de entender que este sentimiento está en la base del bienestar, digamos que nos ayuda a reducir esa carga de hiperreflexión que aparece en la ansiedad. El mundo deja de girar en torno a uno mismo.
- El propio Seligman hablaba del concepto de **inmunización.** Si la persona aprende desde edades tempranas que sus acciones pueden tener consecuencias sobre el entor-

no, se produce este efecto de inmunización que protegerá al individuo de la indefensión aprendida.

- **Pedir ayuda y hacerlo de manera correcta** (es decir, no intentar que el otro lo haga por mí, sino realizar una petición específica al otro acerca de cómo puede ayudarme a conseguir la tarea) nos permite acceder a recursos que, de otra manera, no estarían dentro de nuestro paquete de herramientas. Por ejemplo: «Si tengo un ataque de ansiedad, me gustaría que tratases de ayudarme a salir de ese estado hablándome de otra cosa».

¿Qué es la aceptación?

¿Qué estamos queriendo decirle a alguien cuando le indicamos que debe aceptar las emociones? ¿Qué clase de instrucción es esa?

La aceptación no se entiende como un término pasivo, sino que busca abrirse al sufrimiento en la persecución de los valores y objetivos que se puedan activar en presencia del estímulo temido.

Para Michael Dougher, las definiciones de aceptación siempre son de manera negativa, es decir, se suele definir por lo que no es. Ante una situación o evento psicológico complicado, la aceptación sería no hacer nada, dejarse llevar, no enfrentarse a las emociones o pensamientos. Sinónimos razonables podrían ser: «admitir», «consentir», «tolerar». Pero, como bien dice Steven Hayes, la aceptación no es igual que el estoicismo o la indefensión racionalizada, o incluso añadiríamos la resignación cristiana.

Como es fácil confundirse, quizá debiéramos primero delimitar qué no es la aceptación y con qué se suele confundir:

- **No es aguantar.** Aguantar tiene la connotación de hacer fuerza para oponerse al empuje que recibimos de alguien. La aceptación, por el contrario, supone dejar la lucha. En una metáfora sería como si dos personas tiran de una cuerda intentando hacer que la otra ceda; en ese caso, la aceptación es cesar la lucha, y la oposición, abandonar y rendirse sin dejarse arrastrar, para poder dejar una lucha inútil y seguir nuestro camino.

- **No es resignarse.** La resignación implica el abandono de nuestros intereses, mientras que la aceptación supone continuar la lucha por nuestros intereses y el avance hacia nuestros valores.
- **No es ignorar nuestros pensamientos, sentimientos, sensaciones y emociones.** Es abrirse a experimentarlos siguiendo la dirección que hemos elegido.
- **No es un camino para sufrir.** Es la asunción del sufrimiento (subjetivo) preciso para conseguir nuestros objetivos, metas y valores, sin que nuestra conducta nos provoque mayores torturas.

De una forma general, se podría decir que la aceptación consiste en no evitar, controlar o cambiar aquellos pensamientos o emociones que nos están resultando desagradables. Lo que se propone es que las personas permitan la ocurrencia de los sucesos que evocan las acciones, las reacciones emocionales o pensamientos, y las consecuencias de todo esto, y que no intenten evitarlos, controlarlos o cambiarlos.

Por otro lado, Jorge Alburquerque Córdova y Lawrence Kohlberg definen la aceptación como la tolerancia de las emociones evocadas por estímulos aversivos, pero sin evitar o escapar. Ante la presencia de estímulos aversivos, una persona siente emociones y escapa o evita. Cuando surgen las emociones y la evitación, es probable que las personas piensen o digan que la causa de su evitación o escape han sido las emociones que han experimentado. Lo que se propone es que experimenten tal y como son el contexto y las reacciones que se producen. La aceptación es la ausencia de escape o evitación en respuesta a un malestar intenso, con el fin de comprobar que el sufrimiento acabará.

La actitud de aceptación no se consigue de un día para otro; sin embargo, nos reporta enormes beneficios en nuestra vida: posibilita el aprendizaje y cambio personal, ya que no seremos los mismos tras el proceso de aceptación; además, nos ayuda a acercarnos a la realidad, a ajustarnos de manera que no tengamos una visión distorsionada, fomentando así pensamientos más racionales y objetivos. Sabemos que aumenta nuestra capacidad de resiliencia para manejar situaciones difíciles futuras y fomenta que pasemos a la acción, nos desbloqueemos e iniciemos el proceso de búsqueda de soluciones.

Gracias a la aceptación optimizamos nuestro malestar sin magnificarlo (esto no implica que no nos vayamos a sentir «mal», sino que nos sintamos un poquito menos peor), aumentamos nuestra autoestima, nuestra sensación de capacidad y de control personal, a la vez que aprendemos a normalizar que el sentirse mal también forma parte del día a día, que no es malo, que es lícito y algo natural; nos ayuda a flexibilizar la reacción al malestar porque resistir los eventos privados limita la vida, y a darnos cuenta de que centrarnos en ellos implica perder la dirección.

No podemos obviar que su práctica nos ayuda a clarificar valores para actuar en la dirección valiosa, aceptando con plena conciencia los eventos privados que surjan, y practicar la aceptación cuanto antes y tantas veces como sea posible, y que también nos ayuda a iniciar el proceso de regulación emocional.

Una manera estupenda de acercarnos y entender esta actitud es a través de las metáforas como las que se incluyen en el apoyo web (accede a este contenido mediante el enlace que encontrarás al final del libro).

9

Cómo exponernos a nuestros miedos

De los doce hombres que han caminado sobre la superficie lunar, tan solo cuatro continúan con vida mientras se escriben estas líneas. Todos los alunizajes se realizaron entre 1969 y 1972, y han dejado constancia del sentido del valor y el coraje que puede habitar en el corazón de los seres humanos. Alguna de las misiones, como la del Apolo 13, mantuvieron en tensión al mundo y nos dejaron frases inolvidables, como ese «Houston, tenemos un problema». Dicha misión tenía como objetivo alunizar sobre el famoso cráter de Fra Mauro, que se encuentra alrededor del Mare Imbrium. Estas formaciones pueden ser visibles a través de un telescopio que tenga cierta calidad de aumentos.

El nombre de este cráter precisamente se lo debemos al monje y cartógrafo veneciano Fra Mauro, quien en el año 1457 dibujó un mapa del mundo antiguo cargado de detalles. La belleza de este mapa no se debe tanto a su precisión, sino a la cantidad de comentarios que incluyó el monje. Cuentan que recibía en Venecia a todos los comerciantes y viajeros, a los que les asignaba tareas no solo de medición, sino que les pedía que le hablasen de la esencia de lo que encontraban en sus viajes, sus gentes, su gastronomía, sus costumbres. Dicen que el monje dibujó uno de los mapas mejor considerados de la cartografía medieval sin salir de su celda.

Esto que puede ser posible para un cartógrafo, no puede ser válido para quien desea salir de las intrincadas tierras de la ansiedad. El conocimiento teórico resulta insuficiente para consolidar aprendizajes que nos permitan cambiar nuestra mirada.

Lo que podemos aprender de una magdalena

Una de las magdalenas más famosas del mundo puede ayudarnos a descubrir otra gran herramienta para superar muchos de los obstáculos, y, de paso, aprenderemos cómo las leyes del aprendizaje pueden enseñarnos tanto acerca de nosotros y de nuestras sesudas reflexiones sobre nosotros mismos. El conductismo nunca pasó de moda, siempre estuvo con nosotros. Sirva este capítulo como un homenaje a los trabajos de Burrhus Skinner, John Watson, Edward Thorndike, Albert Bandura y de otras figuras tan relevantes que siempre nos han acompañado en nuestro camino, en nuestra búsqueda. Marcel Proust nos dejó este:

> Hacía ya muchos años que no existía para mí de Combray más que el escenario y el drama del momento de acostarme, cuando un día de invierno, al volver a casa, mi madre, viendo que yo tenía frío, me propuso que tomara, en contra de mi costumbre, una taza de té. Primero dije que no; pero luego, sin saber por qué, volví de mi acuerdo. Mandó mi madre por uno de esos bollos, cortos y abultados, que llaman magdalenas, que parece que tienen por molde una valva de concha de peregrino. Y muy pronto, abrumado por el triste día que había pasado y por la perspectiva de otro tan melancólico por venir, me llevé a los labios unas cucharadas de té en el que había echado un trozo de magdalena. Pero en el mismo instante en que aquel trago, con las migas del bollo, tocó mi paladar, me estremecí, fija mi atención en algo extraordinario que ocurría en mi interior. Un placer delicioso me invadió, me aisló, sin noción de lo que lo causaba. Y él me convirtió las vicisitudes de la vida en indiferentes; sus desastres, en inofensivos y su brevedad, en ilusoria, todo del mismo modo que opera el amor, llenándose de una esencia preciosa; pero, mejor dicho, esa esencia no es que estuviera en mí; es que era yo mismo.

Proust tuvo una infancia enfermiza, aunque afortunadamente tuvo el calor y los cuidados de su madre. El sabor de aquella magdalena le trajo a la memoria el recuerdo de aquella época, rememorando la esencia del cuidado y del amor maternal.

La aventura del fisiólogo ruso Iván Pávlov permitió explicar eso que tanto fascinó a Proust. En otra de esas serendipias tan propias de la experimentación, el científico se hallaba investigando el funcionamiento de los sistemas digestivos de los perros cuando se encontró con uno de los hallazgos más relevantes de la psicología: el de cómo podemos convertir la casualidad en causalidad.

Los perros de Pávlov eran alimentados todos los días a una misma hora, y el fisiólogo observé algo que, quizá por resultarnos un fenómeno normal, nadie había reparado en su importancia: los canes salivaban antes de que apareciese la comida. Cualquiera que tenga un perro en casa se habrá dado cuenta de que el animal sabe qué vamos a hacer antes de que nosotros mismos lo hagamos. No se trata de una intuición mágica, ni del uso de una lógica deductiva, sino que en realidad dedican mucho tiempo a observar y a estudiarnos para tratar de predecir nuestro comportamiento. Sin embargo, la intuición de Pávlov le llevó mucho más lejos al diseñar un experimento en el que consiguió convertir un estímulo neutro, como puede ser una campanilla, en algo que podía provocar una respuesta como la salivación. Si preguntamos ahora «¿y qué?», y seguimos sin sorprendernos, es porque aún no hemos entendido el verdadero potencial de este descubrimiento, y cómo comprender este mecanismo ha marcado un antes y un después en la mayoría de las disciplinas científicas dedicadas a estudiar el comportamiento.

Esta investigación y muchas otras posteriores, que se llevaron a cabo no solo con animales sino también con humanos, pretendían esclarecer los porqués de nuestra conducta a través de una metodología más objetiva y demostrable de lo que había sido hasta entonces; y todo ello apoyándose en el importante papel que tiene el aprendizaje.

Los seres vivos aprendemos gracias a las experiencias que vivimos (como puede ser manipular objetos o interaccionar con otras personas), construimos nuevos conocimientos que cambian nuestros esquemas mentales, los de los otros y los del mundo que nos rodea. Esta construcción de nuevos conocimientos se asimila y acomoda mentalmente con el fin de generar nuevas conductas que puedan ser llevadas a la práctica de una forma relativamente estable para, en principio, facilitarnos nuestra adaptación al medio.

De hecho, se ha demostrado que el aprendizaje o condicionamiento es esencial para nuestra capacidad de supervivencia y de adaptación a un mundo en constante cambio. Nuestro sistema asocia eventos o estímulos con el fin de que sobrevivamos lo máximo posible. Por eso, si acercamos la mano a la llama de una vela y nos quemamos, posteriormente el recuerdo del dolor que sentimos en nuestra piel nos hará no desear acercar de nuevo la mano al fuego; incluso será un aprendizaje que compartamos con los demás, transmitiendo este mensaje a otros que aún no lo sepan.

¿Cómo aprende nuestro cerebro? Responder esta pregunta es un gran reto para los psicólogos y los profesionales de otras disciplinas. Los expertos se esfuerzan considerablemente en elaborar teorías del aprendizaje. La asociación es un aprendizaje que tiene lugar cuando dos elementos se conectan en nuestro cerebro. Por ejemplo, si asociamos el despertador a madrugar, descubriremos para qué sirve este instrumento y lo poco que nos agrada.

Pero hay más casos de aprendizaje asociativo. Por ejemplo, ¿nos resulta familiar el efecto de la bata blanca? Cuando nos miden la tensión en el médico, saben que es más probable que aparezca alta, porque hemos asociado esa situación a un estado de preocupación, y a su vez ese estado de preocupación nos está dando una imagen distorsionada de nuestra tensión. Es por eso por lo que tienen que hacernos varias mediciones y realizar una media. E incluso la medida de referencia que van a elegir como válida si se hacen dos veces seguidas es la segunda. Esto nos hace darnos cuenta de cómo esa asociación ha subido nuestros niveles de tensión arterial.

Otro ejemplo: cuando hemos aborrecido una comida, o nos ha

sentado mal, desarrollamos una aversión al sabor, casi como una protección. Quizá hemos tenido una mala experiencia y ya no podemos ni oler la ginebra o el vodka, y esa asociación puede durar toda la vida.

Y un último ejemplo: uno ha sido abducido por videojuegos como *Candy Crush* o *Angry Birds*, o se pasa el día cultivando su granja virtual, es porque sigue los principios del condicionamiento operante y el moldeamiento a rajatabla. Nos recompensan, nos refuerzan, nos moldean y mantienen nuestra atención durante horas y horas.

Donald Hebb sentó las bases de la neuropsicología moderna al afirmar que no aprendemos tanto por la formación de nuevas neuronas, sino que en realidad la clave está en cómo se conectan entre sí, es decir, que al interactuar entre ellas se refuerzan esas conexiones. Cuanta más interacción, más se refuerza esa conexión, de tal manera que, cuando se ha repetido este emparejamiento un número determinado de veces (en ocasiones, una única exposición es suficiente, como en el caso de algunos trastornos de ansiedad), la asociación llega a ser casi automática. Cuanto más practicamos una lengua extranjera, más fácilmente se producirán esas asociaciones en nuestro cerebro. Y ciertos aprendizajes nunca desaparecen, sino que tan solo se debilitan; pero, cuando volvemos a encontrarnos en las mismas situaciones, vuelven a reforzarse.

Las conclusiones a las que se llega con este tipo de aprendizajes es que no se basan en inducciones lógicas. Lo fascinante de la asociación es que no termina por generar una creencia de causalidad que suponemos que explica la relación entre sus variables, resultando esta el origen de muchas de nuestras creencias. A lo mejor esa fue la razón por la que se creía que hacer sacrificios de animales o humanos haría que se ganase el favor de los dioses. Quizá un día se sacrificó una gallina y llovió, y terminamos generando la creencia de que era un acto con el que era posible influir en los dioses o en las fuerzas que controlaban la naturaleza. Lo demás lo construyó solito nuestro sesgo de confirmación. Ignoramos las veces que no ha llovido al sacrificar un animal, y nos fijamos únicamente en las que, efectivamente, ha sido así. Con esta receta podemos tener una creencia que dure toda la vida.

Por eso, desde el condicionamiento clásico, se explica por qué a base de aprendizajes podemos desarrollar ese miedo al miedo del que tanto hablamos en otras ocasiones. Antes de subir al autobús, o incluso cuando pensamos en acudir a esos lugares que hemos asociado con la ansiedad, vivimos el mismo miedo (respuesta ya condicionada) que aquel que experimentamos con las primeras sensaciones de ansiedad cuando creímos morir o perder la cordura. Es en este tipo de procesos de aprendizaje en donde los síntomas de ansiedad pueden resultarnos un estímulo del que asustarnos, y, a su vez, la única respuesta fisiológica que podemos buenamente dar frente a él, de forma que se retroalimenta la activación y, por lo tanto, el vernos expuestos a mayor intensidad sintomatológica.

Entra en juego Skinner

La ciencia de la conducta subió un escalón cuando se empezó a entender que podíamos influir sobre los aprendizajes que se habían adquirido mediante asociación; lo interesante no era solo estar presente en el nacimiento de las asociaciones, sino que podíamos ser capaces de observar su vida y cómo estas podían ser modificadas. Esto abrió una dimensión muy sugerente cuando nos dimos cuenta de que podíamos aumentar y prolongar la vida de estos aprendizajes o, por el contrario, podíamos influir para debilitarlos. Por ejemplo, si nos regalan un cupón de descuento en un supermercado, este aumentará la probabilidad de que volvamos a comprar allí, o si, por el contrario, recibimos críticas por nuestra forma de vestir, estas pueden desincentivar que usemos de nuevo esa misma ropa.

Las contingencias son aquellos hechos que, cuando se materializan, pueden influir en que una conducta intensifique o disminuya su frecuencia. De esta manera se inició un periplo científico en busca de las leyes generales que regulan el comportamiento de los animales y seres vivos. El trabajo de figuras como Skinner y Thorndike posibilitó una mayor comprensión de las contingencias.

Skinner fue un psicólogo y científico estadounidense, considerado uno de los mayores referentes del conductismo: corriente psicológica que estudia la conducta o comportamiento observable de las personas y animales a través de procedimientos objetivos y experimentales. Entre sus numerosas investigaciones destacan aquellas que realizó con ratas y palomas. «La caja de Skinner» fue uno de los trabajos en los que trató de poner a prueba el condicionamiento operante. Una vez adquirido el condicionamiento, nos dice, nuestro rechazo o aversión puede seguir siendo moldeado atendiendo a las consecuencias observables que se dan o no cuando un individuo realiza determinadas acciones, de tal forma que podemos influir incentivando o disminuyendo estas asociaciones. Por ejemplo, cabría preguntarse si en la pandemia no se hubiesen tomado medidas sancionadoras por no llevar mascarillas en determinados espacios, ¿su uso habría sido menor?

Para introducir los conceptos que nos atañen, hablaremos del experimento que hizo Skinner con ratas introducidas en jaulas. En esas jaulas había un pequeño pedal que, al ser presionado por los roedores, hacía que apareciera un pedazo de comida como recompensa. Cuando las ratas descubrían que al darle al pedal salía comida, la conducta (darle al pedal) aumentó debido al refuerzo que se producía (comida). A partir de este experimento surgió lo que se conoce como el condicionamiento operante.

Mediante este tipo de aprendizaje asociativo se puede explicar cómo se adquiere y, sobre todo, se mantiene la conducta. Sus principios básicos son los siguientes: si la realización de una conducta va seguida de una consecuencia positiva (una recompensa o refuerzo positivo), o bien de la desaparición o evitación de una consecuencia negativa (refuerzo negativo), aumentará la probabilidad de que esa persona repita la conducta. Si, en cambio, tras la realización de esa conducta la consecuencia es negativa (un castigo), es probable que esa conducta no se realice de nuevo. Finalmente, si la ejecución de una respuesta no tiene consecuencia, dicha conducta dejará de realizarse (extinción); si bien, como hemos comentado anteriormente, no existe un borrado del aprendizaje, este sería sustituido por otros.

Los principios del condicionamiento operante están implicados en la adquisición y el mantenimiento de algunos trastornos de ansiedad.

El refuerzo

El mantenimiento de las fobias se explica por un proceso de condicionamiento operante, por el mecanismo de refuerzo negativo (consecuencia positiva al eliminar algo «malo»). La evitación de la situación temida (salir corriendo del centro comercial, por ejemplo) provoca una disminución de la ansiedad a corto plazo, actuando así como refuerzo negativo (sensación de alivio; es una consecuencia positiva de eliminar algo «malo», como la ansiedad).

Los refuerzos son acontecimientos que, presentados después de una conducta, provocan el aumento de estas. Pueden ser positivos o negativos.

El refuerzo negativo

Un reforzador negativo es un acontecimiento que, presentado inmediatamente después de una conducta, provoca que la frecuencia o la posibilidad de que ocurra dicha conducta aumenten. En este caso, la conducta aumenta porque se retira un estímulo aversivo, por ejemplo, y para que todos podamos entendernos sin liarnos: cada vez que entramos en un coche y no nos abrochamos el cinturón, se oye un pitido muy desagradable; nuestra conducta (en este caso, abrocharnos el cinturón) aumenta a cambio de retirarnos el estímulo aversivo, es decir, una vez que nos abrochamos el cinturón, ya no escucharemos el pitido.

Podríamos poner el siguiente ejemplo: Celia padece fobia social. Todos los viernes intenta acudir a las quedadas junto con sus compañeros de la universidad, pero en cuanto por cualquier motivo se convierte en el centro de miradas, Celia finge que tiene una llamada urgente y se vuelve a su casa. En cuanto Celia se sube en su coche y se aleja de sus compañeros, su ansiedad desaparece.

La evitación de las situaciones que provocan ansiedad constituye un potente refuerzo negativo que mantiene el trastorno. En el caso, por ejemplo, de la fobia social, Celia evita poder ser juzgada por sus iguales; por este motivo evita a toda costa que se hable de ella. La negativa a estar en esas situaciones reduce la posibilidad de que la persona experimente ansiedad. Para esta, su conducta de evitación es algo positivo (no siente ansiedad), por eso la realiza. En el TOC, realizar la compulsión (por ejemplo, lavarse las manos) reduce o elimina la posibilidad de que la persona adquiera una hipotética enfermedad (obsesión). La ejecución de la conducta compulsiva reduce la ansiedad asociada al temor de una posible enfermedad o contagio. Desde este punto de vista, la obsesión se mantiene porque la compulsión actúa como un reforzador negativo. En ambos casos, sin embargo, la persona no comprueba la validez de sus temores porque no se enfrenta a las situaciones que le producen ansiedad.

El refuerzo positivo

Un reforzador positivo es un acontecimiento que, presentado inmediatamente después de una conducta, provoca que la frecuencia o la posibilidad de que ocurra dicha conducta aumenten. En este caso, *grosso modo*, significa recompensa o premio.

Pongamos un ejemplo: Mario padece agorafobia y, después de varias sesiones con su psicóloga, han decidido acudir a un centro comercial que teme desde hace años. Mario lidia con su ansiedad mientras recorre los pasillos del comercio, pero esta vez, a diferencia de otras, decide no salir huyendo. La ansiedad acaba por bajar y aparece consecuentemente una sensación potente de autocontrol: «¡He podido!». Cuando acaban, su psicólogo le felicita por el avance y lo mismo ocurre con sus familiares, que le hacen saber lo orgullosos que están por los avances conseguidos.

Tanto la sensación de autocontrol que surge cuando Mario comprueba que su ansiedad disminuye, aunque permanezca en el centro comercial, como las palabras del psicólogo y la de sus padres actúan como refuerzo positivo para que Mario quiera volver a exponerse a su miedo y superar su problemática.

Como hemos aprendido, la evitación facilita un mantenimiento del miedo, pues no se puede aprender que el miedo es solo miedo y que las consecuencias catastróficas que temo (perder el control, morirme, volverme loco...) no van a suceder.

Por otra parte, la evitación también facilita la influencia de pensamientos negativos (esquemas cognitivos —distorsiones cognitivas— subyacentes). Así, la evitación reduce la ansiedad a corto plazo, pero mantiene el miedo a largo plazo porque son conductas reforzadas negativamente (sensación de alivio) y porque impide que la persona aprenda que la situación no es peligrosa y que es poco probable que sus predicciones ansiosas se conviertan en realidad.

Un ingeniero antipático

«La ciencia es una disposición a aceptar los hechos, incluso cuando se oponen a los deseos», nos decía Skinner.

El conductismo y las leyes de aprendizaje fueron eclipsados por el auge de la psicología cognitiva a partir de los cincuenta. A pesar de ello, el conductismo nunca ha dejado de estar vigente, ha sido criticado y no siempre comprendido. Se considera el intento más preciso de adecuar la psicología al método científico; pero, reconozcámoslo, no ha caído bien del todo. Aun así, la psicología cognitiva no ha caminado sola, y no se puede concebir como una sustitución del paradigma conductual, sino como una prolongación de este. Por eso nos autodenominamos psicólogos cognitivo-conductuales.

Al conductismo se le ha acusado de reduccionista, de mecanicista, de ser un modelo limitado que no podía explicar muchos de los fenómenos de la experiencia vital. Y hasta cierto punto lo podemos entender; es como un ingeniero antipático al que parece que no le importan tanto nuestras razones. Lo único que le importa es el cómo, y además nos hace sentir bastante poco especiales. Porque el conductismo ignora nuestras teorías, nuestras explicaciones apasionadas e intuiciones. Es como un plato sin condimentos, sano, nutritivo y eficaz..., aunque no cae muy simpático.

Lo que importa es lo que nos dice, no que guste o no. Y no podríamos concebir la ansiedad y lo que sabemos de ella sin el conductismo.

Un trastorno de ansiedad no se aprende en los libros, se aprende asociando. Si nos da miedo el metro, o una reunión en la que tenemos que hablar en público, es porque hemos asociado esas experiencias a un malestar emocional y a unos síntomas que nos parecen enormemente desagradables, y si hemos aprendido a evitarlos es porque esa evitación nos relaja, aunque no solucione en realidad nuestro problema, y termine limitando muchísimo nuestra vida.

Lo que importa, por ejemplo, con los pensamientos que nos preocupan no es tanto el contenido de esos pensamientos (que también), sino cómo actuamos con ellos y si les damos más o menos espacio en nuestra vida, y cómo aparece la ansiedad anticipatoria. Así, la psicología cognitiva podría intentar cambiar el contenido de esos pensamientos por una manera más adaptativa de pensar, y eso funciona en muchas ocasiones, aunque no siempre. Pero a veces podemos tratar ese pensamiento más como una conducta para extinguir, que no voy a reforzar, por ejemplo. De este modo, los pensamientos se tratan como conductas, y esas conductas están influenciadas por los diferentes mecanismos de aprendizaje.

Exposición

De Mello contaba una historia que podría resultar interesante en este punto:

En cierta ocasión un pariente visitó a Nasruddin, llevándole como regalo un ganso.

Nasruddin cocinó el ave y la compartió con su huésped.

No tardaron en acudir un huésped tras otro, alegando todos ser amigos de un amigo «del hombre que te ha traído el ganso». Naturalmente, todos ellos esperaban obtener comida y alojamiento a cuenta del famoso ganso.

Finalmente, Nasruddin no pudo aguantar más. Un día llegó un extraño a su casa y dijo:

—Yo soy un amigo del amigo del pariente tuyo que te regaló un ganso.

Y, al igual que los demás, se sentó a la mesa, esperando que le dieran de comer. Nasruddin puso ante él una escudilla llena de agua caliente.

—¿Qué es esto? —preguntó el otro.

—Esto —dijo Nasruddin— es la sopa de la sopa del ganso que me regaló mi amigo.

Y como también dijo De Mello, es imposible enviar un beso a través de un mensajero. Si trasladamos este caso al tema de la agorafobia, vendríamos a decir que no hay mejora sin asumir riesgos, y que no puedo cambiar mis esquemas mentales sin experimentación. No puedo superar un miedo sin enfrentarme a él, sin cambiar mi experiencia.

Volviendo a nuestra querida almendra llamada amígdala, de la que hablábamos en el primer capítulo, sabemos que existen conexiones que inhiben su actividad desde el neocórtex. Es decir, el miedo no se supera pasivamente con el paso del tiempo, sino que vamos elaborando mecanismos que impiden su excitación, y esto es debido a que realizamos asociaciones inhibitorias, aprendemos que algo no es peligroso, y ese aprendizaje sustituye al aprendizaje anterior.

Una cosa ha de quedar clara: si nos exponemos de la forma adecuada, si aprendemos de la ansiedad en lugar de entrenar la angustia y somos lo suficientemente constantes, la ansiedad termina por disminuir.

¿Por qué? En esencia, la fobia se mantiene porque escapamos o evitamos el estímulo que tememos. La persona actúa así incluso cuando tan solo percibe una señal de dicho estímulo. Por ejemplo, alguien que tiene miedo a los perros puede escapar cuando vea uno, pero también cuando escuche el ladrido de ese perro.

La evitación o el escape se han convertido en la forma que tiene el individuo para controlar aquello que teme. La diferencia entre evitación y conducta de escape radica en la posibilidad de predecir lo que va a pasar. Si puedes predecir y controlar la presencia de los perros, entonces estás evitando; sin embargo, si escapas de un perro que acaba de aparecer, no has podido predecirlo, pero intentas controlar ese miedo huyendo de él.

La capacidad de predecir es importantísima para el ser humano. De hecho, para algunos autores, como el tecnobiólogo Jeff Hawkins, el pilar más importante en el que se basa nuestro concepto de inteligencia es la capacidad para predecir. Y es que, gracias a ella, somos capaces de sobrevivir en nuestra vida cotidiana. Sabemos, por ejemplo, qué podemos esperar de los demás a través de su tono de voz o sus gestos. Si estamos en el campo y vemos un montón de nubes negras, podemos predecir que es bastante probable que haya una tormenta eléctrica, así que más nos valdría refugiarnos. Si vemos a un hombre acercándose a nosotros, jugando con un palo, podemos anticiparnos que más nos vale huir o prepararnos para luchar. El problema es cuando la anticipación es exagerada, no se adapta a la realidad e influye sobre el día a día de la persona. Entonces podemos empezar a hablar de una fobia.

Si nos exponemos al estímulo, y comprobamos qué es lo que puede o no pasar realmente, estamos variando ese patrón de predicción exagerado que han adquirido las personas con fobias, así que la próxima vez que el estímulo aparezca no tenemos por qué relacionarlo con peligro, como lo habíamos hecho hasta entonces, o por lo menos no con la misma fuerza.

Pensemos por un momento en un nombre: Juan. ¿Quién es Juan en nuestra vida? Si nuestro hermano se llama Juan, probablemente pensemos en él. Si hablamos de Carmen, y nuestra novia se llama así, muy probablemente pensaremos en ella. Para que Juan, nuestro hermano, deje de ser en el primero en quien pensamos, deberemos conocer a otro Juan que emocionalmente tenga más peso. Por ejemplo, nuestro jefe Juan, el que nos hace la vida imposible. Es por eso por lo que la gente habla de que no le gustan las personas que se llaman Santiago, o que adora a las Lauras.

La exposición es una técnica de la terapia de conducta en la que se presenta al paciente a los estímulos fóbicos procurando que este no escape de la situación hasta que la ansiedad desaparezca o disminuya de manera significativa. Hay cinco tipos de modalidades en la exposición:

a) La exposición por inundación.
b) La exposición en vivo.
c) La exposición por imaginación (implosión).
d) La exposición interoceptiva (exposición a las propiocepciones).
e) La prevención de respuesta para el TOC o TAG.

La exposición por inundación

Michael Mahoney ha sido uno de los constructores de lo que hoy llamamos «psicología cognitivo-conductual», y cuando le conocí era un viejecito encantador, que contaba historias muy bien construidas, con la habilidad que proporciona la edad y la experiencia. Estaba en una conferencia en Granada y contaba el caso de uno de sus primeros pacientes, que tenía un pánico terrorífico a montar en ascensor y se negaba a coger cualquier cosa que se le pareciese. Mahoney y su paciente charlaron durante la primera entrevista, y a la semana siguiente esta persona volvió con una sonrisa amplísima y un brillo especial en los ojos, y dijo: «¡Gracias, doctor, estoy curado!». Mahoney no se lo podía creer, y en realidad se preguntaba: «¿Y qué demonios le habré dicho yo a este hombre para que haya dejado de tener ese miedo tan atroz?». El caso es que el hombre dejó caer que, durante la conversación que habían tenido, el psicólogo había afirmado que no le podía suceder absolutamente nada durante un ataque de ansiedad, y con una fe impresionante ese hombre se aferró a esta idea. Ni corto ni perezoso, llamó a un técnico de ascensores amigo suyo y le indicó que le dejase entre la planta tercera y cuarta de un edificio, y que ya podía gritar, patalear o rogar a Dios para que le sacasen que el ascensor debía permanecer entre las dos plantas. Y así lo hicieron: el hombre permaneció horas gritando, llorando, pataleando..., y salió sano y salvo. Gracias a esta inundación fue capaz de desmontar toda la película que llevaba años contándose acerca de lo terrible que era un ascensor.

Pues esto es la inundación. La exposición masiva al estímulo, que se mantiene hasta que la ansiedad cede completamente. Y es cierto que para algunas personas ha sido la forma más rápida y eficaz para manejar las crisis de ansiedad. Recojo el comentario de uno de nuestros consultantes: «Para mí las inundaciones son lo que más provechoso me ha resultado. Cuando no quedan más narices que hacer algo, lo haces. Ahora mismo me vienen a la cabeza muchas, y podría escribir tres hojas hablándoos de ellas. La cuestión es que cada vez que he hecho una inundación he avanzado mucho».

Veamos el siguiente testimonio:

> Intento ganar flexibilidad haciendo exposiciones pequeñas, pero en mi caso ha habido muchas y provechosas inundaciones porque desmiento muchas cosas de un plumazo, y me impaciento y preocupo sabiendo que este trastorno puede (si yo le dejo) durar años y años. Las inundaciones no me dan tiempo para pensar más que en lo necesario, y yo lo prefiero así, aunque me haya atrevido en contadas ocasiones.
>
> Luego comencé a dar pasos cada vez más grandes y, a partir de un punto, creo que las inundaciones han sido imprescindibles para progresar hacia la normalidad. De hecho, en nuestra familia ha quedado instaurado el viaje de vacaciones anual como algo sagrado (aunque nadie sabe que realmente es una exposición que preparo yo todos los años para no perder la práctica). Este año hemos ido a Mont Blanc-Chamonix, Ginebra, la Costa Azul y Barcelona (yo vivo

en Málaga), doce días de viaje en coche porque aún me queda superar lo del avión.

En una ocasión tenía como paciente a un transportista que llevaba mercancías en su camión desde una ciudad a otra. Un día le dio una crisis de ansiedad en medio de la nada, en plena meseta manchega. Con la zona habitada más cercana a bastantes kilómetros, este hombre no tuvo más remedio que admitir que no podía hacer nada, ya que su móvil no tenía batería. Así que, después de creer que algo horrible acontecería, esperó y esperó el fin... hasta que al fin se cansó de tener miedo.

Otra persona que estaba en las fases finales de un tratamiento de agorafobia nos contaba su experiencia cuando estuvo en la medina de Fez. Cualquiera que haya estado allí sabe que llega un momento en el que uno está tan perdido, y ha recorrido tantas callejuelas, laberintos y pasadizos que no sabe cómo puede salir de allí. Este paciente me dijo que, en aquel momento, estaba tan ocupado en buscar la salida que se olvidó del pánico.

Otra paciente nos comentaba:

La ventaja que saco de las inundaciones es que no quiero perder la fuerza que siento cuando me veo haciendo algo épico, a solas conmigo misma. Así es que me tomo respiros largos (hibernando en casa) para luego salir a comerme el mundo. Ahora, cada vez me planteo más en serio que tal vez me vaya mejor comerme el mundo poco a poco y ser más flexible, aunque me cueste ponerlo en práctica. De lo contrario, si hago una inundación y luego recaigo, como me ocurre, la sensación no es de haberme caído, sino de haberme dado un enorme golpe. Teatralizándolo un poco, es como recibir un gran premio por haber hecho una película increíble y que luego no te vuelvan a llamar. En el recuerdo queda una sensación de grandeza, pero en el presente vuelves a mascar como pasan los minutos. Al menos, en mi caso.

¿Qué ventajas tienen las inundaciones?

- El contacto con la realidad es inmediato, y permite ir más allá del miedo para comprobar lo que pasa realmente. Aprendemos de forma muy eficaz que nuestra predicción era errónea. A veces me gusta usar esta metáfora:

  Imagina que estás al otro lado de una puerta e intentas atrancarla para que lo que hay al otro lado no pueda pasar. Tú haces fuerza para impedir que «eso» que está al otro lado no pueda acceder a ti. En realidad, no sabes qué es lo que hay al otro lado, solo sabes que es «eso», pero no quieres ni imaginarte (mentira, lo imaginas con gran detalle) qué es lo que pasaría si «eso» entrase. Ahora plantéate esto: ¿y si «eso» eres tú? ¿Y si quien hace fuerza para uno y otro lado es la misma persona? ¿Y si te dejas pasar y te ves a ti mismo? Entonces, ¿qué? ¿Ah...?

- Se observan mejorías rapidísimas. Recuerdo que una vez me llamó el marido de una paciente con la que llevaba apenas dos meses y con la que habíamos practicado esta terapia implosiva. El marido me dijo que le parecía muy bien que ella estuviese curada, pero que quizá había sido demasiado rápido, ya que había cogido las maletas y le había abandonado para irse a otra ciudad.

¿Qué desventajas tiene este tipo de exposiciones?

- La primera y más importante de todas es el abandono. Mucha gente decide abandonar después de la primera sesión. La persona puede escapar de la situación ansiógena, y puede seguir pensando que menos mal que se escapó, y además con más ahínco.
- La segunda desventaja es que podría suceder que el paciente interprete la experiencia como un hecho aislado, en la que tuvo suerte o simplemente un buen día.
- La tercera es que lo malinterprete como una machada, una actitud de valor aislada. No es que no lo sea, pero no todos los días tenemos el mismo valor ni nos sentimos igual. Lo que hay

que aprender es que la ansiedad es una insinuación, pero no una realidad. Como dice el refrán, más vale maña que fuerza.

La exposición en vivo

La exposición en vivo sigue siendo la técnica de elección predilecta dentro del tratamiento cognitivo-conductual. Incluso otras corrientes que no siguen este paradigma hacen uso de la exposición como medio de trabajar los trastornos de agorafobia. La exposición implica que la persona se exponga en la vida real y, de un modo sistemático, a las situaciones que teme y evita. La dificultad básica reside en que esta técnica va en contra de la lógica de evitación que el agorafóbico posee. Dicha lógica de evitación (evitar todo tipo de contacto con la situación temida) es la que sigue manteniendo la fobia. La exposición a aquellas situaciones a las que teme el agorafóbico ha resultado ser una de las herramientas más potentes en el tratamiento de este trastorno. Existe, por así decirlo, un proceso de descondicionamiento. La persona desvincula aquellas situaciones que le causaban antes miedo con la emoción del pánico. La exposición continuada, por otro lado, refuerza en los pacientes la creencia en la capacidad de autocuidado, con lo que aumenta la confianza en sí mismos. ¿Qué características debe tener la exposición para ser eficaz?

En primer lugar, la constancia es uno de los puntos clave. La repetición de la exposición a la situación temida reduce significativamente el miedo. Si se espacia el tiempo de las exposiciones, es mucho más fácil que la persona vuelva a sentirse insegura en esa situación. Los pacientes que más y mejor cumplen con la exposición tienden a mejorar más. Es fundamental permanecer en la situación con ansiedad y esperar a que esa sensación disminuya, para que exista una percepción de autoeficacia. La regla de oro es no irse de la situación hasta que la ansiedad haya disminuido. En segundo lugar, es importante sentir ansiedad en un principio y luego esperar a que disminuya. Sin embargo, esa ansiedad no puede ser tan alta como para que interfiera en el procesamiento emocional de las señales de miedo. No es lo mismo entrenar la angustia que aprender a controlar la ansiedad. La curva de Yerkes-Dobson muestra que niveles muy bajos y niveles muy altos de ansiedad dificultan el procesamiento cognitivo, lo que impediría la asimilación de la experiencia. La ley de Yerkes-Dodson (en palabras de J. Fernández y J. Rusiñol) puede formularse así: cuanta más dificultad presenta una tarea de aprendizaje, menor es el grado óptimo de la motivación requerida por el aprendizaje más rápido. En términos más modernos, se recoge en dos postulados separados:

1. Para cualquier tarea hay un nivel óptimo de activación o ansiedad, manifestado en una curva en forma de U invertida que relaciona rendimiento y ansiedad.
2. El nivel óptimo de ansiedad es una función monótona decreciente de la dificultad de la tarea.

El empleo de conductas defensivas en la persona puede interferir en la eficacia de la exposición (ingesta de ansiolíticos, dirigirse a una situación o lugar que le proporcione seguridad, como las cercanías de un hospital, o ponerse cerca de la parada de taxis); sin embargo, no hay que confundirlo con el uso de técnicas de distracción que no interfieren significativamente y, es más, pueden llegar a ser positivas para la propia exposición. Si la persona tiene expectativas positivas antes de la exposición, es mucho más probable la correcta consecución de esta. Las perspectivas de autoeficacia son, a nuestro parecer, clave. Asimismo, la disponibilidad de un acompañante puede ser beneficiosa, según la persona, en un principio; sin embargo, a largo plazo puede no serlo tanto, ya que puede acabar siendo utilizada como conducta defensiva.

A diferencia de la técnica de inundación, en la exposición la persona se enfrenta a la situación problemática poco a poco, graduando la intensidad de la experiencia. Una gradación correcta del estímulo ansioso aumenta la eficacia de la exposición. La persona debe enfrentarse a situaciones en las que la ansiedad no puede ser ni tan excesiva que bloquee el procesamiento de la experiencia, ni tan insignificante que no permita vivenciarla.

A menudo se ha tachado a la exposición de ser una técnica «poco profunda». Sin embargo, es un prejuicio que sería conveniente desechar, porque que algo no implique un sesudo análisis no quiere decir que no pueda resultar una experiencia enormemente transformadora.

Ninguna persona con fobias tiene miedo al metro, ni al autobús, ni al ascensor o a los centros comerciales. Todos esos no son más que escenarios creados por la mente de la persona que padece estas fobias. Cualquiera puede montar en suburbano. Es una actividad bastante fácil: se bajan las escaleras, se saca el billete, se pasa por el torno, se bajan más escaleras, se espera en el andén... Lo difícil es ir al metro con la conciencia extrema de vulnerabilidad que el agorafóbico siente en esa situación. La finalidad de la exposición no es, por lo tanto, que el individuo pierda el miedo a esa situación en concreto; eso sería de locos, aparte de una tarea titánica, casi imposible. No podemos abarcar todo el espectro de situaciones susceptibles de exposición, en muchos casos. Más bien, se fomenta que la persona vivencie una conciencia de autocuidado, generalizando esa percepción en las diferentes situaciones. Por así decirlo, lo que aumenta no es su capacidad para viajar a lo largo de tres o cuatro estaciones de metro, sino la creencia de que es capaz de cuidarse, trasladando la responsabilidad a sí mismo. Al fin y al cabo, lo que una persona con un núcleo fóbico se dice a sí misma es que no es capaz de hacerse cargo de ella. Si no hay nadie más que la cuide, o no existe una situación, o lugar en los que se sienta a salvo, las piernas no la sostendrán, la cordura fallará, el corazón dejará de latir o perderá absolutamente todo control, porque no se considera capaz de salir adelante.

La ansiedad del portero ante el penalti siempre ha sido una de las metáforas más gráficas en una terapia. Si uno juega como delantero, siempre tiene al centrocampista, y este, a su vez, al defensa..., pero ¿quién guarda al portero? Este sabe que la única barrera que existe entre el balón y la portería es él.

Como dijo Fromm en el *Arte de amar:*

El hombre es vida consciente de sí misma; [...] consciente de su breve lapso de vida, [...] de que nace sin que intervenga su voluntad y ha de morir contra su voluntad; [...] la conciencia de su soledad y su «separatidad», de su desvalidez frente a las fuerzas de la naturaleza y de la sociedad, todo ello hace de su existencia separada y desunida una insoportable prisión. Se volvería loco si no pudiera liberarse de su prisión y extender la mano para unirse a otra, con los demás hombres, con el mundo exterior.

La vivencia de la separatidad provoca angustia. [...] Estar separado significa estar aislado, sin posibilidad alguna para utilizar nuestros poderes humanos. [...] Estar separado significa estar desvalido, incapaz de aferrar al mundo —las cosas y las personas— activamente; significa que el mundo puede invadirme sin que pueda reaccionar.

Esta experiencia se produce de forma invasiva y traumática, sin que a uno le dé tiempo a hacer la digestión. La experiencia es tan pavorosa que parece que se hubiera producido un atentado en mi interior que me ha dejado vulnerable y desnudo. Y, lo que es peor, con la conciencia de mi desnudez y mi fragilidad.

Se enseña en terapia que la fragilidad no es el final del camino, solo es una cara de la moneda. Se vuelve a experimentar esa fragilidad para volver a reinterpretarla y colocarla en su sitio. La persona nunca olvidará esa sensación, no puede volver a ser la de antes, como muchas personas desean en la consulta. Y no puede porque ahora ha tomado conciencia de algo que antes no conocía en su totalidad, y eso no se puede borrar. El único camino que queda es el de aceptarla y encajarla. Reinterpretarla. La fragilidad sigue ahí, lo que ocurre es que uno aprende a no rechazarla, a no temerla como la teme, a tomarla como una parte de su vida, pero para eso debe recorrer un camino que no se antoja fácil. Cuando se comprende la realidad, esta no se teme, porque dejamos de intercalar las fantasías entre la realidad y mi experiencia. Lo que es, es. Así, por lo tanto, la exposición en vivo es una técnica que lleva una carga más profunda de lo que en un principio pueda parecer. Lleva la verdad incontestable de mi experiencia, impide la elucubración mental, me acerca a la realidad y me baja del mundo de las ensoñaciones y fantasías en el que me quedo cuando evito.

La exposición por imaginación (implosión)

La implosión es una técnica en la cual los estímulos que provocan ansiedad son presentados de forma imaginada al paciente, de tal forma que la persona experimenta una ansiedad intensa sin peligro objetivo, hasta que esta disminuye. La investigación en realidad virtual proporciona interesantes perspectivas a la exposición por imaginación. Aun así, no se han obtenido resultados tan satisfactorios como en la exposición en vivo.

Se suele plantear esta técnica como complementaria a la exposición real, y es especialmente útil en algunas ocasiones:

- Hay exposiciones que resultan muy difíciles de graduar, como por ejemplo planear un viaje en avión. Esta técnica puede ayudar a superar este tipo de exposiciones.
- Hay personas que al principio se encuentran extremadamente reacias a la exposición en vivo, por lo que es una buena forma de empezar.

Ya hemos hablado de la ansiedad anticipatoria, y sabemos cómo funciona. Debido a la anticipación imaginada de la situación, la persona se va poniendo más y más nerviosa hasta que ha generado un ataque de ansiedad incluso antes de exponerse a la situación. Vamos a ver cómo se puede plantear dicha exposición. Primero hay que trabajar con nuestra forma de visualizar, y aprender a realizarlo de una manera efectiva. Según Ricardo de la Vega Marcos, psicólogo del deporte, son cuatro los aspectos clave para conseguir resultados óptimos:

- **El tiempo.** Los estudios experimentales muestran como el tiempo dedicado a la imaginación está relacionado de manera evidente y constatable con una adecuada o inadecuada capacidad para visualizar. Es decir, cuanto más tiempo se dedique a esta práctica, mejor serán los resultados a la hora de visualizar.

- **La claridad.** Las representaciones mentales propias son una especie de copia (interpretada y adaptada a la percepción del propio sujeto) de la información que se recibe desde el exterior. La capacidad que posea una persona para replicar o representar de forma fiel la situación u objeto que desee trabajar será un buen predictor del dominio que ese jugador posea de esta técnica y, cómo no, le permitirá predecir un mejor o peor rendimiento en esta faceta.

- **La viveza de las representaciones mentales.** Este aspecto es esencial debido a las connotaciones que para cada persona despierta una situación concreta. Es decir, una representación no es, ni mucho menos, tan solo una imagen que tenemos almacenada en la memoria y que nos sirve para desenvolvernos en nuestra sociedad, sino que una representación es mucho más, ya que se le asocia un estado de ánimo y un nivel de activación que se traduce en acercamiento o rechazo, una serie de sonidos y sensaciones que van mucho más allá de las visuales y que ocupan los cinco sentidos que los humanos podemos desarrollar.

- **El control de las representaciones mentales.** Esta variable no hace más que ampliar la perspectiva que señalábamos en el punto anterior porque pone el énfasis en que esas vivencias, imágenes y sonidos que suscitan nuestras representaciones deben controlarse perfectamente para que saquemos el mejor provecho posible.

Una vez que tengamos suficiente habilidad en esta técnica, podremos utilizarla para enseñar a nuestro cerebro a no anticipar, y proyectarnos sin ansiedad en esas situaciones, por lo que podremos enfrentarnos a ellas con la ansiedad anticipatoria muy reducida, lo que va a mejorar enormemente nuestro rendimiento.

Imaginemos que queremos montar en avión. Una vez que hayamos aprendido a graduar las imágenes, podemos servirnos de nuestra imaginación para reducir la ansiedad en una gradación como la siguiente:

1. Ir hacia el aeropuerto en coche.
2. Entrar en el aeropuerto con las maletas y buscar en los paneles nuestro avión.
3. Facturar nuestro equipaje y pasar por los controles.
4. Esperar en la sala de embarque.
5. Etcétera.

Y así hasta que consigamos no tener ansiedad anticipatoria en esas situaciones.

Exposición interoceptiva (exposición a las propiocepciones)

Con exposición interoceptiva entendemos el acto de provocarnos las sensaciones temidas para poder acostumbrarnos a ellas, y romper el condicionamiento donde hemos establecido que sentir es sinónimo de catástrofe.

Observemos el modelo que expuso David Barlow en 1988:

> Tras el ataque de pánico inicial, muchas personas terminan condicionando su malestar no solamente a la situación, sino a la activación fisiológica que se produjo. Es decir, se tienen miedo a las sensaciones, porque dichas sensaciones son las que predicen que lo vamos a pasar fatal y nos vamos a hallar en un grave peligro.

¿Cómo podemos trabajar este hecho? ¿Cómo perder el miedo a nuestras sensaciones? A base de experimentar sensaciones y de darnos cuenta de que no son peligrosas. Por ejemplo, una de las cosas que primero suelo recomendar a mis pacientes es la posibilidad de practicar algún tipo de ejercicio aeróbico, pues, además de hacerles sentir mejor por la liberación de endorfinas, va a posibilitar que la persona pueda acostumbrarse a las sensaciones de un cuerpo que está en acción, y experimentar de primera mano que son expresiones naturales del cuerpo, y no la antesala del terror.

Por otro lado, existen una serie de ejercicios que nos pueden ayudar en este propósito, dependiendo de cuáles sean las sensaciones que más podamos temer. Vamos a provocar los estímulos internos de forma voluntaria a través de diferentes actividades:

- Taquicardia: correr en el sitio o subir y bajar escaleras.
- Sofoco: ponernos mucha ropa (jersey de cuello alto, abrigo, mantas...) y tener un calefactor encendido.
- Sudoración: igual que en el ejercicio anterior, pero después de haber bebido mucha agua.
- Ahogo: respirar por una pajita, hiperventilación forzada.
- Piernas flojas, temblorosas: hacer flexiones de piernas o andar de cuclillas.
- Carraspeo en la garganta: fumar varios puros o tomar muchos kiwis seguidos.
- Mareo: girar sobre uno mismo y permanecer de pie.
- Visión nublada: frotarse los ojos, y mirar fijamente una luz y luego apagarla y encenderla.
- Temblor de manos: sostener una taza de café llena por el borde.
- Sensación de irrealidad: mirar fijamente un espejo a la altura de los ojos durante noventa segundos.

La prevención de respuesta para el TOC o TAG

No solo tenemos que exponernos ante situaciones y entornos nuevos, sino que nuestro propio pensamiento a veces puede ser sujeto de la ansiedad. No es extraño encontrar rincones, imágenes mentales, voces internas que nos producen desasosiego y angustia, por lo que terminamos evitándolos también.

Ya sabemos que el intento de evitar determinados pensamientos suele resultar infructuoso, y nos envuelve en una neblina en la que al final solemos caer en un estado de confusión. En el caso del TOC, se crean rituales, por ejemplo, porque se considera que el malestar generado por una idea que esté rumiando en nuestro interior va a terminar resultando insoportable. El ritual (lavarse las manos, compensar pensamientos para tratar de anular los anteriores, hacer comprobaciones) termina perpetuando el trastorno, porque corrobora la idea de que, si no llega a ser por estas medidas, no hubiésemos podido hacernos cargo de la angustia.

Por lo tanto, una de las técnicas es intentar no eliminar ese pensamiento de nuestra cabeza, y mantenerlo ahí como si se tratase de un ruido, comprobando que al final si no se establece ninguna acción, la rumia dejará de tener el efecto inicial, como hemos observado con los experimentos y ejercicios de defusión cognitiva. Resulta tan difícil como las exposiciones de las que hemos hablado antes, porque dichos pensamientos tienen una atractividad para nuestra atención semejante a las sirenas con cuyo campo embarrancaban los barcos en la *Odisea* de Homero, pero resulta ser una de las técnicas más eficaces para TAG y TOC.

¿Por qué las exposiciones no parecen servir para algunas personas?

Hacía las exposiciones que me mandaban. Con mucho miedo y con la sensación de no estar avanzando nada. Estaba deseando que se terminara la exposición y, aunque hiciera un día y otro lo mismo, no llegué a sentir que controlaba la situación. Las vivía como una amenaza y se me activaban todos los circuitos. Y, cuando terminaban, lejos de sentirme bien por haberlo conseguido, me sentía fatal por lo que me había costado conseguirlo.

Si no persiguen un objetivo y una ilusión, aparece la resistencia de seguir adelante, seguida de la tristeza. Acabo por pensar que mis salidas no valen de nada y que no lo conseguiré.

Distinguir síntomas de ansiedad de sentimientos comunes (pereza, cansancio, aburrimiento, etc.) no es nada fácil y bastante latoso. Y aun cuando detectamos que es un síntoma, aparece el vértigo y la incertidumbre de saber si lo podremos manejar entonces.

Algunas personas no se apropian de las exposiciones. Ellas no eligen las exposiciones, sino que son una especie de tarea que tienen que presentar como completada una vez a la semana. No le encuentran un sentido a todo ello, ni motivación para seguir haciéndolo, porque no han convertido este ejercicio en algo suyo, sino que ha terminado siendo una tarea de niños buenos o malos. Es como una práctica sadomasoquista que no tiene sentido. Como si les dijeses: «¡Ah, que tienes agorafobia! Pues no te preocupes, todos los días te coges unas tenazas y te arrancas las uñas. Sí, sí, ya sé que duele, pero vas a ver como te curas». Otras personas, en cambio, tocan pared y se van del sitio. Si tocamos pared y huimos, solo habremos entrenado la angustia, y en realidad no habremos aprendido nada. O aun peor, nos servirá de excusa para seguir corroborando nuestras teorías predictivas. Hay gente que se va del sitio con más ansiedad de la que tenía cuando llegó, y con la sensación de que menos mal que se escaparon. Y, luego, lo único que pueden repetirse a sí mismos es que es horrible. Como este lamento que tanto se escucha: «No, si ya sé que hay que exponerse... ¡Pero hay que ver lo mal que se pasa! ¿Por qué se pasa tan mal?».

Hay quienes no saben hacer un buen balance de lo ocurrido. Si consiguen el objetivo que tenían marcado, enseguida se desvalorizan y se dicen que eso lo puede hacer hasta un niño de cuatro años. Aunque, para ser justos, ese niño, además de tener cuatro años, debería tener agorafobia. Por otro lado, si no consiguen el objetivo, se dicen que para qué lo han intentado, pues «¿no ves que lo paso mal y siempre lo pasaré mal?». También pueden pensar que los días buenos van a cualquier parte, pero los malos no, ya que esos días no pueden ni moverse. O sea, que lo que estamos diciendo es que hay días en que la agorafobia es más grande que otros, o etapas en las que se tiene más suerte que otras, así que si ese día me ha tocado la china..., ¿qué voy a hacer yo?

No olvidemos a las personas que siguen un tratamiento para decir que siguen un tratamiento. Así pueden justificarse delante de sus padres o de su pareja, y decir: «¿Qué más quieres que haga, no ves que voy al psicólogo?». No recuerdo qué terapeuta tenía puesto en su puerta: «Con venir aquí no basta».

Por último, es posible que durante la práctica se hayan tomado ansiolíticos para reducir la ansiedad, y también existe la posibilidad de que se haya usado el alcohol como relajante. El uso de ambas sustancias, así como el de cualquier otra droga, elimina la percepción de autoeficacia.

10

Ir más allá del miedo

Las ciudades de papel resultan ser un fenómeno curioso y extraño en la cartografía, como ha indicado el escritor John Green. A veces, el autor del mapa introduce una pequeña trampa en su diseño: una calle, una ciudad o un lugar ficticio con el fin de descubrir si su obra ha sido plagiada. Los cartógrafos Earnest G. Alpers y Otto Lindberg, de la General Drafting Company, se inventaron en 1937 el pueblo de Agloe y lo colocaron en un mapa en el estado de Nueva York con este fin. Como es prácticamente imposible demostrar que un plano ha sido plagiado, pensaron que, si alguien reproducía en su mapa el gazapo intencional, el infractor se retrataría por sí solo.

Agloe terminó plasmado en varios mapas de carretera, incluso fue mencionado en alguna guía de viajes, y cuando Google Maps digitalizó el mundo, la ciudad cobró una vida virtual junto con el resto de los lugares. No fue hasta 2014 cuando se eliminó esta referencia en el mundo virtual.

A veces los lugares hacia donde queremos dirigirnos aún no existen; simplemente, no están en el mapa. Sin embargo, necesitamos fabricarlos y construirlos a medida que nos encaminamos a ellos, y esos lugares a menudo están más allá del miedo.

Para quien sea amante de las fábulas, seguro que conocerá la historia de la sopa de piedras. Esta historia ha ido transfiriéndose a diferentes culturas y contextos, aunque la primera mención que tenemos la encontramos en las memorias de madame de Noyer, que se publicaron en 1720.

En esencia, el relato cuenta la llegada de dos jesuitas hambrientos a una población que, en principio, no es amigable y no piensa darles de comer. En lugar de enfadarse, los religiosos deciden llenar un caldero con agua, colocarle unas piedras y calentarlo en el fuego. Los lugareños se extrañan de este inusual proceder y les preguntan por su comportamiento. Los jesuitas explican que están haciendo una sabrosa sopa de piedras, y esta respuesta atrae la curiosidad de unos y otros, que, con diferentes motivaciones, se dirigen al improvisado sucedáneo de guiso. Unos con el afán de burlarse y otros con ánimo corrector van añadiendo ingredientes a la sopa para mejorar su sabor, con lo que al final la aparente locura termina produciendo sus frutos y dando lugar a una sabrosa sopa de piedras.

Cuando una versión de la historia llegó a Portugal, esta se desarrollaba en los alrededores de la población de Almeirim. Hoy en día, no hay restaurante que se precie en la zona que no sirva su famosa «sopa de piedras».

La búsqueda del sentido

Nos hallamos en una tierra que no solo se nos antoja inhóspita, sino que está llena de distracciones que nos hacen dar vueltas en círculo una y otra vez, así que nuestro cometido no se limita a defendernos ni a saber sortear los obstáculos que encontraremos en el camino. Necesitamos encontrar un objetivo que nos guíe en la adversidad, y ponga en un segundo plano las distracciones con las que nos topamos.

Viktor Emil Frankl fue un neuropsiquiatra nacido en Viena en 1905 que, tras haber vivido en primera persona tres años de cautiverio en diversos campos de concentración nazi, se planteó la tarea de dar respuesta a estas preguntas. En su libro *El hombre en busca el sentido* recopila una muestra de las situaciones tremebundas a las que los presos de esos campos tuvieron que hacer frente, con el objetivo de observar esas vivencias desde su perspectiva psicológica, es decir, el impacto y las consecuencias que abordan al ser humano cuando se ve privado de absolutamente todo; ¿qué es lo que queda entonces?

Con treinta y siete años, Frankl fue separado de su esposa y familia, y enviado en tren a Auschwitz, donde viviría de primera mano el horror. Tras el shock inicial y desvanecerse la breve ilusión que inundaba la mente de todos los prisioneros de obtener un indulto, observó que aquellos que habían tenido suerte tras la «criba» inicial, no sabían si sus seres queridos se encontraban bien. Además, fueron despojados de todo objeto que representase un nexo material con su vida anterior. «Literalmente hablando, lo único que poseíamos era nuestra existencia desnuda», afirma en el libro, y describe cómo esas creencias anteriores de no poder vivir sin determinados aspectos se desmontaban rápidamente al verse forzados a situaciones muy extremas. Las condiciones en las que tenían que descansar, así como la falta de comida, higiene y abrigo que aliviase el frío eran aspectos que uno tenía que asumir repentinamente a los pocos días.

Con el tiempo, la amenaza de una muerte inminente estaba tan presente en todo momento que las cámaras de gas perdían ese halo de rechazo y horror; al fin y al cabo, para muchos era una vía rápida que les posibilitaba acabar con las vejaciones que oficiales y presos empoderados perpetraban, aparte del trabajo extenuante ante la malnutrición, el cansancio extremo o la enfermedad que los invadía. Erich Lessing dijo en una ocasión: «Hay cosas que deben haceros perder la razón, o entonces es que no tenéis ninguna razón que perder».

En estas condiciones, Frankl dedicó sus esfuerzos a observar comportamientos y reacciones humanas, y se dio cuenta de que el asco, el horror y la piedad eran emociones que no cabían entre las alambradas, y que en los presos únicamente se instalaba la apatía. Salvo breves momentos de indignación por la sensación de injusticia a la que se veían sometidos, se podía respirar la muerte emocional de las personas que estaban allí recluidas; una sensación de que ya no importaba nunca nada y que era un mecanismo de autodefensa que, aunque no fuese elegido de forma consciente, resultaba realmente necesario. Esta será la base experiencial que ayudará a Frankl a construir la logoterapia.

La vida mental en Auschwitz se centraba en cubrir aspectos más primitivos e inminentes en el tiempo que en épocas anteriores; parecía que ya no había cabida para una porción de vida sexual o cultural bajo esa tensión y necesidad de mantenerse con vida. Las personas desarrollaban ensoñaciones con la comida o un buen baño, hablaban y fantaseaban con ello. La mente jugaba a eso. Pero lo que por un momento podía parecerles un breve alivio, les hacía un flaco favor, ya que la realidad era que debían desarrollar estrategias que los ayudasen a administrarse la ración diaria de pan.

En medio de una situación en la que se ha desvalorizado por completo la vida y la dignidad humanas, en donde la persona se ve desposeída de su voluntad y el yo personal ha perdido su estima y principios morales, así como su propia individualidad como ser pensante, ¿qué más hay por lo que vivir? ¿Estamos determinados por el entorno? Cuando no podemos escapar de lo que nos rodea, ¿nos hallamos abocados a dejarnos llevar por las circunstancias? ¿No tenemos posibilidad de elección?

Con el paso del tiempo, Frankl descubrió que, paradójicamente, las personas menos fornidas y con más riqueza interior parecían soportar mejor la vida en el campo de concentración. El que exteriormente funcionaba como un autómata y centraba la mayor parte de sus energías en desarrollar una vida mental plena, había aceptado que la suerte no se podía controlar; los placeres de la vida eran muy escasos y relativos, y debía soportar los sufrimientos con dignidad. Estas personas se dieron cuenta así de que lo único que no podrían arrebatarles era lo que sucedía en su interior. Estrategias muy valiosas para luchar contra el vacío y la desolación eran recordar a las personas queridas y revivir sentimientos de amor; rememorar pequeños sucesos que hiciesen que los invadiesen sensaciones de belleza y fascinación por la naturaleza; desarrollar el humor para trivializar su situación, proyectándose hacia un futuro, planteándose lo pasajero de aquello y lo que harían al salir... «Sentí como si mi espíritu traspasara la melancolía que nos envolvía, me sentí trascender aquel mundo desesperado, insensato, y desde alguna parte escuché un victorioso "sí" como contestación a mi pregunta sobre la existencia de una intencionalidad última... una luz brilló en medio de la oscuridad», escribió.

Frankl no solo descubrió que se podía incidir conscientemente sobre lo que la mente producía, sino también sobre lo que uno hacía y, por ende, repercutir sobre sus emociones. En una ocasión en la que él estaba ya trabajando como médico en el campo, tuvo la oportunidad de formar parte de un grupo de personas que planeaban fugarse. Había decidido intentar escapar cuando observó con detalle a todas aquellas personas enfermas a las que cuidaba, y para quienes él era su última esperanza de mejoría... Tomó la decisión de mandar en su destino por una vez, de hacer algo acorde con lo que creyó en aquel momento que significaba su vida allí, y llegó a la conclusión de que se quedaría con sus pacientes, no los abandonaría. Hizo algo que trascendería su sentido del bienestar para alcanzar un sentido más amplio, desempeñándose conforme a la labor que él creía que daba sentido a su existencia y que cosechaba su paz interior.

Supo entonces que el tipo de persona en que se convertía un prisionero no dependía del resultado de la influencia que ejercían en él los acontecimientos, sino de una decisión íntima de lo que deseaba que fuese él mismo. Resistiéndose a existir de forma pasiva, donde el nivel de disfrute es lo que marca nuestra sensación de plenitud, valoró como una oportunidad el hecho de buscar activamente el logos o significado de su existencia en aquel lugar y momento, incluido el sentido de su sufrimiento, para observar que su vida tenía un propósito y que este era el que le impulsaba a continuar vivo, incluso en el escenario más dantesco, sin conocer su duración.

A raíz de estas y muchas más situaciones en las que basó su observación e interpretación del sentido último de un ser humano, las palabras de Viktor Frankl nos transmiten una cuestión de trascendental importancia: ¿para qué vivimos? ¿Se trata de limitarnos a vivir por el mero hecho de sobrevivir, de esquivar la muerte, o más bien de aceptar el sufrimiento que la propia vida conlleva y buscar un sentido a lo que hacemos dentro de ella mientras estemos vivos?

Cuando acaba la guerra y es liberado, Frankl inició una corriente de psicoterapia que llamaría logoterapia. Basándose en la búsqueda de un sentido de la vida que nos aleje de conseguir únicamente lo meramente primario (y, por lo tanto, de una vida más cercana a los animales), la logoterapia apuesta por que cada persona ha de buscar su propio y singular significado, pudiendo este cambiar dependiendo del momento en el que se encuentre. Es una teoría que también pretende hacernos más conscientes de nuestra libertad de voluntad, en cuanto a la elección de lo que queremos hacer con nosotros mismos, nuestras decisiones personales y nuestro propio destino.

En esencia, la logoterapia consiste, por lo tanto, en aceptar sin resignaciones el sufrimiento que conlleva implícita la vida. Nadie podrá vivirlo ni redimirlo por nosotros, y, sí, a cada uno le toca sobrellevarlo en soledad. Pero dependerá de la actitud que tomemos frente a él al soportar su carga la que marcará la diferencia en cómo nos acabe afectando. La resignación, la pérdida de esperanza, el abandono de nuestros valores y proyectos hace que perdamos nuestra esencia y perspectiva de lo que somos y deseamos ser. Pero en cuanto aceptamos el sufrimiento, uno se puede responsabilizar de lo que quiere hacer con este y con sus propias decisiones, de modo que pueda sobrepasarlo buscándole a su vida un porqué, un sentido que vaya más allá de esquivar el dolor.

En busca de la resiliencia

«Resiliencia» es un término que la salud mental tomó prestado de la física, y en origen es la capacidad que posee un material para absorber el daño que se ejerce contra él y volver al estado inicial. En realidad, al adaptarse al ámbito de la psicología este término obvió una realidad de la que hemos estado hablando desde el principio del libro: después de un hecho traumático, nadie vuelve a ser el de antes, porque el de antes ya no tiene las respuestas que necesita.

Ron Kovic recibió dos disparos cuando era sargento del cuerpo de los marines durante la guerra de Vietnam: uno en el pie, que le hize caerse, y otro en la médula, que seccionó su vida en dos, dejándole en una silla de ruedas. Para un joven de diecinueve años, con toda una vida por delante, volver a casa en esas condiciones supuso una profunda crisis personal, pero quizá lo más duro fue regresar a una nación que no veía con buenos ojos la intervención militar en un país que estaba a miles de kilómetros. Kovic sintió que su sacrificio había sido en vano, lo que le sumió en un periodo de alcoholismo, rabia, drogas y profunda depresión. Postrado en una silla de ruedas, sin posibilidad de sentir nada de cintura para abajo, y con unos ideales rotos por la realidad de una guerra donde se asesinaba a mujeres y niños, su vida perdió el sentido que había tenido en su juventud.

Kovic encontró las respuestas cuando se dio cuenta de que su experiencia podía servir para que Estados Unidos dejase de enviar a otros jóvenes a matar y morir en una tierra que jamás les perteneció, persiguiendo unos ideales que nunca fueron realmente suyos. El que otrora fuera un sargento condecorado con el corazón púrpura se convirtió en uno de los activistas por la paz más conocidos. En el año 2003, encabezó las protestas contra la intervención de su país en Irak cuando George W. Bush realizó una visita a Londres, en Trafalgar Square. Rescato un fragmento de su relato:

La cicatriz siempre estará ahí de por vida y siempre me recordará esa guerra, pero también se ha convertido en algo hermoso; en fe, en esperanza y en amor. A mí me han dado la oportunidad de pasar mi alma a través de una noche a una nueva tierra, para obtener un entendimiento y el conocimiento de una visión totalmente diferente. Me creen ahora que he sufrido por una razón, y de muchas maneras he encontrado el motivo de mi compromiso con la paz y la no violencia. Mi vida ha sido una bendición encubierta, aun con el dolor y la gran dificultad de saber que mi discapacidad física continúa. Es una bendición hablar en nombre de la paz, para poder llegar a un gran número de personas.

La resiliencia es entendida como la capacidad humana para poder sobreponernos, adaptarnos y superar las adversidades que se nos presentan a lo largo de la vida. No debemos confundir la resiliencia con la capacidad de desarrollar actitudes que nos alejen para siempre del dolor, y es que el dolor es parte también de nuestra existencia y debemos aprender a lidiar con él. Por el contrario, sí hablamos de potenciar nuestra capacidad de transformar esas experiencias negativas en oportunidades positivas. Las dificultades y nuestro dolor no nos harán por sí solos crecer y transformarnos positivamente, pero la actitud que tomemos ante ellos sí. Cada vez que nos surgen adversidades y nuestro mundo «se tambalea», nos encontramos, aunque no lo creamos, ante una gran oportunidad de transformarnos y emprender caminos que nos lleven a aprender nuevos proyectos, actitudes, formas de enfrentarnos a la vida...

A efectos prácticos

Entender que el cambio es inevitable

Lo que hoy parece estable, una certeza absoluta, mañana puede que no lo sea, y es que debemos aceptar que la vida es un cambio constante. ¿Te asustan los cambios? Esto no tiene nada de raro, pues, aunque no lo creas, nuestro cerebro está hecho para sobrevivir. Cambiar, por lo tanto, puede ser interpretado por este casi como una tentativa a su seguridad. Nuestro cerebro está acostumbrado a una serie de esquemas y hace suya esa frase de «más vale conocido que bueno por conocer». Esto es así porque, como hemos mencionado, a nuestro cerebro le interesa sobrevivir; otra cosa es que nos cuestionemos si sobrevivir como hacemos a veces, buscando únicamente la seguridad absoluta, nos encierra y encarcela más de lo que imaginamos.

Descúbrete

A menudo nos infravaloramos, damos por hecho que ya nos conocemos totalmente y que, lo que vemos, digamos, es lo que hay.

Esta afirmación se aleja mucho de la realidad, y es que podemos sorprendernos descubriendo nuevas partes, facetas y capacidades en cualquier momento de la vida. A lo largo de nuestra existencia se nos plantean nuevas circunstancias a las que hacer frente; ante ellas nos encontramos con oportunidades de desarrollar facetas nuestras que considerábamos inexistentes. Hay muchas cosas de nosotros mismos que desconocemos, pero lo mejor es que, si no estaban, podemos incluso crearlas. ¡Nunca es tarde!

Aprender a conocer tus emociones
¿Te has dado cuenta de la intolerancia y rechazo que mostramos muchas veces ante nuestras emociones? Tenemos la percepción de que aquellas que no nos gustan pueden volverse perennes, infinitas, que no vamos a poder soportarlas... Como consecuencia, muchas veces las reprimimos o abandonamos. Aprender a conocerlas, entenderlas y aceptarlas va a ser una parte clave para poder potenciar nuestra resiliencia. ¿Has notado que en los procesos de ansiedad tenemos miedo a tener miedo? Debemos conocer las emociones y, por lo tanto, perderles el miedo. Cada una de ellas tiene un valor adaptativo; a veces, solo hace falta conocerlas un poco más.

Piensa en lateral
Aunque no lo creamos, la creatividad es también un factor que se cultiva. No se trata de un proceso extraordinario, sino de algo mucho más ordinario y entrenable de lo que creemos. Damos muchas veces demasiadas cosas por sentado y eso, de alguna manera, nos retiene para explorar y aprender. Y es que hay que aprender a mirar también desde otro lugar. La creatividad no siempre consiste en la originalidad, sino que tiene más que ver con mirar las cosas desde otro ángulo y con salirse de los propios esquemas. El cerebro tiene muchos de estos esquemas por seguridad; en ocasiones hay que ver más allá de ellos si no queremos obtener siempre los mismos resultados.

Busca apoyo

Uno de los factores fundamentales de la resiliencia es entender que, a veces, también necesitamos ayuda. Demandar ayuda, lejos de lo que pensamos, es un acto de valentía y compromiso con uno mismo. Las personas más resilientes cuentan con una red social más rica y de más calidad. ¡Busca apoyo!

En busca de los valores

La capacidad de ver más allá, hacia el lugar donde queremos dirigirnos, es uno de los factores más poderosos con los que puede contar una persona que está pasando por un trastorno de ansiedad, y esta puede ser entendida como una distracción en ese objetivo. Normalmente, la mirada de la ansiedad se dirige hacia sí misma, es autorreferencial y circular, y en nuestro fuero interno deseamos hacerla desaparecer para empezar a vivir; de esta manera, desarrollamos la concepción errónea de que es necesario resolver antes nuestros síntomas y malestares, cuando no entendemos que estos se disipan precisamente en el camino.

Cuando los antiguos griegos idearon el tártaro, el equivalente a nuestro infierno, imaginaron a sus moradores como seres condenados a realizar acciones que nunca llegaban a ninguna parte, porque al final algo impedía conseguir sus objetivos. Sísifo, uno de los más célebres, sufría la condena eterna de subir una gran roca a una montaña con sus poderosos músculos, y cuando, extenuado, llegaba a la cima, la roca volvía a rodar hasta la base de la montaña, obligando al que fuera rey de Éfira a bajar y volver a empujar la pesada piedra. Para Albert Camus, este mito refleja que «no hay castigo más terrible que el trabajo inútil y sin esperanza». Tántalo, otro de los condenados, se hallaba de pie en un lago cuya agua no podía beber y cerca de un árbol frutal que no podía alcanzar, por lo que era imposible saciar su hambre y su sed. Estas historias son representaciones de la naturaleza humana, y una prueba de que siempre nos han afligido inquietudes parecidas, independientemente del lugar o la época.

Como hemos comentado ya en este libro, perdemos una gran parte de nuestra existencia y realizamos los esfuerzos más ímprobos en tratar de averiguar por qué aparecen las moscas en nuestro camino, o en intentar espantarlas, como si nos costase asumir que siempre hay moscas. Después de escalar una montaña no se acaba nada, resulta que hay otra montaña, pero nos imaginamos siempre en una Arcadia feliz que no representa la realidad en absoluto, y nos deja frustrados y desesperanzados. Camus, en un memorable ensayo, nos dice que podemos mutar la angustia si entendemos que «la lucha por alcanzar la cumbre de la montaña es suficiente para llenar el corazón de cualquier hombre. Uno debe imaginar a Sísifo feliz».

En cierta ocasión, el poeta Alfred D'Souza escribió: «Por largo tiempo me parecía que para mí la vida estaba a punto de comenzar, la vida de verdad. Pero siempre había un obstáculo en el camino, algo que resolver primero, algún asunto sin terminar, tiempo por pasar, una deuda que pagar; entonces la vida comenzaría. Hasta que me di cuenta de que estos obstáculos eran mi vida».

Plantear nuestra existencia con ansiedad como un paréntesis vital mientras rezamos por su desaparición, imaginando que solo vale la vida que nos espera después, es no haber entendido nada. No hay sol sin sombra, y es indispensable conocer la noche. Así pues, podemos plantearnos este momento como una oportunidad de descubrirnos y entender cuáles son los valores importantes que rigen nuestra vida.

Una de las confusiones más usuales es la de creer que metas y valores son la misma cosa, y es que comprometerse con unos valores no es lo mismo que comprometerse con unas metas. Las metas se pueden alcanzar y ahí se terminan; sin embargo, los valores son direcciones hacia donde deseamos dirigirnos, y al no alcanzarlos nunca, jamás dejan de ser motivos.

Los valores son acciones. Son direcciones a las que dirigirse y deben ser vividos. Nos van a guiar y motivar a medida que avanzamos en nuestra vida. No sirve solo con pensar que uno mismo es generoso si luego no es capaz de compartir algo importante con otros, es decir, tendremos que ser consecuentes con nuestros valores y acciones. Vamos a poner varios ejemplos de metas y valores:

- **La empatía puede ser un valor;** escuchar mejor a mi pareja puede ser una meta.
- **La sinceridad puede ser un valor;** decidir ser más asertivo ante los intentos que considero manipulación es una meta.
- **La responsabilidad puede ser un valor;** hacerme cargo de cumplir un determinado proyecto es una meta.

Los valores no son universales, sino que deben ser escogidos. Por otro lado, asumir un valor tampoco implica estar obligado a conservarlo toda la vida. Ahora bien, ¿cómo descubrir esos valores? Podríamos proponer dos métodos:

Ikigai

En Tokio, conviven treinta y cinco millones de habitantes; trece millones se concentran en su área metropolitana. Datos como estos nos hacen pensar que en Japón todo el mundo tiene que estar estresado y, por ende, tener una peor calidad de vida.

Lejos de lo que podemos imaginar, en el país nipón se encuentra una de las llamadas «zonas azules», es decir, uno de los lugares del mundo donde las personas son más longevas. Se trata de Okinawa.

¿Qué sabemos de las longevas personas de esta zona de Japón?

Francesc Miralles, escritor, ensayista, traductor y músico español, se hizo esta misma pregunta. Tras muchos viajes realizados por Japón, surgió la inquietud de encontrar un porqué a la longevidad de estas personas. Y es por eso por lo que, junto con Héctor García, que vive en Japón desde 2004, explora esta pregunta en su libro *Ikigai*.

Se sabe que, al norte de la isla de Okinawa, existe un pueblecito de tres mil habitantes con el nombre de Ogimi, con la particularidad de dar cobijo a las personas más longevas del mundo, motivo por el cual el pueblo ostenta el récord Guinness de longevidad.

Se empezaron a entusiasmar con esta idea y quisieron ir a entrevistar a todos los ancianos del pueblo para que les explicaran su secreto. ¿Por qué viven tantos años estas personas? ¿Cómo puede ser que en un pueblo donde no hay nada, en el que solo hay árboles frutales, vivan más tiempo que en cualquier parte del mundo? Aunque muchos de los estudios apuntan a que esta longevidad tiene que ver con su dieta, Francesc y Héctor seguían teniendo curiosidad por conocer más a fondo cómo vivían estas personas.

Una de las cuestiones que encontraron los dos autores, tras pasar largos ratos conversando con estos expertos en «mantenerse con vida», fue que todos ellos expresaban algo en común: la pasión por lo que hacen.

Todos los habitantes hablaban del *ikigai*. *Ikigai* es una palabra japonesa que no se puede traducir con un solo término; significa «razón de ser», «razón de vivir», «propósito vital», y, por lo tanto, es aquello que nos impulsa cada día a salir de la cama para empezar una nueva jornada. Para los habitantes de Okinawa, el *ikigai* es la razón por la que nos levantamos por las mañanas. La esencia del *ikigai* se puede expresar en tres palabras: «sigue tu pasión».

«Todos tenían un *ikigai*, una motivación vital, una misión, algo que les daba fuerzas para levantarse de la cama por las mañanas», dice Francesc Miralles.

El objetivo último del *ikigai* no es la felicidad. «El objetivo es identificar aquello en lo que eres bueno, que te da placer realizarlo y que, además, sabes que aporta algo al mundo. Cuando lo llevas a cabo, tienes más autoestima, porque sientes que tu presencia en el mundo está justificada. La felicidad sería la consecuencia».

Francesc y Héctor plasmaron en el libro que escribieron sobre los habitantes de Okinawa (titulado *Ikagi*) algunos de los secretos de estos ancianos:

- **Mantente activo, no te retires.** Necesitamos seguir dando un porqué a nuestra existencia y no hay mejor fórmula que enfocarnos en aquello que nos gusta.

- **Tómatelo con calma.** Vivir con prisa afecta a nuestra calidad de vida y no nos permite disfrutar de aquello en lo que estamos empleando nuestro tiempo.
- **No llenes tu estómago.** Y es que parece que resulta mucho más sana la idea de no atiborrarnos a comida. Es más saludable comer sin llenarse del todo.
- **Rodéate de buenos amigos.** Parece que la calidad de nuestras relaciones sociales influye también en nuestra calidad de vida. Somos seres sociales y necesitamos del contacto del otro para «nutrirnos».
- **Ponte en forma.** Y es que, como ya sabrás, tu cuerpo necesita estar cuidado para poder acompañarte.
- **Sonríe más.** La alegría, entre otras cosas, favorece los vínculos sociales y las relaciones interpersonales; y nos ayuda a cargarnos de energía para emprender el movimiento.
- **Da las gracias.**
- **Reconecta con la naturaleza.** El poder sanador de la naturaleza se ha definido tradicionalmente como una respuesta de curación interna diseñada para restaurar la salud. Sus ventajas para el bienestar mental y físico, la cognición, la habilidad para aprender e incluso para la productividad están fuera de duda.
- **Vive el momento presente:** «Hoy es todo lo que tienes».
- Y sobre todo **sigue tu *ikigai*.** Para saber cuál es el tuyo, Francesc Miralles y Héctor García aconsejan, como punto de partida, responder cuatro preguntas: ¿cuál es mi elemento?, es decir, ¿con qué cosas me siento cómodo al hacerlas?; ¿con qué actividades se me pasa el tiempo volando?; ¿qué me resulta fácil hacer?, y ¿qué me gustaba cuando era niño? Una vez identificado aquello que nos motiva y por lo que estamos dispuestos a luchar, debemos trazar un plan y ponernos manos a la obra.

Si algo nos enseña el concepto de *ikigai* es la importancia de identificar un papel que seguir en nuestra vida. Necesitamos tener un porqué, darle sentido a nuestra existencia. Andar sin rumbo suele ser un sinónimo de malestar psicológico. Necesitamos encontrar nuestro rol para fluir y disfrutar de la vida. Necesitamos sentirnos útiles y para ello no hay nada mejor que encontrar aquello en lo que somos buenos y, sobre todo, disfrutamos siéndolo.

El cuestionario de Proust

Para ser justos, el escritor francés no fue quien ideó esta lista de preguntas, sino una amiga suya llamada Antoniette, pero como fue el personaje más celebre en contestar a sus preguntas, terminó llamándose de esta manera. Durante la época victoriana eran famosos los juegos de salón como este, y con ellos se entretenían los asistentes a las fiestas.

Proust publicó las respuestas a este cuestionario en un álbum de confesión. Otras figuras históricas como Paul Cézanne, Stéphane Mallarmé, Karl Marx u Oscar Wilde hicieron lo propio y redactaron sus propios álbumes. En el caso de Proust, este incluía preguntas como:

- ¿Cuál es la cualidad que deseo en un hombre/mujer? (Proust respondió «la inteligencia»).
- ¿Cuál es mi principal error? (el escritor contestó no «ser capaz de querer»).
- ¿Cuál es mi ocupación favorita? (el escritor respondió «amar, por supuesto»).

¿Cómo podríamos adaptarlo a este propósito? A continuación, sugerimos una serie de preguntas:

- ¿En qué pienso cuando estoy solo?
- ¿Qué trabajo haría gratis?
- ¿Qué suelo hacer para que los demás me quieran?
- ¿Qué aporto a las personas de mi entorno?

- ¿Cuándo digo «sí» cuando en realidad quiero decir «no»? ¿Por qué?
- Si esta noche muriera, ¿qué es lo que lamentaría más no haber dicho a alguien?
- ¿En qué aspecto suelo compararme con los otros?
- ¿Cuál es la definición de la felicidad?
- ¿En qué aspectos me gustaría parecerme a mis padres? ¿En cuáles no?
- ¿Cómo me gustaría verme en diez años?
- ¿Qué me gustaría perder de vista en cinco años?
- ¿Qué frase y de qué libro o película fue una gran revelación para mí?
- ¿Cómo titularía mi autobiografía?
- ¿Cuál es mi mayor miedo?
- ¿Me siento un invitado o un impostor en la vida?

Razones para cultivar el optimismo

Ser optimista no significa verlo todo de color de rosa y hacer como si la realidad no existiese. Conviene no confundir optimismo con ingenuidad o negación de la realidad, ya que ser optimista no implica negar los problemas que la realidad presenta, sino asumir su existencia y definir estrategias de acción basadas en la esperanza para afrontar la realidad y transformarla.

La perspectiva optimista no tapa los problemas, pero entiende que están ahí, pues la cantidad de tiempo y esfuerzo que invertimos en intentar negar la realidad es significativa. Como cuando decimos:

«Mi jefe no debería ser tan cretino». Nuestro jefe puede y tiene derecho a serlo; tú eres quien decide qué hacer con los cretinos en tu vida.

«El mundo debería ser un lugar más justo». La justicia es un término humano.

El mundo no es justo, y tendremos que asumirlo tarde o temprano; el mundo tampoco es malo, ni bueno, ni cruel, ni bondadoso en sí. Lo que estamos mirando lo hacemos a través de nuestros ojos de humano, y los humanos intentamos enfocar las cosas a nuestra imagen y semejanza. Por eso Dios tiene barba. Todo lo que pongamos como adjetivo es producto de nuestras propias expectativas, no de lo que el mundo es en realidad. El mundo no es nuestro juego ni tampoco es un juguete; nosotros solo formamos parte de él.

La mayoría de nuestra frustración no proviene de la vida, sino de nuestras expectativas. Y es que ser no implica no mirar con los ojos muy abiertos la realidad, sino enfocarla de forma positiva, calibrarla con serenidad, lógica e introspección. Ser optimista no significa creer ciegamente que las cosas siempre saldrán bien, sino confiar en ello y hacer cuanto esté en nuestras manos para que así sea, enfrentarse a los miedos, buscando los caminos adecuados. No podemos saber ni asegurar que vamos a ganar la partida, pero podemos aumentar las probabilidades de éxito. Ante cada obstáculo, en vez de bloquearnos y rendirnos, examinamos las mejores soluciones, perseveramos y, si no logramos los objetivos, no es obligatorio hundirnos, sino que analizamos, aprendemos, buscamos alternativas, avanzamos. El optimismo es un motor.

Y aquí tenemos una de las claves, porque es un motor en nuestra barca; si seguimos la metáfora, nos permite tener una dirección, aunque haya olas y el mar sea inmenso. O sea, que no estoy diciendo que no debería haber olas, pero... me encamino.

¿Tener un motor nos lleva al destino? Puede que no, porque también está la gasolina, que es la motivación, la pericia, la suerte, la ayuda de otros. Pero si tenemos un motor en la barca que nos puede llevar, ¿qué sentido tendría prescindir de él, a no ser que queramos autosabotearnos?

A veces, detrás de las actitudes pesimistas hay que detectar una serie de emociones. Como, por ejemplo, el enfado. Si algo no nos sale como quisiéramos, nos podemos enfadar. El enfado a menudo provoca que no queramos continuar con lo que estamos haciendo. Pero es que, además, nos sale la agresividad. Los niños pequeños, cuando se enfrentan a las dificultades y aún no han aprendido el manejo de la frustración, destrozan el dibujo o el juguete. Es decir, detrás del enfado hay una dificultad para aceptar el resultado, y nos frustramos.

Si no hemos aprendido a frustrarnos, nos comportaremos como los niños pequeños; y, enfadados, proclamaremos que no queremos jugar, que nos han hecho trampas, que es muy difícil. A lo mejor veinte o treinta o sesenta años después seguimos comportándonos de manera parecida, y nos decimos que es que la vida es injusta, o que nos tiene manía, o que nos han hecho trampas, ¿y qué decidimos? A veces decidimos dejar de jugar.

¿Qué ventajas tienen las personas que practican una visión más optimista?

- Las personas más optimistas tienden a tener mejor humor, a ser más perseverantes y exitosas, e incluso a tener mejor estado de salud física.
- Aquellas personas que poseen altos niveles de optimismo y esperanza (ambos tienen que ver con la expectativa de resultados positivos en el futuro y con la creencia en la propia capacidad de alcanzar metas) suelen salir fortalecidas y a encontrar beneficio en situaciones traumáticas y estresantes.
- El optimista se hace y se sabe responsable de aquello que le sucede, y, por lo tanto, se cuestiona qué es lo que puede hacer para rectificar, mejorar o cambiar una determinada situación.
- Las emociones del optimista se mueven en un espectro que incluye el coraje, el entusiasmo, la pasión, la confianza, la esperanza o el ver los errores como oportunidades para aprender.
- Las personas optimistas tienden a percibir los aspectos positivos de sí mismas, de los otros y de la realidad que las rodea.
- Suelen ser más perseverantes y ver realizados sus proyectos en mayor medida.
- Los optimistas también pueden ser más esperanzados y perseverantes, tener mejor autoestima y generar acciones más exitosas. Mantienen más alerta sus defensas inmunológicas, se muestran más activos frente a las dificultades, toman más

decisiones y adoptan mayor cantidad de medidas para crearse una red de apoyo afectivo y social.

- Encaran mejor los golpes de la vida y son más resistentes a los efectos psicológicos y biológicos del estrés y las enfermedades.

A efectos prácticos

Una clave para el optimismo es trabajar con las expectativas. La mayoría de nuestros miedos tienen que ver más con el futuro que con el presente. La angustia (ese camino de estrechez mental) se produce porque imaginamos ideas catastróficas. Estamos viviendo una película en paralelo al presente, y lo malo es que revestimos de realidad esa película.

Como ya hemos repetido, pensar en algo no significa que ese algo exista, y, por otro lado, debemos recordar que la mente realiza predicciones para protegerse. Los pensamientos son pensamientos, y las emociones son emociones, son creencias y no verdad.

Quizá la clave en este aspecto no sea pensar en que nos van a pasar cosas buenas, porque tampoco sabemos lo que nos va a deparar la vida, y es igual que pensar en cosas malas, pero el matiz es este: que podemos esperar, que tenemos el permiso para que nos sucedan.

A lo mejor esto no es tan extraño como parece, pues muchas veces fabricamos una serie de esquemas que nos explican quiénes somos, a qué tenemos derecho y qué podemos esperar de nosotros, de los otros o de la vida.

Nos protegemos de esperar para no decepcionarnos, pero estamos hablando de algo diferente; es una sensación de merecer.

Otra clave nos la va a dar cómo analizamos la realidad, cómo atribuimos las casualidades.

Las personas con sesgos optimistas suelen atribuir los acontecimientos positivos a causas permanentes, globales y que se deben a sí mismas. Por ejemplo, cuando son ascendidas en el trabajo, lo atribuyen a que en la vida se puede ascender y ellas son realmente competentes. Esto ayuda a tener creencias positivas que invitan a aproximarnos al mundo, a experimentar sin miedo y a confiar en nuestras capacidades.

A su vez, los eventos negativos suelen atribuirlos a factores externos, temporales y específicos. Por ejemplo, creen que una actitud hostil de su pareja o de un amigo se debe a que posiblemente ha tenido un mal día y lo ha hecho sin pensar. Ello invita a dar una segunda oportunidad, protege la relación con el otro y a ellos mismos.

Si lo analizamos con detenimiento, podemos pensar que las cosas suceden por causas que podemos controlar o no (la diferencia entre atribuirlo a un fallo en mi conducta o a unos acontecimientos imprevistos). Por ejemplo, suspendimos el examen porque no estudiamos versus nos tienen manía.

Podemos atribuir que la causa es una razón permanente o temporal, como afirmábamos cuando explicábamos el locus de control (la diferencia entre tener un mal día o un rasgo del carácter), al igual que podemos creer que esta se debe a factores específicos o generales. Si seguimos con el ejemplo del examen, puede ser que haya suspendido porque tengo mayor dificultad con el álgebra o bien porque no sirvo para estudiar.

Las personas pesimistas se acercan a aspectos depresivos. Particularmente, los afectos depresivos surgen como consecuencia de la percepción de daño y pérdida en el dominio personal, vale decir, de una sustracción irreparable del dominio personal. Ahora bien, el punto crítico de la conceptualización radica en que quien padece una depresión percibe pérdidas y daños donde no los hay. Por ejemplo, un paciente depresivo ve a sus hijos pequeños y piensa que, seguramente, el día de mañana se alejarán de él y no lo visitarán; consecuentemente, siente pena. En este caso, se trataría de un caso de «pérdida hipotética», pues el paciente en cuestión no tiene ninguna idea de lo que puede suceder en un futuro tan distante.

Lo crucial que tenemos que investigar es si uno es optimista o más bien practica el optimismo. Lo primero tiene siempre algo de condenatorio, porque las personas no nacen optimistas o pesimista, sino que depende de los esquemas con los que se explican la realidad.

Encontrar la motivación

Cuando queremos conseguir algo, a menudo debemos recorrer un camino que no es siempre fácil. Para encaminarnos hacia un objetivo, no solo cuenta la intención. Tan importante es esta como la motivación.

La motivación hace referencia, como su propio nombre indica, a los motivos para actuar, para pasar a la acción. Es la «fuerza», la razón o el proceso que impulsa o inicia, orienta y mantiene una serie de conductas hacia un fin u objetivo concreto.

Clasificamos la motivación de múltiples maneras, pero, en términos generales, existen dos grandes tipos de motivación. Una es la motivación que llamamos extrínseca. La motivación extrínseca o externa nos refiere a aquellos motivos, a aquellas razones que vienen de fuera, del entorno, del exterior (por ejemplo, el dinero o la aprobación social de terceros); aquí, parafraseando a Maquiavelo, lo que importa es el fin, y la recompensa está en ese fin. Por el contrario, la motivación intrínseca o interna hace referencia precisamente a aquellos motivos o razones que vienen de dentro, del propio individuo (por ejemplo, la realización personal, la interacción con los otros, la búsqueda de valores). Así, se trata de reforzadores internos que la persona quiere alcanzar disfrutando directamente de la acción o conductas que realiza, independientemente de su fin.

No nos movemos principalmente por intenciones. Porque de intenciones está el mundo lleno. Queremos perder peso, queremos aprender más, ser más eficientes, más calmados; queremos dejar de fumar. Pero, si nos fijamos bien, tenemos una idea tremendamente ingenua de cómo se produce un cambio, y nos repetimos continuamente que el secreto está en la intención y la fuerza de voluntad, pero... ¿cuántas veces nos ha fallado esa fórmula?

Cuántos propósitos sin cumplir y cuánta culpabilidad momentánea por no cumplirlos. Entramos en círculos viciosos de buenos propósitos, que no tardan mucho tiempo en desinflarse. Y terminamos sintiéndonos mal con nosotros mismos...

En la terapia de la Gestalt, Fritz Perls puso una metáfora muy clarificadora de cómo nos saboteamos con este tipo de juegos.

Perls hablaba de que las personas viven una existencia fragmentada. Por un lado, hacen esos propósitos desde una perspectiva normativa, lo que él llamaba el «perro de arriba». ¿Qué te dice el perro de arriba?

«Deberías ponerte a dieta».
«Tienes que crecer y madurar y saber lo que quieres en la vida».
«Has de echarle narices y dejar de fumar».

Es como un padre autoritario echándonos la bronca. La cosa no termina ahí, porque Perls también hablaba de la existencia de un perro de abajo. Ese perro dice cosas como «Claro que hay que dejar de fumar, pero tienes que encontrar el momento» o «Claro que deberías empezar a enfrentarte a lo que te da miedo, mañana comienzas». Es como un niño que se rebela contra el padre. Este modelo de negociación circular puede durar toda la vida.

Así, el perro de arriba y el perro de abajo luchan por el control. Como todo padre e hijo, batallan entre sí para conseguir el control. La persona se fragmenta en controlador y controlado. Este conflicto interior, la lucha entre el perro de arriba y el perro de abajo, nunca es completo; no se resuelve, en definitiva, porque ambos luchan como adversarios. Somos seres fragmentados. Y uno existe porque existe el otro. Nuestro padre crítico surge porque pensamos que debemos hacer las cosas, pero no tomamos la responsabilidad real de si quiero realmente hacerlo. Si nuestra decisión nace de un padre crítico, y no de una decisión personal, siempre encontrará un hijo rebelde. No necesitamos a un rebelde, a menos que nos estemos imponiendo algo. La rebeldía en realidad no es un ejercicio de libertad, sino una reacción a una presión.

El mito de la fuerza de voluntad

Walter Mischel, que nos dejó hace poquito, fue un psicólogo de la Universidad de Stanford que nos legó uno de los más interesantes experimentos acerca de esto que llaman «fuerza de voluntad». Dieciséis niños y dieciséis niñas conformaron el estudio sobre el primer experimento del malvavisco.

En España, los llamamos nubes; en Estados Unidos, son *marshmallows*; en México, son malvaviscos. Son esas golosinas casi irresistibles, blandas y esponjosas que mejoran su sabor cuando se tuestan al fuego.

Vamos a imaginarnos en el papel de uno de esos niños de Stanford: tenemos cinco años y un señor muy simpático con el que hemos estado jugando en una habitación nos deja una golosina en el centro de la mesa. Puede que ahora no parezca gran cosa, pero hay que recordar lo que puede ser un dulce para un niño. El experimentador dice: «Mira, voy a dejarte aquí porque tengo que atender una llamada, tardaré unos quince minutos. Si para cuando vuelva aún no te lo has comido, entonces te daré dos golosinas». ¿Qué habría hecho nuestro niño de cinco años?

Pues bien, resulta que este experimento trataba de analizar cómo esos niños afrontaban esa situación y qué estrategias seguían para conseguir ese objetivo. Solo un tercio de los niños lo consiguieron. Luego, el experimento se volvió a repetir, y los resultados fueron parecidos. Así hasta seiscientos sujetos.

Se encontró que los niños que eran capaces de postergar la gratificación instantánea eran cognitiva, social y académicamente «más competentes» que quienes no pudieron aguantar la tentación. Lo asombroso es que, años más tarde, cuando los niños ya eran adultos hechos y derechos, se les sometió a un escáner cerebral, y se encontraron diferencias estructurales en sus respectivos cerebros, de modo que quienes resistieron la tentación tenían una corteza prefrontal más activa que quienes se comieron el *marshmallow*. Además, habían sido personas con mayor éxito académico, social y laboral.

La capacidad de postergar la gratificación se ha vuelto algo enormemente importante en un mundo como el que nos encontramos, en el que estamos sometidos continuamente a distracciones, cambios, nuevos estímulos...

La voluntad es la capacidad de podernos dirigir a pesar del ruido. La voluntad, concluía Mischel es como un músculo: se debe entrenar para que se fortalezca, y también puede agotarse si uno abusa de ella, por lo que también necesita descansar (o sea, no estar batallando los 365 días del año contra las tentaciones). Para Mischel, las capacidades que nos permiten postergar la gratificación son las mismas que nos ayudan a tomar decisiones, a pesar de las tentaciones que nos empujen en otro sentido. Así, el decidir cuándo y qué queremos hacer permitiría, según este investigador, que poco a poco dejemos de ser víctimas de nuestros propios deseos. En otras palabras, seríamos mucho más libres que antes.

La fuerza de voluntad es finita, y debemos aprender a usar herramientas que nos permitan convertir el impulso en hábito. Pensándolo bien, de pequeños quizá nos costaba cepillarnos los dientes, mientras que ahora no representa un esfuerzo, sino muchas veces una necesidad.

Experimentos posteriores como los que se hicieron en los noventa demostraron que, si se sometía a personas a tentaciones en las que habían aplicado esa capacidad para postergar la recompensa, esas mismas personas tenían mayor dificultad para mantener esa fuerza de voluntad, por lo tanto, esta se va desgastando si se tira mucho de ella.

Si pudiéramos dejar de glorificar la fuerza de voluntad, igual podríamos empezar a pensar en otros planteamientos, como disminuir el poder de la tentación y ayudar a la gente a conseguir sus objetivos con menos esfuerzo. Si uno quiere comer menos dulces y se encuentra enfrente de una montaña de caramelos, los investigadores dicen que la montaña de dulces va a ganar.

¿Qué aprendizajes podemos concluir acerca de las características y de las estrategias que utilizaban aquellos niños del experimento de las nubes que tuvieron éxito? ¿Qué características poseen las personas que son capaces de postergar la recompensa?

1. Las personas que tienen un mayor autocontrol, en realidad, son capaces de vivir esas situaciones costosas como estimulantes en sí mismas. Son individuos que corren o que van al gimnasio porque han encontrado un placer derivado de la propia actividad. Han invertido el esquema y el refuerzo, lo que los mueve, ya no es externo, sino interno. Ya no corren porque quieren conseguir estar en mejor forma, sino porque son capaces de disfrutar corriendo, o estudiando. Había niños en la prueba del malvavisco que inventaban juegos durante la espera, canciones, dinámicas, de tal forma que no parecían estar batallando todo el rato contra su voluntad.

2. Estas personas son buenas construyendo hábitos, y los hábitos a veces van encadenados. Estructuran rutinas, y son eficaces haciéndolo. Más adelante vamos a hablar de la técnica de intención por implementación para entender esto de forma profunda.

3. Son sujetos que tienen lo que llamaríamos la «mirada de los mil metros». Es decir, son capaces de ir más allá de lo inmediato y pueden proyectarse hacia donde quieren ir.

A efectos prácticos

¿Cómo podemos mejorar en este proceso?

Objetivos claros y realistas
Hay que saber bien qué se quiere lograr y estar seguro de que no solo se desea, sino de que se quiere a pesar de las dificultades y el precio que conlleve conseguirlo. Ha de ser un propósito realizable, pues de nada sirve plantearse cosas que están

fuera de nuestro alcance o varios objetivos a la vez. Hay que ser realista en el sentido de ajustar las expectativas respecto a lo que nos puede costar conseguir nuestra meta. Este ajuste nos ayudará a que nuestra frustración no se desencadene con tanta facilidad y a poder lidiar mejor con ella.

Dividir los objetivos en subobjetivos
Dividir un objetivo difícil en miniobjetivos o minirretos más asequibles y planificar las miniacciones que permitirán conseguirlos ayuda a focalizar el esfuerzo y la fuerza de voluntad, facilita alcanzar esos logros parciales y estos mejoran la autoestima y proporcionan motivación extra para continuar.

Planifícate
Fijarse un objetivo es fácil, lo difícil es mantenerlo cada día. De modo que la clave para que nuestra fuerza de voluntad no se debilite innecesariamente es tener un plan que anticipe muchos de los problemas y las tentaciones que nos surgirán y cómo los resolveremos. Por ello es altamente recomendable establecer una planificación previa del tiempo que le vamos a dedicar a un objetivo concreto y esforzarnos en cumplirlo. Así, iremos avanzando en nuestro objetivo, y el conocimiento de este hecho reforzará la motivación para seguir adelante.

Automotivación
Conviene tener claro por qué nos planteamos ese objetivo. La motivación no será la misma si lo consideramos un deber o alguien nos insiste en que lo hagamos, a si somos nosotros mismos quienes lo deseamos y lo queremos, porque la motivación interna es mucho más potente.

Autocuidado
Ejercitar la fuerza de voluntad requiere un esfuerzo cerebral intenso, así que, si uno está débil, estresado o caótico emocio-

nalmente, es más fácil caer en las tentaciones. En cambio, comer bien, dormir, relajarse y regularse emocionalmente contribuye a mejorar la capacidad de autocontrol.

Controlar la frustración

Los errores forman parte del proceso, de manera que, si uno no logra su propósito a la primera, lo único que esto indica es que aún no ha alcanzado la meta, que sigue en camino y debe perseverar más. Lo importante es aprender de los errores y planificar cómo superar esa situación la próxima vez que se plantee. No hay mejor entrenamiento para el músculo del autocontrol que vencer pequeñas tentaciones y volver a intentar vencerlas cuando se fracasa.

Comparte tu objetivo

Explicar a otras personas el objetivo que queremos lograr es una forma de comprometerse más con él. En primer lugar, porque nos obliga a verbalizarlo, a escuchar cómo nos comprometemos en ello. Pero también porque, cuando se tienen que rendir cuentas a los otros, uno suele esforzarse un poco más. Con todo, el utilizar o no a otras personas como estímulo tiene mucho que ver con el grado de automotivación de cada uno.

Igual de importante es esforzarse como reconocerse ese esfuerzo

Observarse a uno mismo y anotar cuántas veces se evita o se vence una tentación o se cae en ella puede ser una forma de valorar la progresión. Y felicitarse por cada miniobjetivo logrado —e incluso celebrarlo con algún tipo de recompensa— ayuda a renovar la motivación y facilita que la fuerza de voluntad no desfallezca. Contrariamente a lo que pueda parecer, autopremiarse, alegrarse por las pequeñas victorias recarga la fuerza del yo, porque nuestro centro de recompensa puede trabajar de esta forma para nosotros.

Descubriendo las intenciones de implementación

Quizá establecemos diálogos con la voluntad que se realizan con un lenguaje poco apropiado. Estamos llenos de buenos propósitos que nunca llegan a perdurar. Objetivos generales, poco realistas y mal definidos que llenan el tarro de la basura. Septiembre y enero son cementerios donde reposan nuestras buenas intenciones.

Si hemos trabajado alguna vez para alcanzar un objetivo, ya sabremos que la intención de conseguirlo no es suficiente cuando se trata de convertir planes en acciones. Lleva su tiempo, hay que tener paciencia y una estrategia efectiva para permanecer en el camino.

La psicología de motivación ha estudiado cómo fijar intenciones de objetivos puede llevar a la acción, y realmente a conseguir dichos objetivos. Se ha descubierto una estrategia efectiva, llamada «plan si-entonces», también conocido como las «intenciones de implementación». Ahora, ¿qué significa esto? Es un plan de estrategia que permite alcanzar los objetivos modificando el comportamiento. ¿Cómo funciona? Tienes que tener en cuenta que no basta solo con la intención («Quiero conseguir no comer duces»), sino que debes aclarar cómo, dónde y cómo te quieres comportar si esto sucede. Así, si en el restaurante me ofrecen postre, entonces me pediré una infusión.

Algunos ejemplos son:

«Cuando llegue a casa, subiré por la escalera en vez de tomar el ascensor».
«Cuando termine de trabajar, iré directamente al gimnasio durante una hora».
«Siempre que vaya a comprar, evitaré la sección de los dulces».

¿Por qué funcionan estas intenciones y cómo hemos de usarlas de manera eficaz? Según Peter Gollwitzer, las intenciones de implementación nos ayudan a conseguir los objetivos planteados por varias razones:

- Implican una predecisión sobre cómo vamos a actuar en una situación determinada, reduciendo la cantidad de esfuerzo cognitivo en comparación con la que tendríamos que realizar si hubiéramos optado por simplemente determinar el objetivo y en cada situación «ver cómo se puede llevar a cabo».
- Conllevan una automatización del comportamiento que vamos a tener cuando nos encontramos en una situación relevante para nuestros objetivos.
- Las intenciones de implementación no solo nos ayudan a ponernos en marcha, sino que también sirven para manejar adecuadamente aquellos obstáculos que nos pueden desviar del objetivo, como las distracciones, los malos hábitos, las tentaciones de abandono o los conflictos de objetivos. ¿Cómo? Bien, se trataría de formular intenciones de implementación adicionales para esos escenarios; por ejemplo: «Siempre que aparezca una distracción, haré...» o «Siempre que alguien me ofrezca un cigarrillo, haré...».

A continuación, incluyo algunos consejos que nos van a ayudar a utilizar eficazmente las intenciones de implementación:

- Parece que la fuerza de nuestras intenciones y el grado de compromiso con ellas influyen en que sean o no traducidas posteriormente en conducta.
- Los objetivos que se formulan de una manera concreta, precisa y desafiante son mejores que aquellos que se plantean en términos genéricos y vagos (como «ser más feliz», «ser mejor», etc.).
- Formular objetivos en términos más próximos y cercanos ayuda más que plantearse objetivos distantes y lejanos. Ir paso a paso es mejor que ir a lo grande.
- Los propósitos deberían establecerse en términos de «aprender a hacer algo» o «cómo hacer que...», más que en términos de resultados, a los que no siempre sabemos cómo llegar.
- Los objetivos que tienen que ver con «conseguir algo» suelen

dar mejores resultados que aquellos que se plantean en términos de «evitar hacer algo».

Parece que no estamos solos frente a los objetivos y que no solamente dependemos de la fuerza de voluntad para salir adelante. Podemos establecer un modelo estratégico que nos haga más eficientes, menos reactivos, y que no necesite consumir toda esa energía del yo.

Epílogo

Algunos consejos para tu viaje

«No me buscarías si no me hubieses encontrado», nos decía san Agustín, y, si tuviese que dar un broche final a este libro, te diría que nunca dejes de buscar, porque al fin y al cabo es como el viaje y el destino. Ha llegado quien ha viajado, y ha encontrado quien ha buscado.

Procura no quedarte esperando la respuesta, y céntrate en la pregunta. Haber realizado un mapa y conocer algunas de las herramientas más importantes para movernos por el territorio de la ansiedad no es solo el principio del viaje, sino que es parte del viaje en sí mismo. A veces, para llegar al fin del mundo basta con darse la vuelta porque aquello que buscabas siempre ha estado a tu lado, solo que hasta que no has vivido determinadas experiencias, o has arriesgado lo que no tenías, no lo podrás entender ni valorar. Muchas de las palabras que son importantes y que buscas solo cobran sentido cuando las atraviesas. No te olvides de abrigarte más por las mañanas, aunque veas que hace sol, porque es cuando se cogen más resfriados.

Este viaje está lleno de paradojas. La mayor parte de ellas no tienes que esforzarte en entenderlas ahora mismo, y algunas quizá no las entiendas nunca, pero aun así sigue caminando porque es posible que allá donde te diriges encuentres algo que te ayude a hacerlo.

Cuando te pierdas, que lo harás, acuérdate de que es normal.

Sin embargo, ten en cuenta que ese no es el verdadero problema; lo que no debemos perder es el mapa, ni a nosotros mismos, ni nuestra dirección. Perderse solo es un principio.

Cuando tengas un mal día, acuérdate de que mañana continúa, y cuando tengas un buen día, haz lo mismo. No te fíes demasiado de la euforia o de la derrota, solo recuerda que son expectativas. Pero alégrate y disfruta si estás haciendo cosas que antes no podías hacer. Deja de repetirte que son cosas vulgares; son las cosas que hace tiempo que no te atrevías a hacer por miedo, y valora hasta dónde has podido llegar.

Cáete un poco mejor, porque a veces no habrá nadie más que pueda acompañarte. Deja de pensar que te conoces tan bien y que sabes perfectamente lo que puedes hacer o no. Claro que existen límites, no tenemos que ser ingenuos, pero al menos procura no crearlos y creértelos.

Sé amable contigo y no te juzgues severamente. Nadie te prepara para esto; y recuerda que no hay nada mejor que hacer en la vida que procurar hacerte mejor. Crecer no siempre es fácil, pero es la mejor opción que tienes por muy duro que te resulte. Intenta jugar en tu equipo.

Que algo nos dé miedo no significa que no lo podamos hacer, lo podemos hacer con miedo. No hay que estar siempre preparados, ni hay un momento perfecto para hacer las cosas. No esperemos a que la ansiedad se calle, sino que somos nosotros los que debemos procurar hablar más alto. Procura no encorvarte al andar.

Deja de esperar a que venga otro; eres lo mejor que tienes y tendrás. A veces harás cosas que no tendrán mucho sentido al principio, pero que, con el paso del tiempo, entenderás por qué las has hecho. Procura tener paciencia. Cuando se te agote, lee un buen libro o cocina una buena comida y vuelve a empezar.

Sostén la mirada, respira...

Buen viaje.